信息时代小学语文
课程形态的变革与创新

Reform and Innovation of Curriculum Form of Primary School Chinese in the Information Age

李 贺 著

北京交通大学出版社
·北京·

图书在版编目（CIP）数据

信息时代小学语文课程形态的变革与创新 / 李贺著. —北京：北京交通大学出版社，2022.8

ISBN 978-7-5121-4785-0

Ⅰ. ①信… Ⅱ. ①李… Ⅲ. ①小学语文课-教学研究 Ⅳ. ① G623.202

中国版本图书馆 CIP 数据核字（2022）第 145581 号

信息时代小学语文课程形态的变革与创新
XINXI SHIDAI XIAOXUE YUWEN KECHENG XINGTAI DE BIANGE YU CHUANGXIN

责任编辑：高振宇　　　助理编辑：廖志平
出版发行：北京交通大学出版社
电　　话：010-51686414　　http：//www.bjtup.com.cn
地　　址：北京市海淀区高梁桥斜街 44 号　　邮编：100044
印 刷 者：北京虎彩文化传播有限公司
经　　销：全国新华书店
开　　本：170 mm×235 mm　　印张：13.5　　字数：280 千字
版 印 次：2022 年 8 月第 1 版　　2022 年 8 月第 1 次印刷
定　　价：58.00 元

本书如有质量问题，请向北京交通大学出版社质监组反映。
投诉电话：010-51686043，51686008；E-mail：press@bjtu.edu.cn。

前言

起步于21世纪初的新一轮语文课程改革，由于城乡间教育资源的不均衡，以及课程内容研制的相对滞后，在教育发展薄弱地区仍然存在教师教教材、学生学教材的现象，“识字难”“阅读慢”“写作迟”的状况并无多大改观，发展学生阅读素养的核心目标在教学现场往往被忽略。一方面，受研究的影响，把认识2 500个汉字作为阅读基础的意识，被无差别地纳入一些识字方法中。在儿童入学的头几年，从字、词、句、段再到篇章的打好“扎实基础”的序列成为语文学习方法的理据。“在大量识字中学习阅读”，使学生尽早进入阅读并没有成为课程实施者的自觉。另一方面，整个小学阶段每学期教材中的二三十篇课文被流行的“精细讲解”“精密分析”“精致表达”的“讲—听”模式肢解为零散的词语碎片，学生除了记忆剥离出来的零碎、孤立的知识以应对考试外，难以获得整体的语文经验以形成基础的阅读能力。死记硬背、重复做题的“苦读”“夜练”，在剥夺学生大量休息、活动时间的同时，挤占了学生互动过程和心理获得过程，即以提升语文素养为目的的累积、同化、顺应、转换的空间。

与新课程改革几乎同时推进的基础教育信息化的各个阶段，都有学术引领的、指向语文学科教学的研究。以信息技术提高学生读写质量的探索，经历了由前期围绕教材的电子化、多媒化向扩展课程资源、改变教与学方式的演进。随着信息技术的快速发展，以信息技术与教育教学深度融合为基本理念，大量阅读、整本书阅读成为一些学校网络环境下语文教学的课程常态，促使语文课程具体形态呈现出多元发展的景象。一种能够一揽子解决所有教学问题的语文课程形态是没有的，新课程倡导的课程形态的多元开放、体制内外的碰撞交集、一线教师视界的拓宽，“儿童少年阶段什么都没有阅读重要”为越来越多的教师所认同。

在笔者和研究团队实地走访中小学的过程中，不断有一线教师提出信息技术怎么用，语文课怎么教，学生识字难、写作难怎么办等问题。为此，笔者和研究团队开展了信息技术环境下的小学语文“能读会写”试点研究，旨在探索适用于城乡地区的、应用信息技术促进语文教学方式变革与创新的有效路径。从 2007 年到 2015 年，在八年的研究过程中，从城市学校起步，逐步深入到农村，以城乡学校协作的方式陆续开展了“亲近母语”“海量阅读”“新教育”等教学实验。与此同时，将项目学习、以学生为中心的教学、远程合作备课等理念和众多优质的儿童文学读物等资源送到农村学校，通过网络促进城乡间的优质资源共享，提高语文教学的质量。为了更好地发挥研究成果的作用，笔者对前期工作进行了梳理和反思，并完成本书稿，希望通过理论和案例相结合的方式，为城乡地区语文教学提供多样有效的课程形态，为教师的专业化发展提供有效路径。

感谢中央电化教育馆对本研究的支持，感谢在研究过程中给予帮助的各位同仁。由于本书在工作之余撰写完成，时间有限，难免存在疏漏和不足，恳请各位同行和读者批评、指正。

目录

第一章

项目学习的延伸促进核心课程的优化

近年来，随着新课程改革的不断推进，学校对教育信息化的重视日益提升，引发了对信息技术推动教学改革的积极探讨。随之而来，信息技术环境下的课堂教学重构对师生的信息技术应用能力提出了更高的要求，教与学的方式也发生了重大的变化。基于教育信息化发展的背景，笔者的研究团队开展了多个研究项目，向中小学校引入以学生为中心的教学理念，开展基于项目的学习等内容的培训，旨在创新教学、重构课堂，以及提高学校的教育信息化水平。

第一节　教育信息化国际合作项目与教学改革

一、教育信息化国际合作项目概述

1.“技术启迪智慧”项目

联合国儿童基金会捐助的“技术启迪智慧”项目于2009年5月启动。项目覆盖青海省同仁县、宁夏回族自治区固原市原州区、云南省永平县、云南省玉龙县、江西省吉安县共5个县（区）的40所项目学校，以及青海省西宁市、江苏省常州市、江苏省苏州市、云南省昆明市、江西省南昌市共5个市的40所伙伴学校。

项目的主要内容及目标是：（1）在农村小学建设基于信息交流技术（ICT）的教学支持中心，构建ICT学习环境，建立教师资源中心，培训教师应用ICT开展以学生为中心的教学方法。（2）构建在线学习社区，开展基于社区的教师学习活动。通过校际协作、建立城乡教师相互学习的平台，促进城乡教师的交流与协作，为农村学校教师提供学习交流、经验分享与技术支持的空间。（3）开展以学生为中心的探究性学习、基于项目的学习，从而激发农村学生的学习兴趣，培养他们的自信心，提升学生的知识应用能力与高层次思维能力。（4）通过多样化的学习活动，发展学生的学习技能、生活技能，落实“全纳”与“爱生”的教育理念。

2.“互联创未来”项目

中国教育发展基金会与戴尔共同发起的“互联创未来”项目于2009年9月启动。项目覆盖北京市、上海市、广东省广州市、四川省成都市、吉林省长春市、福建省厦门市和辽宁省大连市的53所项目学校。2012年2月，在前期项目的基础上，又增加了11个城市的15所项目试点学校，共计68所项目学校。

项目的主要内容及目标是：（1）为项目学校提供“互联课堂”教学设备、教师专业发展相关的网络课程、项目学习优秀案例和探究性学习支持资源包，形成有利于实现城乡优质教育资源共享的教学环境，提高项目学校应用信息技术促进教育改革的能力。（2）为项目学校提供应用ICT支持中心和“互联课堂”学习环境开展教学改革的培训课程，提高项目学校教师的信息素养与信息化教学水平。（3）开展基于项目的综合学习主题活动，让学生通过实践活动，增强探究和创新意识，学习科学研究的方法，发展综合运用知识的能力；转变学生的学习方式，帮助学生实现学习方式的多元化，培养学生搜集和处理信息的能力、获取新知识的能力、分析和解决问题的能力及交流与合作的能力。（4）构建支持学校师生开展项目学习活动的网络社区，为项目学校师生提供相互学习与交流的平台，促进城乡师生的交流与协作。

3.“携手助学”项目

为了支持中国基础教育的信息化建设、教育事业和教育软件产业的发展，根据《教育部关于在中小学普及信息技术教育的通知》（教基〔2000〕33号）中提出的指导原则，以及“校校通”和“农村中小学现代远程教育工程”所设定的方向，教育部与微软（中国）有限公司于2003年11月20日共同签署“支持中国基础教育信息化合作框架”，开展了教育部—微软（中国）“携手助学”项目整体活动。“携手助学”项目的整体目标是跨越数字鸿沟，让信息技术在基础教育中得以充分应用，携手相关的教育机构、教育工作者、合作伙伴和广大学生，以信息技术促进教育理念的改革和教学法的创新，推动中国基础教育信息化的变革，充分开发学习、工作和生活的潜能。

2003年11月20日，教育部—微软（中国）“携手助学”项目一期正式实施，要在五年内支持农村中小学现代远程教育、师资培训与技能培养。微软（中国）有限公司在教育部的指导下未来五年内提供价值1 000万美元的捐助。项目一期的实施内容主要由百间计算机教室建设、课程开发、师资培训三部分组成。2008年11月4日，教育部和微软（中国）有限公司在北京签署了教育部—微软（中国）“携手助学”项目二期合作协议，支持中国基础教育和师范教育信息化，帮助提升中国基础教育信息化水平。项目计划分五年完成，重点围绕创新学校、创新教师和创新学生展开。

二、教育信息化国际合作项目典型案例

1. 中国教育发展基金会——戴尔“互联创未来”项目

中国教育部新课程改革方案明确指出，在教学中应“大力推进信息技术在教学过程中的普遍应用，促进信息技术与学科课程的整合，充分发挥信息技术的优势，为学生的学习和发展提供丰富多彩的教育环境和有力的学习工具。”2009 年 9 月 25 日，教育部与戴尔公司签署了青少年教育合作备忘录。根据备忘录，戴尔公司向教育部推荐的非营利教育慈善机构捐赠总价值 1 000 万元人民币的现金和先进的电脑系统及技术服务，帮助促进中国青少年在数字、科学、文化和信息技术方面的发展。在预定的项目实施周期内，项目组根据项目设计开展包括教师培训、“翻转课堂”和“项目学习”探究性学习实践、基于 Web 2.0 的网络协作学习实践、师生优秀作品评审等在内的一系列活动，以帮助促进中国青少年在数字、科学、文化和信息技术方面的发展。为准确了解项目产生的成效，及时总结项目实施经验，为项目后续活动的有效实施提供科学指南，项目组织开展了全面评估。项目评估以项目所在地教育管理人员、项目学校校长及教师、项目实验班学生为调研对象，采取实地走访调研、课堂观察、能力测试、网络问卷调查、网络数据分析、师生作品分析等多种方式收集、分析数据，就项目组织管理、项目设备配置、项目平台资源建设、教师及学生发展、项目培训、项目活动组织、项目典型经验和取得的成果等方面展开全面评估。

项目组根据项目进展需要，对参与教师开展了包括“互联课堂”设备使用方法、项目学习的教学理论与方法、项目学习设计的基本工具应用、“互联课堂”环境下学生自主探究的课堂教学活动的设计方法、教师信息技术能力、应用移动设备优化学科教学等多项培训，接受培训的教师返回学校后又开展了不同形式的校本培训，使项目学校教师普遍接受了系统培训。调研发现，有 62.8% 的教师外出参加过国家级、省级或市地区级培训，99% 的教师参加了各种形式的校本培训。在接受过培训的教师中，有 66% 的教师接受了 7 天以内的培训，30% 左右的教师接受了 7 天以上的培训。

项目启动以来，项目组积极组织实施项目学习作品（project-based learning template，PLT）评选和课例评选活动，召开项目经验交流会议，有效提高了师生参与项目的积极性，推动了项目活动持续开展和项目理念在日常教学中深化应用，并为后续项目参与者提供了大量优秀的作品案例。各项目学校与伙伴学校“1 对 1”结对，并按照项目要求，每学期至少共同开展一次“以学生为中心”项目学习活动。在项目周期内，平均每所学校开展项目 6~8 个，每个项目都生成了大量过程性资源，活动成果丰富。部分学校将校级协作活动成果进一步梳理总结，形成教学资源进行共享。例如：上海市嘉定区实验小学将做过的 8 个校级协作活动做成了 8 个

数字故事，将《社区车位的合理布局》《低碳家庭生活探索》《给自行车留点空间》《怎样背书包更健康》等做成校本课程与数字故事，使学生能够方便地学习；上海市蔷薇小学开展了 15 次项目活动，并将“互联设备”用到了课堂外，让学生在课外探究活动中运用设备开展活动；广州市云山小学与伙伴学校新华四小采取面对面、网络沟通等方式，就项目开展的计划、设备使用计划等方面进行积极讨论和交流，推动了校级协作项目顺利开展。

项目建立了科学灵活的“互联课堂”移动学习中心，为各项目学校捐赠的设备包括 26 台戴尔笔记本电脑、1 套电子白板、1 套投影、1 个充电车和其他辅助数码设备、信息化教学资源等，为各项目学校建立一个面向学生的“互联课堂”数字化学习环境，进一步提升了各项目学校的信息化环境建设水平。同时，项目建设了功能全面、资源丰富的网络学习社区，有效支持师生协作开展基于项目的学习（project-based learning，PBL）。项目构建了支持学校师生开展项目学习活动的网络交流平台，包括中国教育发展基金会“互联创未来”网站（http: //hlcwl.eduyun.cn）、项目作品交流点评系统。两个平台搭配使用，形成了教师、学生、项目专家共同参与的网络学习社区。项目通过“互联创未来”网站发布项目动态，支持师生协作开展 PBL 项目，开展学习交流、资源分享等。此外，项目还开发了内容丰富、形式多样的项目资源，包括为项目教师提供的教师专业发展相关的网络课程，以及项目学习优秀案例和探究性学习支持资源包，为项目学校开展应用信息技术促进教学改革的实践活动提供了基础。在项目开展过程中，教师生成资源和教师间共享资源使项目资源变得更加丰富。

基于移动上网设备的移动学习支持中心的建立，使项目学校师生普遍受益。项目组为 65 所项目学校建成了移动学习支持中心，有 68 所学校、876 个班级、1 000 余名教师和 30 000 余名学生直接参与项目实践。随着项目理念和方法在校内或向周边学校教师辐射，项目受益人群远远超出了“使 200 名教师、8 000 名学生直接受益”的项目既定目标。基于移动上网设备的移动学习支持中心采取统一管理与分散使用结合的管理策略，有效提高了设备使用率，移动学习支持中心发挥了教师培训、校本教研、资源共享和教师开展以学生为中心教学等多种功能。

网络学习社区良性运行，促进优质教育资源共建共享。项目组利用“互联创未来”网站、项目作品交流点评系统、QQ 群等构建的网络学习社区，有效支持了师生的校级协作，促进了城乡教师的交流互动，在项目实施中发挥了学习交流、经验分享和技术支持的作用。借助基于网络学习社区的项目探究活动，学生获取信息的渠道得到拓展（读书、看电视、网络搜索、实地调查），师生交流和沟通的方式变得多样，师生关系变得更加融洽。

项目学校教师普遍接受培训，改进教与学的研讨活动经常开展。“互联创未来”项目对教师开展了包括基于项目的学习（PBL）、教师信息技术能力、应用移动设备优化学科教学、Web 2.0 网络环境下的学习活动设计与实施等多项培训，85% 以上的受培训教师认为培训组织安排合理，方式灵活多样，能激发学习兴趣，教师能积极参与；85% 的受培训教师认为培训内容丰富，能全面支持教学，有助于自身教学水平的提高。大部分教师经常参与教学研讨、集体备课、教学观摩等多种形式的改进教学的研讨活动，开始撰写教学反思日志。

基于移动学习中心的“课堂教学”实践和“以学生为中心”的探究性学习活动有效促进了师生综合能力的发展。项目借助网络学习社区让不同地区的学校建立起协作伙伴关系，围绕不同的主题远程协作开展基于项目的探究活动，有效培养了师生 21 世纪教与学的技能。教师的信息素养与技术能力、组织管理能力、团队协作能力、创新实践能力等得到明显提高。学校利用移动学习中心开展“以学生为中心”的探究性学习有效激发了学生的学习兴趣，培养了学生的自信心；学生的信息技术能力、小组合作能力，以及发现问题和解决问题等高阶能力得到明显提升。

应用 ICT 促进区域基础教育均衡发展的模式初步形成。经过长期实践，项目组探索出移动互联网设备支持的以“课堂教学”实践和“以学生为中心”的探究性学习为依托，促进城乡教师互动、实现优质教育资源共享的区域基础教育均衡发展的模式。此外，项目组还探索出以教师整合技术的学科教学知识（TPACK）模型为框架的数字化学习培训模型，收效良好。

2. 教育部—微软（中国）“携手助学”项目

根据教育部与微软（中国）有限公司在北京签署的“支持中国基础教育信息化合作框架”的协议，微软（中国）有限公司将首先从师资培训与技能培养、农村中小学现代远程教育，以及教育信息技术管理培训等具体项目展开合作。

2008 年 11 月 4 日，教育部和微软（中国）有限公司在北京签署了“携手助学”二期的合作协议，继续支持中国教育信息化、教育研究水平的发展及人才培养。教育部—微软（中国）“携手助学”二期项目在中国的宗旨是：通过微软的先进科技探索如何利用信息技术带动农村、边远地区，以及经济发达地区学校教育的发展和教学改革。合作协议中所约定的项目内容包括：师资培训与技能培训——其中包括未来五年内为 1 000 名信息技术骨干教师提供培训的约定；农村中小学现代远程教育工程——约定由微软（中国）技术中心与当地行业合作伙伴一起，开发远程教育 / 电子教学技术和解决方案；100 所计算机教室捐赠——每间教室投入约 20 万元人民币；教育信息技术管理培训、可购性与产品开发等。

根据上述合作协议，微软（中国）确定了“携手助学”项目的目标，具体如下：在教育部的指导下，与相关的教育机构、教育工作者、合作伙伴和学生一起，期望通过“携手助学”项目来推动中国基础教育信息化的变革，充分开发学习、工作和生活的潜能。此项目的三个最终目标是：缩小数字鸿沟，让更多的人，特别是农村地区的人，享受信息技术带来的益处；充分发挥信息技术在基础教育中的应用；以信息技术促进教育理念的改革和教学法创新。

"携手助学"二期五年的合作重点围绕创新学校、创新教师和创新学生展开。（1）在"创新学校"项目方面，微软帮助教育部开发、部署面向学校的教育公共服务平台，并向教育部指定的1 000间创新教室提供支持，建设多媒体教室，助力中国的基础教育信息平台搭建。（2）"创新教师"项目重点培育师资力量，促进信息技术与学科教学的整合，提高教育质量，将培训全国范围内总计5万名的信息技术教师，并组织对全国100个县内的10万名中小学学科教师进行教育技术能力培训，其中包括培训1 000名辅导教师。（3）"创新学生"项目重在提升学生的信息技术教育水平，增强学生的自主学习和创新学习能力，促进学生综合素质的提高。该项目通过开展创新学生活动、建设创新学生网络、组织创新学生论坛，并与国内外权威教育机构和大学合作，促进中国基础教育全面创新发展，提升中国基础教育的国际竞争力。

探索项目开展的理论基础，研究中西部的教育实际情况，探讨与之相适应的信息化方式和资源，为项目的实施提供理论基础，进而推动中国农村和西部地区基础教育信息化发展，消除中国东西部地区之间、农村与城市之间在基础教育和师范教育方面存在的巨大数字鸿沟。根据各地区和学校的实际情况，对于项目覆盖范围内的学校进行遴选，确定目标后向目标学校传达清楚项目内容，并确定项目学校职责；为每个项目学校制定本校项目的目标、实施的策略与思路，确定项目实施的基本过程与框架。项目执行过程见表1.1。

表1.1　教育部—微软（中国）"携手助学"项目执行

具体执行内容	执行时间
"携手助学"项目百间计算机教室项目启动，由微软（中国）有限公司建设的首批五间计算机教室正式向师生们开放。 在教育部的主持下，微软（中国）有限公司在云南丽江分别与湖北、云南和甘肃三省的教育厅，以及华中师范大学、云南师范大学、西北师范大学签署了"携手助学"师资培训项目执行协议，截至2004年10月29日，三个信息技术师资培训中心正式成立。 "携手助学"项目首家信息技术师资培训中心在云南师范大学正式成立。 "携手助学"网站 www.mspil.edu.cn 开通。该网站用于发布国内基础教育和师范教育的最新政策和发展动态，以及"携手助学"项目的最新进展情况。该网站是促进"携手助学"项目长期发展的重要信息交流平台，计算机教室的师生、培训中心的老师和学员，以及各地区的教育工作者都可以通过这个平台了解最先进的信息技术，交流彼此在学习中的经验和体会，并能在此获得专家的及时咨询和指导。	2004年7月至8月

续表

具体执行内容	执行时间
“携手助学”师资培训项目年终总结大会分别召开了三次。会议旨在向教育部汇报上一年“携手助学”师资培训项目的执行情况和最新进展，探讨师资培训项目对中国信息技术培训的典范作用和长期推广性。同时，进一步明确培养高质量的信息技术教师是推动我国教育信息化发展的重要因素之一，并对下一步师资培训项目的总体发展目标，以及具体的实施计划等做全面部署。	2005 年 2 月至 2007 年 4 月
举办了三届信息技术创新应用主题活动。第一届信息技术创新应用主题活动在首批建成的 50 所百间计算机教室所在学校中展开，以学校为单位，利用信息技术，组织创新活动。第二届信息技术创新应用主题活动在后 50 所百间计算机教室所在学校中开展，此届活动以学生 LOGO 作品评比、学生 PPT 作品评比和基于项目的网页作品评比为主线。第三届信息技术创新应用主题活动在所有 100 所学校中开展，采用基于项目的组织形式，增加网上授课和辅导环节。	2005 年 5 月至 2008 年 10 月
主办了三届“携手助学”志愿者行动。这三届志愿者活动分别由上海师范大学和北京大学、清华大学、北京师范大学承办。通过三届志愿者活动，累计组织了 137 名信息技术专业的研究生和博士生、东部优秀信息技术教师及微软员工，前往 31 所农村初中开展“教师教育技术能力建设”培训，接受培训的农村教师超过 4 000 人。志愿者与一线教师相互学习和交流，切实提高了学员的教育技术应用能力，进一步深化了“携手助学”项目的成果。	2005 年 8 月至 2007 年 8 月
教育者应用资源下载计划开始在全国部署。“携手助学”项目团队与微软（中国）有限公司内部其他团队合作，一同在中国建立基于教育项目的资源下载平台，为广大教育者群体提供教学软件、解决方案支持。此下载平台计划于 2011 年 4 月上线，帮助教师更加有效、快捷地把这些资源和工具融入教学当中，更加轻松地完成每天的教学任务。	2010 年 11 月
为了更好地落实《国家中长期教育改革和发展规划纲要（2010—2020 年）》精神，促进教师信息素养、信息技术和教育教学水平的提高，“携手助学”项目第八届中国创新教师大赛启动会在广西桂林召开。此次会议主题的是“信息技术促进教师发展，实现教育技术能力创新、探究、分享”。此次会议的目标是通过“携手助学”项目搭建项目学习活动的平台，利用微软创新教育发展 VCT（虚拟漫游教室）解决方案创建优质活动案例，促进教师实践项目学习，提高教师运用信息技术优化教学的能力，提升参与学校师生的创新意识和创新能力，提高参与学校的教育教学质量。	2012 年 3 月
“携手助学”项目组与上海市教委、上海市虹口区教育局共同在华东师范大学附属第一中学成功召开了上海电子书包试点项目研讨会。超过 200 名观众与合作伙伴参与了本次研讨会，其中包括上海教育界领导、试点学校的老师，以及来自出版界和 IT 公司业务及技术经理。研讨会上微软（中国）有限公司工作人员向参会嘉宾阐述了电子书包的概念并介绍了电子书包项目和 Windows 8 & Cloud。	2012 年 7 月

续表

具体执行内容	执行时间
主办首届“全国中小学信息技术教学应用展演”交流论坛活动。本次展演内容包括展览演示、论坛交流、信息科技成果体验等。其中论坛交流共有“教学信息化挑战领导力——全国推进学校教学信息化校长论坛”“信息技术促进中小学教学方式的变革与创新论坛”“中小学互动电子白板教学应用论坛”等活动。借此推进中小学信息技术与教育思想和观念、教学内容和方法的深度融合；推动信息技术在中小学课堂教学中的科学应用；提高中小学教学软件开发和服务水平；促进中小学教学信息化产业和科研事业繁荣发展。	2012年9月
“携手助学”二期创新教师培训项目主任会在北京召开。会议介绍了项目开展情况，总结项目在以往10年（2003—2012）内对中国教育信息化方面做出的尝试与经验，以期给中国教育带来最前沿、融入最先进信息技术的教育资源，以创新的合作方式为中国教师提供更有价值的培训。会上还详细介绍了创新教师培训项目开展情况、学科教师培训内容、培训组织方式与管理流程及各省市教务管理员任务说明，并且6省项目负责人进行了交流讨论，最终确定各省级教师培训计划和部署安排。 第四批项目县国家级骨干教师培训在中国农业大学举办。项目专家北京大学汪琼教授和微软（中国）创新教师培训项目负责人先后对山东、山西、贵州、安徽、湖南、河南省电教馆的项目领队，以及60名骨干教师进行了为期3天的骨干教师面授培训。培训目的是使教师能准确掌握网络课程知识与技能的重点与难点，熟悉作为网络课程辅导教师的角色与任务，学会辅导学生学习网络课程的方法与技巧。通过3天的培训，参加会议的6省项目负责人、教务管理员、骨干教师全面了解了学科教师培训项目及培训管理流程，明确了各省的培训日程安排。骨干教师对培训课程有了清晰认识，顺利完成各项培训任务，推进学科教师培训在16个县的组织实施工作。至今为止，携手助学创新教师培训项目已经覆盖了全国30个省、自治区、直辖市。	2012年11月

百间计算机教室完成先期建设。作为该项目的第一大援教主题，百间计算机教室切合中西部助学援教的实际需要，意在让边远地区的中小学生能接受先进的、正规的计算机知识熏陶。在这些计算机教室中，微软正版软件及国产品牌电脑共同搭建起了基础设施平台。在这个平台上，有齐全的网络设备、多媒体教学设备和远程教学设备，以及由微软与合作伙伴联合开发的特色课件，还有杀毒软件等其他必备软件。使用这些计算机教室的广大师生真切感受到了“携手助学”的价值所在。通过这些教室，在正版“教育资源 Office”等多媒体课件资源和辅助工具的帮助下，老师们开始用信息技术教育 Movie Maker 制作特色课件，并组织学生用 MSN Messenger 即时信息服务实现教、学实时互动；学校则开始通过视频会议组织宽带远程示范教学，请高校专家对农村学校进行远程培训，实现城市学校与农村学校间的实时远程教学交流。

三大培训中心相继落成，助力中西部地区基础教育信息化和师资培训事业。2004 年 8 月 11 日，教育部—微软（中国）“携手助学”项目首家信息技术师资培训中心在云南师范大学正式成立。此后，湖北信息技术师资培训中心、甘肃信息技术师资培训中心也陆续于 2004 年 10 月 9 日和 2004 年 10 月 29 日，分别在华中师范大学和西北师范大学宣告成立。微软公司提供师资，为三省培养 1 000 名信息技术骨干教师。这让中西部中小学除百间计算机教室外，还有三个能帮助他们实现自我超越的培训中心。在三大培训中心里，他们可以接受前期基础培训，也可以参加集中面授的中、高级培训。此外，教育部—微软（中国）“携手助学”项目的另一个主题——教育解决方案的开发，也得到了落实。在教育部的指导下，微软公司与腾图公司积极合作，向腾图公司提供技术支持，共同开发“教育资源 Office”解决方案。该解决方案以微软 Microsoft Office 为基础平台，整合腾图公司开发的专业资源，为教育用户提供专业化、个性化和本地化的专业 Office 资源产品，在提高教师教学应用能力方面有独到之处。

开发优质培训课程，为师资培训提供优质资源。自教育部—微软（中国）“携手助学”项目启动以来，在信息资源建设方面进行了大量的本地化探索与研究。项目会同国内著名科研机构和战略合作伙伴，积极开发面向我国中小学信息技术专任教师的培训课程，开发了一系列初级、中级和高级课程，具体包括：基础培训课程“信息技术专任教师基础培训 DVD”；中级培训课程“操作系统的安装、使用与管理”和“Office 与教学应用”；高级培训课程“信息技术教师高级研修教程”。信息技术师资培训课程开发有力地推动了微软公司与教育界机构、专家，以及合作伙伴在教育领域内的深层合作。课程开发的成果不仅为该项目的“师资培训”提供了课程，也为后续展开的“全国中小学教师教育技术能力建设项目”提供了可借鉴的优质资源。为了促进国内中小学信息技术基础教育的普及，微软公司在教育部专家组指导下，专门开发了三门在线学习课程：ICT 工具应用与教学 DVD 课程（基于项目的学习在教学中的应用）；ICT 工具应用与教学在线课程（Office 与教学应用基础）；ICT 工具应用与教学讲座（如何讲好信息技术课）。

承载希望——微软互连社区在中国成型。微软公司在 2004 年的基础培训阶段分别向云南、湖北和甘肃三省提供了 3 000 套“携手助学”项目培训课程教学 DVD 光盘，让参加培训的教师可以通过先期的自学掌握基础知识。在此阶段，他们彼此交流学习经验和体会，寻求辅导，求解难题等活动，便全部依托于 2004 年 8 月开通的教育部—微软（中国）“携手助学”项目网站（http: //www.mspil.edu.cn）。在这个信息交流平台上，计算机教室的师生们、培训中心的老师们和学员们不仅可以了解到国内在基础教育和师范教育方面的新政策和发展动态及“携手助学”项目的进展情况，而且还可以充分享用微软（中国）提供的在线资源，切磋方法、交流经验，同时对碰到的难题可以实时咨询在线专家。这种“教学 DVD + 在线学习”的模式，在培训过程中受到了学员们的热烈欢迎，它的成功实施，标志着微软教育愿景——互连社区已经逐渐在中国成型。

三、教育信息化国际合作项目的教学理念

教育信息化国际合作项目旨在提高学校教育信息化水平，培养创新教学能力，实现教师专业能力发展，并通过信息技术与学科课程的整合，提高中小学教师教育技术能力和师生综合能力的发展水平。因此，教育信息化国际合作项目的教学理念包括以下四个方面。

1.“1 对 1”学习理念

教育信息化国际合作项目通过项目创建教室和相关设备，进行“1 对 1”数字化学习。具体是指，每位教师和每位学生均拥有一台数字化学习设备，并通过运用这些设备所提供的平台与资源，进行个性化的教与学的活动，为每个学生提供个性化的合适教育。其核心点在于让学生利用信息技术开展主动学习和自主学习，培养学生分析问题和解决问题的能力，真正实现以学生为中心的课堂教学。

2. 强调以学生为中心

“以学生为中心”，即以学生的学习和发展为中心，实现从以“教”为中心向以“学”为中心转变，从“传授模式”向“学习模式”转变，从而提高学生的学习质量，使学生在知识、能力和素质上获得全面提升。通过项目的实施，我们要培养教师以学生的学习兴趣出发，鼓励学生利用已有的经验，积极参与学习过程的能力。教师要引导学生独立或合作完成各种课业活动，基于实际问题，让学生开展合作探究，并控制学习的过程，培养学生解决问题的能力。

3. 关注提高中小学教师教育信息技术能力

提高中小学教师教育技术能力是目前我国教育信息化的一项重要任务，《国家中长期教育改革和发展规划纲要（2010—2020 年）》和《教育信息化十年发展规划（2011—2020 年）》均提到要提升教师的信息技术应用水平。通过项目组织，开展以信息技术与学科教学有效整合为主要内容的培训，提升中小学老师学习和应用现有信息技术和资源的能力，能够有效优化教学过程、改进教学方法、提高教学质量和效益、提升信息技术转变学生学习方式的能力。

4. 促进基础教育均衡发展

促进基础教育均衡发展，尤其是义务教育区域均衡发展，是我国基础教育当前发展的根本原则之一。通过项目的实施，相关教师开展移动互联网设备支持的以“课堂教学”实践和“以学生为中心”的探究性学习，并定期举办培训以促进城乡的教师互动，并借助项目的相关平台实现优质教育资源共享，促进城乡基础教育的均衡发展，逐步缩小数字鸿沟。

第二节　信息技术环境下的多学科整合教学：项目学习

一、项目学习的发展

项目学习的英文原文是 project-based learning，简称为 PBL，也有人称其为“基于项目的学习”“项目式学习”，下面统一称其为“项目学习”。研究者普遍认为项目学习最早是来源于杜威（Dewey）提出的“Learning by doing”的教育理念，后来这种理念逐渐被教育研究人员发展演变为“项目学习”教学法。项目学习在近年来受到从事教育信息化领域的教育工作者的广泛关注。项目学习的思想是以学生为中心，而不是讲授式的传统教学，能培养学生解决复杂问题的能力。项目学习与 21 世纪技能（21st Century Skills）的培养等概念联系在一起，在全球得到了广泛推广。

1. 项目学习的兴起

一百多年来，许多教育工作者都致力于为学生提供有趣的、具有挑战性的学习方式，他们认为学生需要通过亲自体验、实践、探究。美国教育家杜威最先提出了“从做中学”的思想。

杜威于 1897 年在《我的教育信条》中列举了他关于教育的信条：教育不是强迫儿童或青年去吸收外面的东西，而是要使人类与生俱来的能力得以生长。在杜威实用主义教育思想影响下发展起来的项目学习，逐步得到教育界的认同，让学生“做项目”已成为美国教育的传统。甚至有不少的学者认为项目学习比传统的课堂教学更具优势。

1918 年 9 月，杜威的学生，著名的教育家威廉·克伯屈在哥伦比亚大学《师范学院学报》第 19 期上发表了《设计教学法：在教育过程中有目的活动的应用》一文，引起了教育界的关注和兴趣。这篇论文也被称为 20 世纪最有影响的教学理论论文。克伯屈说：“我采用‘设计’这个术语，就是专为表明有目的的行动，并且特别注重‘目的’这个名词。”可见，设计教学是建立在学生兴趣与需要基础之上的，把有目的的活动作为教育过程的核心或有效学习的依据。这一教学方法被许多后续的研究者认为是项目学习模式的雏形。

信息社会来临与经济转型是推动项目学习重新进入教育变革视野的重要原因。传统工业时代的标准化人才培养方式已无法满足信息社会对创新性人才的需求，知识全球化时代呼唤更具有创造力、复杂问题解决能力、知识创新能力的综合性人才。从某种意义上来说，“教育需要适应不断变化的世界”是项目学习越来越流行的主要原因。另外，由于人们越来越重视教育的标准、教育结果的明确性和可说明性，也推动了项目学习的广泛应用。

2001 年 6 月，我国颁布了《基础教育课程改革纲要（试行）》（以下简称《纲要》）。在《纲要》中明确指出了我国基础教育改革的目标，就是要“改变课程实施过于强调接受学习、死记硬背、机械训练的现状，倡导学生主动参与、乐于探究、勤于动手，培养学生搜集和处理信息的能力、获取新知识的能力、分析和解决问题的能力，以及交流与合作的能力”。《纲要》中提出的各种要求，与项目学习的理念十分吻合。项目学习就是一种强调以学生为中心的学习，符合《纲要》中提出的培养学生主动参与的能力。这种学习方式能充分调动学生的积极性，让学生主动学习，而不是被动接受和死记硬背。另外，项目学习还强调团队协作，注重学生的批判性思维和信息素养，也是与《纲要》中的要求十分一致。所以，推动项目学习在信息化教学环境下的实践，有利于推动国家课程改革和人才培养目标的落实。因此，项目学习在当今的教育领域广受推崇。

2. 项目学习的概念

尽管项目学习实践的开展已有多年，但目前教育学界对项目学习仍没有统一的定义。项目学习的相关定义如表 1.2 所示。

表 1.2　国内外对项目学习的不同定义

	学者	定义
国内	黎加厚	项目学习是以学习、研究学科的概念和原理为中心，通过学生参与一个活动项目的调查和研究来解决问题，以建构起他们自己的知识体系，并能运用到现实社会当中去的一种教学模式。
	刘延申	项目学习是学生通过亲自调研、查阅文献、收集资料、分析研究、撰写论文等，将学到的理论知识和现实生活中的实际问题紧密结合，得到综合训练和提高。最后，学生还要在课堂上介绍自己的研究情况，互相交流并训练表达能力等。
国外	Markham	项目学习是学生围绕复杂的、来自真实情境的主题，在教师精心设计任务、活动的基础之上，进行较长时期的开放性探究，最终建构起知识的意义和提高自身能力的一种教学模式。
	Soloman	项目学习活动往往围绕着具有一定挑战性的项目主题展开，主题的选定往往来自真实的环境，依托某一学科理论，并在活动过程中体现多学科交叉的思想。

尽管不同学者因研究角度的不同，对定义的界定有些许差异，但这些定义也呈现出对项目学习理解上的共性。综合参考各专家的见解，本书认为项目学习是一种以学生为中心的教学模式，是学生从真实世界中的基本问题出发，围绕复杂的、来自真实情境的主题，以小组方式进行较长周期的开放性探究活动，完成一系列诸如

设计、计划、问题解决、决策、作品创建及结果交流等学习任务，并最终达到知识建构与能力提升的一种教学模式。

3. 项目学习与基于问题的学习

在教育实践领域中，项目学习（project-based learning）与基于问题的学习（problem-based learning）是两个很接近的教学模式，在教学理念上也很多相同之处，因此也有一些学者认为这两种教学模式是一回事。

项目学习与基于问题的学习具有很多相同点，例如：（1）聚焦解决开放性的问题或任务；（2）强调知识与技术的真实应用；（3）促进学生21世纪技能的建构；（4）强调学生的独立自主学习与探究学习；（5）教学比传统课堂需要更长时间（跨课时、跨单元），知识更加综合化。但两者间也有一些差异，如表1.3所示。

表1.3　项目学习与基于问题学习的差异

	项目学习（project-based learning）	基于问题的学习（problem-based learning）
教学内容	开放、多学科知识整合	大部分为单一学科，也有多学科整合
教学时间	时间较长，需要多周或多个月完成一个项目	教学时间较短
学习方式	多样化学习步骤	按照预设的学习步骤
学习产出	创作的具体作品、表演等	可以是有形的或无形的解决方案、解决思路
学习情景	大部分是真实世界的问题、任务、预设等	常常使用案例、虚构的情景或劣构性的问题等

二、项目学习的教学理念

1. 项目学习的理论基础

建构主义是认知心理学派中的一个分支。在皮亚杰（Piaget）的“认知结构说”的基础上，科恩伯格（Kernberg）在认知结构的性质与发展条件等方面做了进一步的研究。维果斯基（Vygotsky）提出的“文化历史发展理论”，强调了认知过程中学习者所处的社会文化历史背景的作用，并提出了“最近发展区”的理论。建构主义学习观认为：学习不是由教师把知识简单地传递给学生，而是由学生自己建构知识的过程。学生不是简单被动地接收信息，而是主动地建构知识的意义，这种建构是无法由他人来代替的。

同化和顺应是学习者认知结构发展变化的两种途径或方式。同化，指学习者把外在的信息纳入已有的认知结构中，以丰富和加强已有的思维倾向和行为模式。顺应，指学习者已有的认知结构与新的外在信息产生冲突时，引发原有认知结构的调整或变化，从而建立新的认知结构。同化是认知结构的量变，而顺应则是认知结构的质变。同化—顺应—同化—顺应，循环往复；平衡—不平衡—平衡—不平衡，相互交替。人的认知水平的发展，就是这样的一个过程。这样看来，学习不是简单的信息积累，更重要的是包含新旧知识经验的冲突，以及由此而引发的认知结构的重组。学习过程不是简单的信息输入、存储和提取，而是新旧知识经验之间双向的相互作用过程，也就是学习者与学习环境之间互动的过程。建构主义学习理论认为"情境""协作""会话""意义建构"是学习环境中的四大要素。

学习环境中的情境必须有利于学生对所学内容的意义建构。协作贯穿于整个学习活动过程中。教师与学生之间、学生与学生之间的协作，对学习资料的收集与分析、假设的提出与验证、学习进程的自我反馈和学习结果的评价，以及意义的最终建构都有十分重要的作用。学习小组成员之间必须通过会话商讨如何完成规定的学习任务。此外，协作学习过程也是会话过程，在此过程中，每个学习者的思维成果在整个学习群体中共享。意义建构是教学过程的最终目标。在学习过程中帮助学生进行意义建构就是要帮助学生对当前学习的内容所反映的事物的性质、规律，以及该事物与其他事物之间的内在联系产生较深刻的理解。

因此，项目学习实质上就是在真实情境中，通过教师的指导，学生进行自主探究，并与同学广泛交流，不断地解决疑难问题，从而完成对知识的意义建构。

杜威的实用主义教育理论是项目学习的一个理论基础。他针对"以课堂为中心，以教科书为中心，以教师为中心，注重强制性的纪律和教师的权威作用"的传统教育，提出实用主义的教育理论。概括地说，这种理论体系可以称为新的"三中心论"。

关于以经验为中心，杜威认为，"知识不是由读书或人解疑而得来的结论""一切知识来自经验""教育即生活，教育是传递经验的方式"。实用主义反对传统教育中忽视儿童的兴趣和需要的做法，主张教育应以儿童（或者说受教育者）为起点。"兴趣显示着最初出现的能力，因此，经常仔细观察儿童的兴趣，对教育者是最重要的。"这说明了以儿童为中心的重要性。崇尚书本的弊端是没有给儿童提供主动学习的机会，只提供了被动学习的条件——死记硬背。由于"学校主要是一种社会组织。教育既然是一种社会过程，学校便是社会生活的一种形式"，因此要以活动为中心，让学生在实践活动中求学问，即"做中学"。杜威提出在教学过程中的五个要素：设置疑难情境，使儿童对学习活动有兴趣；确定疑难在什么地方，让儿童进行思考；提出解决问题的种种假设；推动每个步骤所含的结果；进行试验，证实、驳斥或反证假设，通过实际应用检验方法是否有效。上述五个要素的实质，反映了他重视实践应用，从实践中培养学生的能力。这种思想有积极意义，也存在弊端。它的弊端是忽视间接知识和课堂教学形式。项目学习强调对学生动手能力的培养，强调“经验”“学生”“活动”这三个中心。项目学习基本上也是采用“做中学”的方式，学生通过各种探究活动，通过制作作品来完成知识的学习。

针对传统教学的“仓库理论”，美国著名教育家布鲁纳（Bruner）提出了发现学习理论。他认为，学生的认知过程与人类的认识过程有共同之处，教学过程就是教师引导学生发现的过程。他要求学生在教学过程中，利用教师或教材提供的材料，亲自去发现问题的结论、规律，成为一个“发现者”。他还设计了如下发现学习的程序。

第一，提出问题：教师选定一个或几个一般的原理，学生的任务是带着问题去学习，提出弄不懂的问题或疑难。第二，创设问题情境：情境中的问题既适合学生已有的知识水平能力，又需经过一番努力才能解决，从而使学生形成对未知事物进行探究的心理。第三，提出假设：学生利用所掌握的资料，对问题提出各种可能性。第四，检验假设，得出结论：对各种可能性进行反复的求证、讨论，寻求答案。

可见，项目学习并不是接受式的学习，而是发现式的学习。在学习之初，学生就问题解决形成假设，提出解决问题的方案，然后通过各种探究活动，以及收集的资料对所提出的假设进行验证，最后形成自己解决问题的结论。

2. 项目学习的教学特点

项目学习强调从以“教”为中心向以“学”为中心转化，与传统教学相比有以下几个特点，如图 1.1 所示。

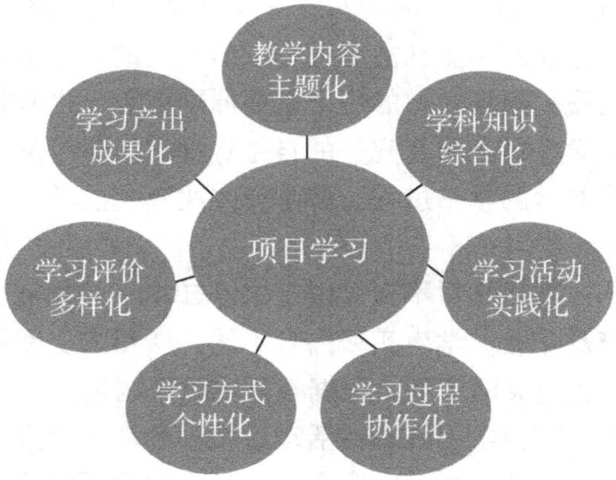

图 1.1　项目学习的教学特点

教学内容主题化：在项目学习中，需要提供一个驱动性的主题（问题），起到组织和激发学习活动的作用。学生围绕这一主题展开探究，结合之前所学知识，解决项目学习中的实际问题，同时在此过程中建构起一套新的知识体系，掌握新的技能。

学科知识综合化：项目学习整合了一系列相关学科的基本知识、研究方法及当前社会的综合问题，其目标是培养学生解决实践性、综合性问题的能力，这与传统的教学目标形成了鲜明的对照。在项目学习中，学习者需要运用多门学科的知识，单纯依靠某一门学科知识则无法完成活动任务。项目学习培养了学生学习知识的综合能力，有利于实现学科之间的深度融合。

学习活动实践化：项目学习强调活动的实践性。项目学习需要学生依据自己的需要、动机、兴趣进行参与、体验和研究，学生不再仅仅是被动地接受知识的灌输。在未来，学生面对的是来源于现实生活的真实而具体的问题，不是单纯而抽象的某个学习问题。所以，实践的方式也是多种多样。在项目实施过程中，学生充分利用多媒体和网络等信息技术，再通过实践体验、学习知识、创造想象等多种途径来解决问题。学生在实践中体验、学习，在实践中增强获取信息、加工信息和处理信息的能力。

学习过程协作化：在项目学习中，学习者之间往往需要达成一致的意见，对学习任务进行合理的分工，并且适时地进行协商和讨论。它充分体现了合作学习的精神，加强了学习者之间的相互协作和理解，这有利于培养学生的团队精神和人际交往能力。此外，除了学生之间的协作交流，项目相关的教师、学生，以及其他相关人员还组成一个“学习共同体”，为完成任务而共同努力。

学习方式个性化：项目学习面向每一个学生的个性发展，应该尊重每一个学生发展的特殊需要。它强调学生在活动过程中所产生的丰富多彩的学习体验，以及个性化、创造性的表现。项目学习的一个重要原则就是学生根据自身的兴趣来选择学习的主题和内容，学生对学习有充分的自主选择权。学生从选题、收集资料到作品制作、答辩、成果展示的整个过程，都是自主决断完成的，这有助于培养学生的“自我导向”能力。

学习评价多样化：项目学习不再局限于书本知识，而是依据学生具体需要、动机、兴趣等进行参与及体验。学生实践内容不同，所得的实践结果亦不尽相同，所以评价的方式、内容也应灵活多变，根据教学实际来制定。

学习产出成果化：项目学习强调在活动过程中和活动结束后产生一系列的学习成果。项目学习的成果形式多样，内容丰富。学生根据不同的活动内容，从不同的角度，可以形成不同形式的成果。它既可以是语言类的研究报告，也可以是数字类的调查文章，还可以是一个节目或作品。

三、项目学习的实践

在应用信息技术变革与创新教育的世界发展潮流下，近年来国内外涌现了很多应用项目学习理念开展教育教学改革创新的项目案例，如美国工程与科学教育改革与发展研究中心（CIESE）实施的“基于在线项目的科学教育”项目、中国和联合国儿童基金会远程协作学习项目。这些项目在国内外开展了大规模的教学改革实践，产生了大量富有创意的教学案例。

1. 美国 CIESE 项目

由美国工程与科学教育改革与发展研究中心（CIESE）倡导的“基于在线项目的科学教育”（the Science Education with Online Projects，SEOP）是由美国国家科学教育基金委员会（NFS）资助 CIESE 应用技术进行科学教育改革的实验项目之一。

SEOP 活动中的“项目”，是管理领域的“项目”在活动教学中的延伸、发展与具体应用。因此，SEOP 中的学习“活动”，以学生的科学探究为主要形式。学生通过这种活动获取知识和该领域科学的思想观念，领悟科学家们研究自然所用的方法。

为了给学生和教师提供更大的学习活动范围，CIESE 设计了一系列的项目活动主题。主题的性质多是与学生的现实生活紧密联系，具有开放性。主题的设计与学生的需要和兴趣相符合，与学生的心理世界、经验世界紧密关联。主题的设计既考虑了大多数学生的认知水平，又具有一定的挑战性。此外，主题还具有一定的包容性和丰富性，值得学生在一定时间内去探究、去思考、去行动。活动主题一般分为两类：以 K12 为主的科学教育活动和高等教育科学教育活动。与 K12 有关的科学教育活动的项目主题及特点见表 1.4。

表 1.4　科学教育活动的项目主题及特点

项目活动	主题名称（年级）	特点
协作项目研究	·家庭一天用水量的研究（4~8） ·水的沸点研究（6~12） ·全球水质量调查研究（6~12） ·日照与温度关系研究（5~8） ·池塘生物的多样性研究（1~5）	项目着眼于研究结果的差异性。由于活动开展所处的地理位置不同，其结果是有差异的，通过对结果产生的差异开展对话，引起学生的兴趣，促进学生对问题的理解。项目也可以跨区域在校与校之间开展协作活动。
工程项目研究	·蒸馏水的提取研究（6~12） ·简易手持水泵设计（6~12） ·抗震结构的设计（6~12）	项目的特点是利用较强的数学知识和工程科学原理对问题进行分析、设计和应用，强调学科知识在日常生活中的应用。

续表

项目活动	主题名称（年级）	特点
基于历史资料项目研究	·人口增长研究（6~12） ·语言艺术的社会研究（5~12） ·电影的历史与制作（5~12）	项目的特点是活动资料来源于真实的历史材料，如图片、文物、统计数据等。通过对原始历史资料的分析得到结论，并形成相关的假设，然后进一步研究他人对此分析形成的观点，经对比以证实或修正自己最终的结论。
基于实时数据调查项目研究	·天气与气候的调查研究（5~10） ·空气污染：如何解决？（6~12） ·海洋潮汐的规律（6~12） ·飞机如何航行在正确的航道上？（9~12）	项目的最大特点是利用一些真实且权威的数据对问题进行分析，强调数据来源的实时性。数据来源可以是一些科研中心网上提供的，也可以是实践中经观察所得到的。
伙伴项目研究	·新泽西州水域的探索（与“COOL教室”项目合作）（6~12） ·热带雨林生物链（与蒙特克莱尔大学的“PRISM”项目合作）（6~12） ·分子生物实验研究（与罗格斯大学 Waksman 研究所开展合作）（10~12）	项目主要是与其他有特色的科学教育网站或项目中心进行合作，以扩展 CIESE 的项目，突出项目特色，增加活动资源。如与“COOL教室”开展合作过程中，CIESE 成员可以加入“COOL 教室”项目中，利用“COOL 教室”项目和工具（如三维地图、北部海湾观察系统）进行扩展性调查项目活动。

CIESE 设计了一系列多样化的项目活动，教师可以设定有趣的问题，选择不同的活动内容来满足学生的需求。开展活动前，教师以新颖的问题唤起学生对问题的思考，并以此作为切入点来激发学生的内部生理或心理动机，让学生重新关注生活的现象。而有意义的活动内容能使学生更加积极地投入到学习过程之中。这对教师来说是一个积极且有意义的思考过程，即继“如何教”之后思考“教什么”，以此带动项目学习的有效开展。

2. 中国和联合国儿童基金会远程协作学习项目

中国和联合国儿童基金会远程协作学习项目是联合国儿童基金会资助的一个远程教育项目，项目时间从 2008 年至 2012 年。该项目为项目学校提供了一个促进项目学习活动开展与交流的网络空间——“特酷”网络学习社区（www.tecol.org.cn）。来自不同地区的城乡学校借助网络通信技术（如“特酷”网络学习社区、QQ 等）形成学习共同体，围绕共同的主题或学习任务，开展基于项目的学习，并通过远程协作的方式完成主题学习、问题解决、作品创作等学习过程。在实施过程中，主要采取以下三种方式开展项目学习。

（1）平行问题解决模式指的是需要两地学生共同完成项目，他们围绕共同的，复杂、真实而有意义的问题进行实验、观察，再通过一系列的讨论探究、调查、访谈等实践来解决复杂的问题。通过这个过程，学生们的实践能力、解决问题的能力都得到了提升。通过让学习者合作解决问题来学习隐含于问题背后的科学知识，培养解决问题的技能，发展高层次思维能力、自主学习能力和协作学习能力。活动开展步骤大致为：确定待解决问题、各自设计问题解决方案、分享问题解决方案。其基本模型如图 1.2 所示。

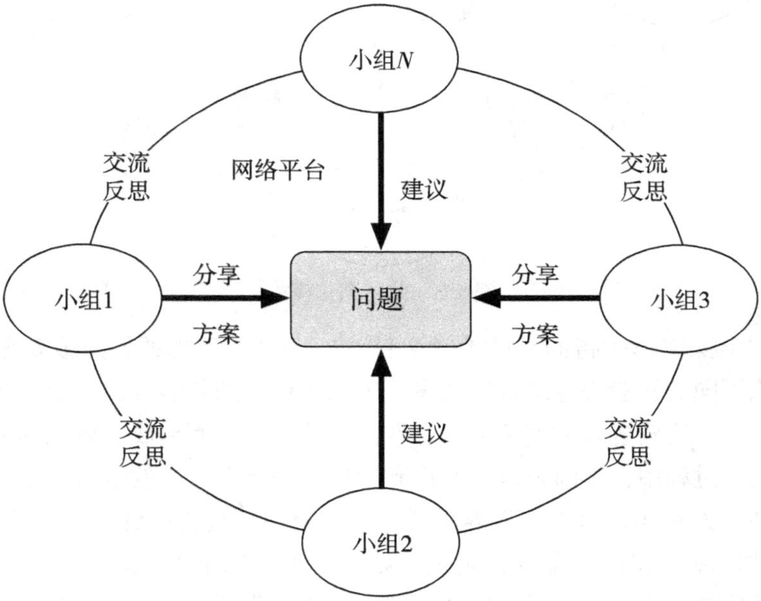

图 1.2　平行问题解决模式

（2）共同创作模式指的是异地学习者在网络环境的支持下，通过借助创作工具围绕一个主题共同完成作品的设计、制作，在创作过程中相互讨论、交流、评价，适时反思，从而形成对主题完整而深刻的理解，并将自己的理解显性化，在创作中外化。作为一种自主学习和协作学习相融合的典型模式，具体实施的一般步骤是：确定创作主题，进行创作分工，实施创作，进行创作汇整，评价与反思。共同创作模式是一种包括了输入、加工、输出等完整认知过程的远程协作学习模式，能极大地调动学生的积极性，培养学生的创新精神和协作精神，加深学生对知识的理解。其基本模型如图 1.3 所示。

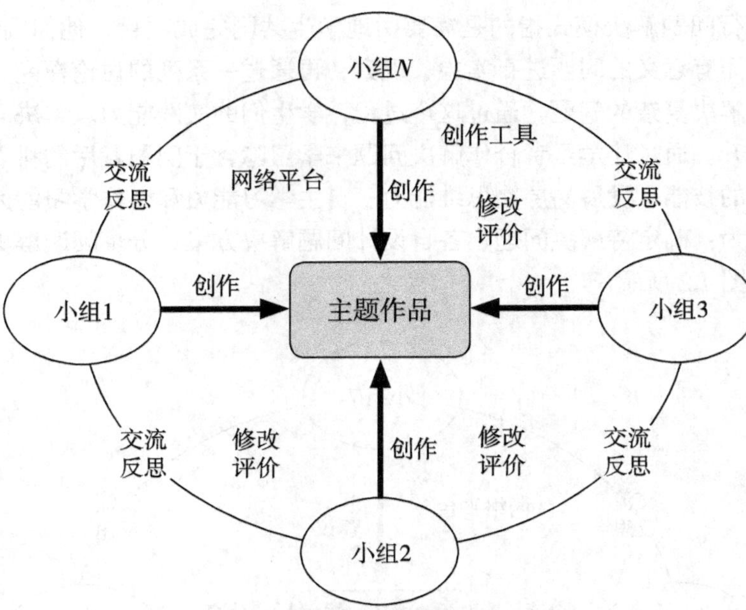

图 1.3 共同创作模式

（3）实验探究模式指的是两地学生针对一个真实事物的特点或现象分别通过设计、实施不同的实验去主动探索和发现表象掩饰下的科学规律、定理。在此过程中，学生分享、比较各自的实验活动、数据、结果，从而形成一致性的结论。学生在动手实践的过程中，不断发现、假设和验证，进行有意义的学习，不仅获得了知识，还提高了人际沟通水平，培养了科学探究精神，真正做到了“知行合一”。实验探究模式的基本实施步骤是：确定主题（特点、现象）、提出假设、设计实验、实施实验及分享、比较、分析、综合、形成结论。其基本模型如图 1.4 所示。

项目中期评估结果表明，通过参与远程协作学习项目，教师在项目开展和平时教学过程中改变了教学方式，由一成不变的“填鸭式”讲授教学转变为应用教学资源开展以学生为中心的探究式教学；同时在与他人合作、课题研究、课堂信息技术应用、教学组织和管理、反思等方面的能力也都得到不同程度的提升。与此同时，多数学生的信息技术能力得到了很大的提升，可以利用计算机与他人交流、收集处理信息、制作学习作品；与他人协作交流能力得到提升，语言表达和写作得到锻炼；学习方式发生了转变，学会了独立思考并寻求问题解决的探究式学习方法。

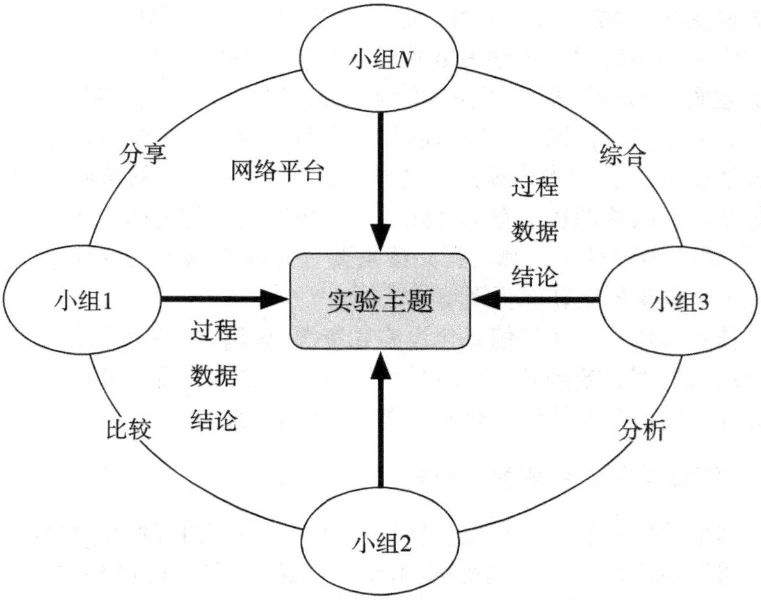

图 1.4 实验探究模式

第三节 项目学习在小学语文教学中的创新应用

教育信息化从“建网、建库、建队”、探索“课程整合”的路径，转向“信息技术与课堂教学深度融合”，信息技术环境下的小学语文“能读会写”试点研究（以下简称为“能读会写”试点研究）强调对学生语文能力的训练和培养，为实现小学语文教学的核心目标提供有力支撑。

一、“能读会写”试点研究的背景

新课程改革强调关注学生发展，这一理念首先体现在教学目标上，即要按照课程标准、教学内容的科学体系进行有序教学，完成知识、技能等基础性目标，同时还要注意学生发展性目标的形成。其次，关注学生发展的理念体现在教学过程中，教师要认真研究课堂教学策略，激发学生学习热情，鼓励学生探究，高效实现目标。在进行学生教学发展过程中，教师的角色定位也很关键。正确的做法，教师应该是课堂的促进者和方法的建立者，而不是简单的知识传授者；教师要给予学生更大的空间，充分发挥学生在学习过程中的能动性，自主地进行探究。

从以教师为中心转向以学生为中心，从知识传授为主转向能力、素质培养为主，从课堂学习为主转向多种学习方式的阶段（杜占元，2013），“互联网 +”概念的提出则为这种“转向”提供了探索的思想、路径、环境与空间。21 世纪初新课程改革推行的前十多年，课程内容研制相对滞后，识汉字和学汉语之间的矛盾依然存在，培养学生通过多读多练提升语文能力、“学会阅读”的核心目标，在教学现场往往被忽略。而随着课程形态的多元开放、体制内外的碰撞交集、一线教师视界的拓宽，“儿童少年阶段什么都没有阅读重要”为越来越多的教师所认同，大量整本书阅读成为一些学校突破课程困境的选择。

在信息技术环境下，各种信息化设施和资源的可获得性逐步增强，教师运用信息化教学的能力得到有效提升，同时学生运用信息技术发现、分析和解决问题的能力也随之提升，使得学校教育教学方式变革取得更大突破。

二、“能读会写”试点研究的目标

中小学师生的信息素养和学校信息化发展水平在东西部城乡之间存在着明显的差异，为改善区域发展严重不均衡的问题，“能读会写”试点研究在信息技术与教育教学融合的理念指导下，旨在将东西部城乡学校结为合作伙伴，通过师生间的协作和交流，缩小数字鸿沟，提高教育质量。

（1）更新教育理念：教育理念陈旧就无法在行动上跟上新课程改革的步伐。新课程改革所要求的新课程观、新学生观、新发展观、新知识观、新学习观、新教学观、新课堂观、新“课标”观、新教材观、新评价观、新作业观、新目标观、新方法观，都体现了立德树人的新要求。项目通过教师培训和研讨，将新课程改革、项目学习、“1 对 1”教学等优质教育理念输送给农村的学校，开阔教师的视野和思路，为教师提供更多有效教学的理念和方法，提高课堂教学的质量。

（2）共享优质教育资源：东部学校将已形成的优秀经验和优质资源输送给西部农村学校，包括课前、课中、课后的一系列资源，也包括教师使用的教学资源和学生使用的学习资源，甚至还有家长使用的辅导资源等。此外，还有经过长时间打磨，经过实践检验的行之有效的教学方法和优秀案例等均包括在内，共享给西部学校，使西部教师从模仿到熟练掌握再内化为符合当地需要的一套方法，这需要较长时间的实验和总结。

（3）促进课堂教学模式的创新：随着学校信息化发展水平的逐步提高，师生的信息素养得到有效提升，通过将信息技术与学科教学融合，优化和创新课堂教学模式，实现教学流程的再造和重构，催生课程形态多样化，满足学生个性化学习需要。

三、“能读会写”试点研究的历程

2007 年 7 月，在联合国儿童基金会“姊妹学校”项目框架下，深圳市南山实验学校与甘肃平凉市崆峒区解放路小学携手开展了信息技术环境下的小学语文“能读会写”试点研究。在取得初步成效的基础上，甘肃省平凉、西河的6所项目学校，以及甘肃兰州、山东淄博的19所伙伴学校陆续加入试点。2011年4月，在联合国儿童基金会“技术启迪智慧”项目框架下，信息技术环境下的小学语文“能读会写”试点研究在宁夏原州、云南永平20所学校启动。

截止到2015年7月，历时八年的“能读会写”试点研究共组织研讨活动50余次，先后有10多个省（自治区、直辖市）百余所学校的3 000多名（人次）教师接受了不同层级的培训。城乡教师合作完成项目作品150余件，惠及中西部和农村学校数万名小学生。

由深圳市南山实验学校小学语文教学经验起步的“能读会写”试点研究，既是城乡教师携手探索信息技术在农村学校的有效应用、全面提升农村小学生信息素养、学习质效背景下的项目学习向核心课程延伸的一种选项，也是凭借计算机、网络等信息技术汇聚东部城市学校的课程经验（如“亲近母语”“海量阅读”“新教育”等）改善和优化西部农村学校课程教学的一种尝试。

四、“能读会写”试点研究的成果

（1）提升了师生的信息素养：参与项目的学校都十分关注信息技术在教学中的应用，经过几轮的教师培训和研讨，教师的信息化教学能力得到有效提升，从理念和实践两方面都认识到信息技术对于课堂教学模式创新的重要作用。在信息化课堂上，学生可以通过计算机、平板等设备进行检索、交流、写作等。

（2）完成了一批优秀学生作品：在教师的指导下，学生以小组为单位进行协作学习，完成了一批优秀的项目学习作品。这些作品的形式多样，包括数字故事、主题网页、故事续写、读后感等。学生通过独立或协作完成的方式，形成的这些学习成果使学生在“做”中学，在学中乐，在乐中悟（反思），体验中的学习往往比被动讲授来得印象深刻，从学生反思中可以看出，他们乐于参与项目学习。

（3）形成了学习共同体：东西部教师借助信息技术手段进行远程合作备课，虽然存在区域差异、文化差异等，但这些差异性在某种意义上来说也是一种重要的资源。以植物的种植为例，城乡地区的学生的学习方法肯定是不同的，农村地区的自然资源相对更有优势。因此，东西部师生间的协作和交流是相互的和双向的，在共同研讨中不断完善教学设计和优化教学流程，逐步实现教学流程的再造和重构。这样的学习共同体对于东西部学校来说都是非常有意义的，如果没有项目作为平台，恐怕教师很难接触到异地的同行，更不要说做深入的教学研究。

第二章

新课程推动课程形态的多元开放

通过信息技术连接城乡教师、东西部课堂，以课程、教学和资源的改善、优化，消弭东西部数字鸿沟、信息鸿沟、知识鸿沟。从 2007 年到 2015 年，八年来，“能读会写”试点研究致力于解决西部农村学校“识字难”“阅读慢”“写作迟”老大难问题的同时，为语文课程形态的多元选择提供了可行案例，为教师的专业化发展提供了有效路径。

第一节　小学语文课程形态的多元发展

一、让创造力在阅读中萌芽

阅读是打开人类的知识的大门，是一个人获得打通语言、世界，形成言语交际能力的前提条件，是一切学习的最重要的基础，是促成人类终身学习的关键能力。阅读能力与一个人的创造能力、问题解决能力密切相关。阅读能力是创造能力重要的前提和基础。创造力是“从两个不同的东西找出第三个新的用途”。在诺贝尔奖得主、神经科学家杰拉德·埃德尔曼看来，“人脑主要是基于模式识别而不是逻辑进行运作”的。作为进化而来的选择系统，脑借助隐喻用一个概念来说明另一个相似的概念，由一个思想引发另一个思想，并且能够将看似不同的事物联系在一起，这是人类“想象力和创造力的主要来源”。而逻辑只是对“多余”“过剩”的不精确的联想、隐喻排除的手段，它“本身却不具有同等的创造性”——创造力与模式识别密切相关。宽广的知识背景对于创造力更为至关重要，而阅读则是人们获取知识信息的主要渠道。

大量阅读、丰富的阅读经验，是大脑不断建立情境模型、言语图式（如正式学习中获得的句子图式、课文理解图式、文章表达图式……）即“信息块”“相似块”的过程。信息块、相似块积累得越多，脑的快速通道连接得就越多，词语的灵活性就越强。数以万计的相似块促发了创造性——本质不同的东西就能够通过相似性中介联系起来，“使它们能相互转化、相互作用、相互依存和相互制约”。因此，“不论是从科技上来说，还是从人才成长来说，综合的功能越多，作用就越大”——创造力和信息模块、相似模块的积累，和脑的快速通道连接的密度和灵活性密切相关，而这一切也主要仰仗于阅读。

基础教育的一个核心目标，就是要使学生获得持续的阅读能力和养成良好的阅读习惯，打下“从阅读中学习”的坚实基础。联合国教科文组织将书本视为“最具互动性的沟通工具之一，始终是近期与远期记忆的停泊地。……也是能够让人展望未来的丰富平台”。两大国际教育评比项目（PISA、PIRLS），都以阅读能力为评量指标——以“从阅读中学习”来界定“阅读”并制定测试框架。

在全语言教育哲学那里，读写能力被视为所有教育的基础，相信语言赋予人以权利，把学会阅读看作是儿童全部幸福的关键，强调在语言交往能力导向的社会中，一个人如果未能及早学会阅读、写作，惬意、自足的人生就可能难以实现。过去的几十年里，一些国家和地区就试图通过发展学生的阅读能力实现智力开发的突破，各国也都把儿童读写能力作为适应未来社会、开展终身学习、促进自身的完善与发展所必须具备的基础学力。国际教育成绩评估协会（IEA）“全球学生阅读能力进展研究报告（2004）”显示：提高阅读能力要从小开始培养习惯。零至六岁是人的大脑生长最迅速的时期。幼儿尽早接触图书，更容易养成阅读的习惯。而六至十二岁是阅读的丰沛期，孩子阅读就像海绵吸水一样，遇上他们感兴趣的图书，不管什么题材或类别，他们都会喜欢。当儿童接受了阅读的训练后，他们便会慢慢地从中发现阅读的乐趣，继而自发的阅读，养成良好的阅读习惯。

Block 等人研究表明，儿童到了三年级的时候仍未学会愉快地和有效地阅读，将会落后于众多的同伴，“且永远无法收复失地”。美国科学家研究国家投资教育的哪个阶段回报率最高时，分析经济学者所画的曲线，小学三年级是投入与回报的平衡点，三年级以后的投资就是负回收了，等到走进社会的就业培训的回收，几乎就是谷底——三年级是分界点。这是美国等国家都要求小学生在三年级，即八岁左右时养成阅读的习惯的依据。美国 2002 年教育法律明确规定“确保所有儿童最迟三年级能阅读”。与欧美拼音文字国家大都要求儿童八岁时学会阅读相比，作为语素文字的汉字书面符号数量繁多、结构复杂，由此导致的汉字难认、难读、难写、难记的认识，加之课程实施中的固守成规，使“汉语儿童从单纯掌握汉语口语系统到掌握汉语口语和书面语两个系统的过程，在全世界时间最长”。

新课程改革所体现的全新理念，意味着语文课程与教学迈入新纪元，语文课程与教学的时代转型标识是以“课程标准”取代“教学大纲”，而课程标准的新内涵也得到了课程专家的一致认识。即：课程标准主要是对学生在经过某一学段之后的学习结果的行为描述，而不是教学内容的具体规定；课程标准是国家或地方制订的某一学段的共同的、同意的基本要求，而不是最高要求；课程标准隐含着教师不是教科书的执行者，而是教学方案的开发者。如图 2.1 所示。

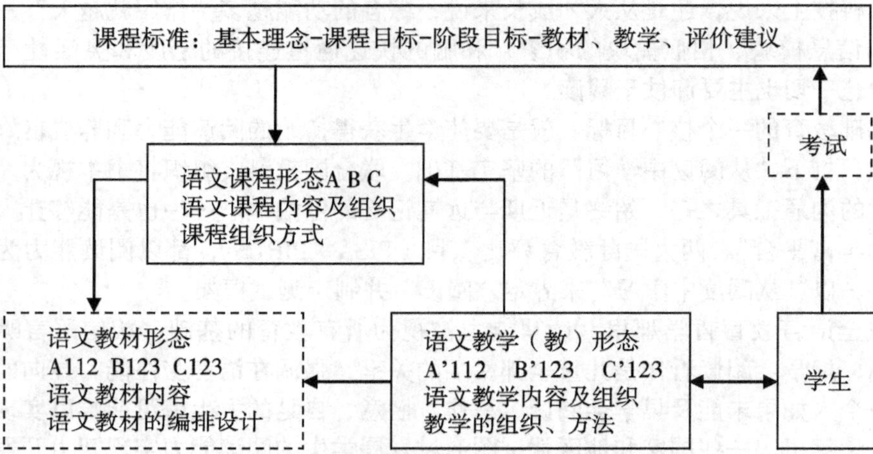

图 2.1 “语文课程标准”的含义描述

二、新课程倡导多元的课程形态

语文课程具体形态是为达到国家语文科“课程目标”而言之的、具有动态形成性的课程具体样式，包括语文课程结构的方式与语文课程内容的确定及组织两方面。语文学习的半自然性、语文能力形成的多途径、“学校语文知识”的流动状和生产性，决定了语文科的课程具体形态必然也应该是多元并呈的。

21 世纪初新课程改革推行的前十多年，课程内容研制相对滞后，识汉字和学汉语之间的矛盾依然存在，培养学生通过多读多练提升语文能力、“学会阅读”的核心目标，在教学现场往往被忽略。一方面，受研究的影响，把认识 2 500 个汉字作为阅读基础的意识，被无差别地纳入一些识字方法中。在儿童入学的头几年，从字、词、句、段再到篇章的打好“扎实基础”的序列成为语文学习方法的理据。“在大量识字中学习阅读”“在大量阅读中高密度识字”，使学生尽早进入阅读并没有成为课程实施者的自觉。另一方面，整个小学阶段每学期教材中的课文被流行的“精细讲解”“精密分析”“精致表达”的“讲—听”模式肢解为零散的词语碎片，学生除了记忆剥离出来的零碎、孤立的知识以应对考试外，难以获得整体的语文经验，形成基础的阅读能力；更离谱的是，死记硬背、重复做题的“苦读”“夜练”，在剥夺学生大量休息、活动时间的同时，挤占了学生互动过程和心理获得过程，即以提升语文素养为目的的累积、同化、顺应、转换的空间。多数学校的教学现状是备课中学生的学习经验得不到关注，教学中学生的学习状态不被重视，对学生学业样本的反思几乎阙如，教学评价几乎只剩下考试成绩。“荒唐的教学计划和经验主义教学法加在一起，让大多数学生远离了‘学习’……在书桌后面待的时间越长，好奇心、疑问和学习的愿望就越少。”特别是经济相对落后的西部农村和民族地区，应试的逼仄迫使教师围绕教材苦教、学生囿于应试苦练的状况积重难返，不但造成教学质效难以提高，而且，经历十多年的语文学习后，不少学生竟然“奇迹般地……厌恶语文、恐惧语文”，更遑论使学生获得“从阅读中学习”的能力。

一种能够一揽子解决所有教学问题的语文课程形态是没有的。新课程倡导的课程形态的多元开放、体制内外的碰撞交集、一线教师视界的拓宽，“儿童少年阶段什么都没有阅读重要”为越来越多的教师所认同，大量整本书阅读成为一些学校突破课程困境的选择。正如王荣生（2014）所指出的“整本书作为小学语文教材的主体”，“以‘整本书阅读’为主要形态的小学语文教学新格局已露端倪”。

以此观照，与新课程几乎同时推进的基础教育信息化的各个阶段，都有学术引领的、指向语文学科教学的研究。以计算机多媒体提高学生读写质量的探索，经历了由前期围绕教材的电子化、多媒化向扩展课程资源、改变教与学方式的转变。大量阅读、整本书阅读成为一些学校网络环境下语文教学的课程常态。

三、信息技术环境下的语文教学改革

教育信息化从“建网、建库、建队”、探索“课程整合”的路径，转向以信息技术的深度广泛应用，改变既有的教学模式、学习方式，从以教师为中心转向以学生为中心，从知识传授为主转向能力、素质培养为主，从课堂学习为主转向多种学习方式的阶段，“互联网 +”概念的提出则为这种“转向”提供了探索的思想、路径、环境与空间。

在移动互联网时代，信息技术与社会需求的融合日益加深，数据智能、实时通信、虚实融合克服了“视觉空间”的感觉分离，打通了人类所有感觉总和的“触觉空间”，为人的高度参与和介入提供了广阔天地，使人的交往方式不断被新技术所“刷新”。在这个越来越复杂且不断变化的世界中，人们阅读行为的改变尤为显著：电脑、手机和各种电子阅读器使之变得更加便捷，打开个人终端海量信息垂手而得，从“深阅读”到“浅阅读”、从“读文”到“读图”、从“熟读”到“遍览”，人们阅读的体验发生着巨大的变化。

计算机、多媒体、大数据、云计算、交际网络提供了一个巨大的信息仓库，颠覆了人们的生活、学习方式。新技术带来新的学习。教材多媒化，资源网络化，学习碎片化，以书本为载体的线性结构的知识体系因为学习者行为的改变可能被打破——除了学习教材和印刷读物，学生可以随心、随时、随地，根据自我学习需求，利用多样化的数字媒体、零散时间和分布式的空间，自己决定“学习什么、跟谁学习，什么时间学习”。这一变化直接影响了学校教育。数字校园、未来教室、智能学习成为城市学校教育信息化的着力点，移动终端班级如雨后春笋，技术支持的教学方法层出不穷。

与此同时，新的问题也摆在人们面前：电子阅读的随意、快捷、多元的海量信息和短小、杂乱的内容不可避免地挤占了阅读内容的主要部分，导致知识之间联系被中断，信息超载、认知负荷和选择难度造成对系统学习的干扰。“互联网 +”表面看来是行为，但实质上是思维。行为的改变促进思维的改变，因此语文教学在“互联网 +”时代更应该关注思维的改变。阅读的过程就是思考的过程，如果我们在阅读当中没有思考，那么就等于没有阅读。

“学习只有在结构当中才有效”，不经过信息提炼，不经过结构化的分类、归纳、整理、淬炼，没有更专注、更高效、更主动、更能在知识之间穿梭跳跃的阅读——从部分知识到整体，再从由各个部分知识组成的整体到有意识地管理程序、协调地调用这些程序，就无法形成有价值的系统化的知识。也就是说，没有科学的梳理、归类和知识化，碎片化学习、碎片化阅读获得的可能只是一片散乱的碎沙，甚至可能是负面的影响。有研究显示：在技术环境较完备的学校，“使用社交媒介的时间对学生数字化阅读成绩的影响显著为负”“在校使用平板电脑、笔记本电脑对学生数字化阅读成绩均呈显著负向影响”。它提醒我们“数字校园”“教育云”概念仅留驻在技术层面是远不够的，正如 OECD 报告所警示的“先进的技术只能放大优质的教育，而不可能取代平庸的教育”。早前的研究也指出，长期处于技术带来的多任务刺激下的大脑，较难适应慢于网络世界的现实生活，削弱感知他人情感的能力，将导致大脑结构的物理性变化，这一变化被美国学者戴维·利比称之为“爆米花化”。

人在学习，集中于解决问题、达成目标时，本质是“求知寄托”心理过程引起的“焦点觉知”。新技术带来新的学习——数据智能、实时通信、虚实融合打通的“触觉空间”的冲击，使学习者有机会在认知结构与环境信息之间的持续不断地对话中，计算、解构信息的结构、前后联系和组合形式，发挥直觉，嗅出好的信息，在知识重组和创新中形成相对前沿、全面、丰厚的概念知识和个性化的隐性知识。而缺少明确目标和指向的“触觉空间”的冲击，则可能导致“碎片化”学习的陷阱，使人陷入其中。

这就是说，学习片段化、知识碎片化，对个人阅读学习能力提出了更高的要求。面对移动互联网的“众声喧哗”，促使学校教育不得不考量在儿童阅读能力发展的关键阶段、在培养儿童持久的阅读兴趣与阅读习惯的窗口期，如何在利用互联网带来的随时、随地、随机的碎片化、片段式学习的优势的同时，尽可能避免其负面影响。

“能读会写”新课程形态在应对碎片化学习、数字化阅读的冲击，强调在学习内容的确定和教学环节推进中发挥教师的“设计”“引领”作用，作为对正式学习的补充，即：以两种策略确保学生利用零散时间、碎片化资源、碎片化媒体、分布式空间开展的碎片化阅读、学习有利于他们对“信息”——未经系统化的“碎片知识”进行收集、分析、理解、记忆、整理，以构建起系统框架下的知识。第一，在学生依托教材（以及教材—学本—读本；单篇—群文—整本—群书）生产的、以学科内容逻辑体系为线索的知识学习过程中，数字化、碎片化读写作为从广度、深度、时效等多个维度上构建、丰富这一（学科能力）体系的必要的组成部分。第二，在以整本书为扩展资源的学习中，渗透项目学习或“项目化”的以问题为中心的策略。其间，教师以“开发知识、潜能和参与社会生活为目的，对文本理解、运用和反思的能力等”设计最佳学习路径，提供优质学习资源，给学生收集、选择、应用、整理包括碎片化资源、碎片化媒体和网络交互平台在内的多种学习机会，使学生有目的、有方向地浸入“模块化专题学习”，或参照学科知识体系对碎片化知识进行“还原”，或对新的知识体系（关注与生活、与社会的联系）进行“重构”，获得多种情境的深度学习经验，从而建构良好的知识结构。两种策略相互关联，第二种更多体现在课程开发能力、实施能力较强的教师的课堂上。

所谓“复原”是参照原来的学科知识体系，对碎片化知识进行还原，恢复失去的“联系”，通过构建专题化、系列化、层次化的微课程资源，以支持碎片化的“零存整取”式的学习，如东部学校围绕“课程标准”学段能力（素养）目标，根据学生写作能力发展需求研制的微课程内容资源。“重构”则意味着跳出学科知识体系的局限，以个人兴趣和问题解决需要为中心，进行碎片化学习，将碎片化知识重组成新的、蛛网式的知识体系。

教师指导设计框架下的知识体系的“复原”和“重构”，将学生随时随地自主的、无明确指向的“碎片化学习”和主题教学框架下的学习勾连起来，将书本的线性读写学习和网际网络的非线性学习勾连起来，将正式学习、泛在学习和混合式学习勾连起来，将深度学习、数字化学习和碎片化学习勾连起来，使学生在实践体验、内化吸收、探索创新中获得可操作、可应用的知识，成为成长中的学习的主人。

如邓玉琳老师由整本书拓展开来的主题阅读《狐狸形象探究》，从童话《了不起的狐狸爸爸》到不同文体类型中的“狐狸”形象，从文学中的狐狸形象到自然中的狐狸形象，邓老师用“形象探究”把课程的各个部分串接起来。学生课内课外在对相关知识的“复原”和“重构”中，建构起对应这个学段课程能力目标的“创作的目的”“依照感情色彩对词语分类”“真实情境的任务写作”等微课程知识。其中劝说文的写作情境和策略支架来自网络资源。超出教师预设的对不同文化背景下狐狸形象差异的分析，则来自学生碎片化、非正式的网络学习，并经由群体合作、交流分享将个体思维转换为集体思维，生成新知识，丰富了“狐狸形象探究”这一主题。

基于以上认识，新课程和教育信息化背景下的“能读会写”新课程形态，致力于将整本书作为提升学生面对全球一体化和移动互联网时代的读写能力和信息素养的突破口——以整本书规模化地贯通课堂内外，引入学生的语文实践，以计算机和通信技术作为读写工具，使学生在更丰富、更广阔的言语实践、交际、交往背景中获得“为了实现个人发展目标、增长知识、发挥潜力并参与社会活动，而理解、使用、反思书面文本并参与阅读活动的能力”，获得理解并运用书写语言的能力、从各种各样的文章中建构出意义的能力、从阅读中学习的能力、参与学校及生活中阅读社群的活动的能力，并能够从阅读中获得乐趣，获得面对复杂情景而灵活“分析、推断和沟通”的能力，特别是开放语境中的自主判断、独立评论能力，练就“贯穿一生、持续学习的能力”。并且，它使学生有机会遵循自己的兴趣和目标进行个人化、个性化的学习，有机会将学习从课堂带入家庭、社会、图书馆、赛博空间，在对生活世界的哲学追问中、在探索自然科学的奥秘中，获得想学什么，跟谁学习，何时学习，以及如何学习，依据自己的意愿学习的机会。

聚焦上述目标，“能读会写”试点研究启动的头几年，尝试将深圳南山实验学校多年课程经验的可迁移、可复制部分与西部教学现状磨合、对接，寻求在差异化的技术条件下促进小学生识字、阅读、写作能力协同发展的路径，使西部农村学生尽早起步阅读、尽早获得阅读的能力。一方面，将网络资源和交互工具作为学习的支撑环境，贯通以往被人为分离的听说读写学习过程，促进学生在大量阅读中积累词汇、语料，在大密度的读写实践中，促进语用能力、语文素养的提升。另一方面，关注儿童学习科学、神经教育学等相关研究，抓住儿童书面语言发展的敏感阶段，将识字学文置于他们熟识的语言、生活环境中，通过多途径、多种基于脑的学习策略，引出儿童学习的探求欲望和内在发展潜能，使他们在高效学习中，尽早获得与其语言、心智和社会情绪发展相适应的书面语的表达能力——入学两三年基本实现“能读会写”。即：能读，指学生能从阅读中获取信息，获得阅读的乐趣，养成持久阅读的习惯，能初步鉴赏适合其发展的以儿童文学作品为主体的童书；会写，在具备“1 对 1”条件的学校，学生入学几个月后就开始用拼音转换法、借助移动终端以书面语言的形式、常见的表达方式，自主流畅地表达，并乐于在网络平台上与他人交流分享。

多个省（区）试点研究结果显示，在不增加课时、不增加学生负担的情况下，儿童自主阅读时间提前了两三年，阅读量超过新课标规定的 5~10 倍，写作则提前了三年——信息技术环境引发的语文听说读写的协同发展，促进了儿童阅读能力的快速形成，整本书大规模地进入语文学习活动撬动着传统课程组织形态。

2011 年以后，随着试点研究向西部边远地区的扩展，东西部教育资源配置不均的问题凸显出来。从硬件上看，多数项目学校仅有前期项目配发的少量上网本和无线路由器——借助“1 对 1”环境促进儿童听说读写早期协同短时间难以企及。往深层看，除了硬件环境的差异，它同时反映着教育本身的复杂性：更多的差异在教育理念与课程、教学的具体组织形态方面。这些更有可能进一步加深东西部教育业已存在的知识鸿沟、信息鸿沟。例如：与“阅读”概念认识局限导致的被规限的课程——不少教师对语文能力提升的关键在阅读的认识不明确，或受制于被应试窄化的评价方式，或缺少相应的课程经验和资源，学生不喜欢语文与课程因循陈旧的程式化取向、囿于教材进行标准化的技巧训练和学业负担沉重高度相关。与此判断相符的是，乡镇学校普遍缺少学生学习自主阅读的课程，缺少适合学生阅读的童书，学校存书中或可阅读的书目仅在 5%~15%，东部学生耳熟能详、触手可及的优秀儿童文学读物难觅踪影，没有读过整本书的儿童不在少数，不少学生家庭甚至找不到一本课外书。

有研究指出，缺少阅读习惯和阅读能力来自弱势群体家庭的儿童。入学前文化刺激不足，观念、视野受限，入学后陷于有悖于儿童语言、认知和社会情绪发展的教育方式中，造成他们在学校教育的起步阶段就处于劣势困境中。

从试点学校的具体情况出发，“能读会写”试点研究适时调整策略。其一，坚持把大量阅读作为改善薄弱学校语文教学的突破口（如海量阅读、Book Floods），通过整本书阅读活动的课内外贯通，倒逼教学内容和学习方式的改善，使儿童有机会在更广阔、更丰富、更贴近他们的语言、心智和社会情绪发展的情境中提升运用语言文字的能力。其二，在多个国际合作项目的支持下，以任务驱动合作完成项目作品的方式，发挥基础的技术条件（少量的计算机和互联网）的最大可能，构建基于 ICT 教学中心的城乡教师合作备课机制，促进城乡学校知识的转移、流动和分享；改变农村学校既有的教学组织形态，使之从教的活动为基点的课堂向以学的活动为基点的课堂转变，使农村孩子有机会由“应试”“应世”向“应性”“存在性”发展。其三，以遴选城市合作伙伴学校的方式，融入“亲近母语”“新教育”“海量阅读”“单元整组”等国内多种有效的课程经验，为农村教师提供更为广阔和多元的课程教学的选择空间。

这样形成既有联系又从实际出发关注差异的两种策略。“1 对 1”试点学校依托网络资源和技术环境，实现听说读写的协同发展，促进学生尽早阅读，继而使“能读会写”试点研究形成的课程理念、策略融入构建数字化校园的框架中（如淄博市、青岛市），促进既有的教学模式、学习方式的改变，“使教育从以教师为中心向以学生为中心转变，从知识传授为主向能力、素质培养为主转变，从课堂学习为主向多种学习方式转变”。偏远山区学校利用基础的技术条件，依托网络支持东西部教学资源的沟通、分享和实时交流，从整本书阅读与课内学习的互惠切入（如永平县、原州区）。两种策略在整本书的课程化推进、在表征儿童学习能力的“学习阅读（learning to read）”和“通过阅读学习（reading to learn）”层面上呼应。

第二节　小学语文课程形态的多元选择

语文课程具体形态包括课程的结构方式与课程内容的组织等方面。语文能力的形成从某种意义上来说具有的半自然性，语文学习机制尚缺乏清晰的了解和分析，决定了语文课程形态的选择并无放之四海的“真理”。在研究者那里，课程或相当于“工程设计的产物”，教学是工程设计的“施工”，工程设计（课程组织形态）应该有多种组合的可能性，而无须追求单一逻辑的一贯性，一切以时间、地点、条件为转移。“能说会写”的新课程形态是在语文课程形态多元化发展的一次有效的实践。

一、“能读会写”新课程形态突出以学生为中心

以学生为中心，即以学生的学习和发展为中心，实现从以“教”为中心向以“学”为中心转变，从传授模式向学习模式转变，从而提高学生的学习质量，使学生在知识、能力和素质上获得全面提升。以学生为中心的教学注重在学习过程中发挥学生的主动性、积极性，要求学生由知识灌输对象转变为知识加工主体，成为知识意义的主动构建者；要求教师由知识灌输者转变为学生主动意义构建的帮助者、促进者。教材不是传授的内容而成为学生主动意义构建的对象，教学媒体也不是帮助教师传授知识和方法而成为学生的认识工具。教师、学生、教材、教学媒体所形成的要素结构与以往的教学模式截然不同。教学方法由考虑如何高效、系统讲授转变为考虑如何通过创设情境、组织协商会话促进学生主动建构知识意义；教学内容由学生单纯从书本获取知识转变为通过自主学习从多种途径（课本、网络、图书馆等）获取大量知识。可见，以学生为中心的教学有利于学生的主动探索发现，有利于创造型人才的培养和核心素养的发展。特别是在知识信息爆炸的年代，形成学生主动构建知识意义的能力甚至比掌握学科知识更为重要。

以学生为中心的教学模式的核心是自主学习设计，教师通常为学生提供学习支架，调动学生的主动性，有机会让学生在主动探究中形成对知识的认识和理解。同时，协作学习环境的创设是以学生为中心的教学必不可少的环节。通过小组讨论、协商等方式使学生进一步完善和深化对主题的意义建构。此外，在以学生为中心的课堂上，学习效果评价更注重对过程的评价，如学习能力、协作中的贡献、是否达到意义建构等。

作为语文课程形态多元选择之一的“能读会写”，其特点在于它的开放性、包

容性，以及持续展开的课程审议的自觉。面对语文教育理论研究“有增长无发展”、整体效益并未得到质的飞跃的“内卷化”低水平重复、循环的现状，“能读会写”试点研究不断将视界投向语文课程论、阅读写作、儿童文学，以及儿童认知心理、教育神经科学和教育技术等领域研究的热点，注重整合各种教育哲学的课程资源观，各种儿童发展理论和教学理论，作为炼制课程的基础的“理”。同时，注重汲取当下语文课程的多种实践经验，倚重东西部教师专家团队，形成自下而上与自上而下结合、专业引领与一线实践观照，共同研制课程的局面。

从 2007 年到 2015 年，八年的探索中，与传统课程相比，“以学生为中心”始终是“能读会写”试点研究的追求。它既包含教学方法层次上的理解，即“让学生在课堂上多做活动”“让学生有充足的课堂以外的学习时间和空间”，将学生的学习活动与教学目标对接，也包含教学内容的选择，即教师根据学生完成任务的情况发现学生存在的问题，确定学生学习的需要，确保“学生有权利选择学什么”“不同的学生有权选择不同的学习内容”，以及有权采取不同的学习方式，如研究者所倡导的以“学”的活动为基点的课堂教学。

二、“能读会写”新课程形态促进教学模式的变革

从教学方法和教学内容两个层面进一步看，“能读会写”新课程形态不但在读写听说等常规学习方面综合度高、整合性强，学生获得的语文知识与语文经验与跨学科、跨领域的学习活动密切关联，而且随着整本书、数字化阅读引发的学习领域的扩展、阅读活动的深入，基于儿童读写能力的目的性、方向性的技术活动所引起的儿童书写方式的变化，对于语文课程组织形态的变革具有支点的意义。

低年级课程：不同于以往的识字为先，遵循儿童学习规律，将儿童的识字置于激发兴趣、培养能力的框架下，以发展儿童的语言为重心[①]。采取多识字、少写字，先识字、后写字，入学第一年基本会认读第一学段的生字，以尽快扫清阅读的障碍，尽早启动书面语的阅读。同步开展包括教材、学本、整本童书在内的海量阅读，促进学生在丰富的言语实践中积累词串语段、扩充心理词汇、丰富形象、建立概念，以集中大量的“识”与“读”，促进识字阅读的互惠。

培养学生主动、自主识字能力。在识字能力发展的不同阶段，基于儿童学习经验分别采取“结构式”“引导式”“开放式”教学策略。学生识字的起步阶段，围绕教师设计的活动框架学习识字的方法。学生识字四五百个时，教师逐步放手引导学生自主识字；学生识字 800 个到 1 000 个左右时，识字学习以学生自主、合作为

---

① “识字是低年级语文学习的重点”，而非“低年级语文学习的重点是识字”，两者区别是，前者可能仅局限于识字，后者把发展语言视为儿童语文学习的重心，将阅读与识字能力的发展密切关联。

主。在各种识字活动过程中，注重营造有益于唤起儿童言语潜能的情境（童书阅读、生活、游戏、技术活动等），激发儿童对未知的好奇心和探求知识的天性，引导儿童主动发现、探究汉字构字的特征，促进知识系统化背景下的儿童的识字写字能力的提升。

集中大量识字在先，汉语拼音学习延后。学生识字四五百个以后，在整体输入汉语拼音知识框架的基础上，开始汉语拼音与电脑键盘输入整合的学习，一边学习键盘的操作，一边熟化拼音的应用。儿童在熟练掌握汉语拼音转换输入法的过程中，不但获得高密度地辨识、使用、再认、巩固——联结汉字音形义和句法、语义规则的机会，而且电脑打写的“换笔”引发了早期倾诉表达的欲望，使儿童尽管会手写的字不多，却可以借助计算机、网络顺畅地打写——以往教师一步步教写作方法，学生一步步跟着学作文的传统教学被改变，学生一开始就可以写与他们口语水平相近的完整的语篇。大量的阅读情境、生活情境和活动情境不断为学生提供表达的支架，丰富并引起他们言语图式的分化，使他们从写作起步即进入“全语言”学习，进入听说读写协同发展的理想状态。

中高年级课程：以教材＋学本＋拓展读本（包括整本读物、印刷纸本、电子文本及网络资源）为材料，以语文知识为线索围绕专题“多篇”（群文、整本书）组元，在“教学内容与听说读写的常态一致”中，使学生获得课程内容、社会生活和语文实践之间的协调和融通。

教材教学追求语言、知识、技能和思想情感、文化修养等多方面、多层次发展的综合效应，使学生获得体系化的语文知识与经验。教材学习的课时随着学生年级的升高、自学能力的增强而相应调整。即提速课内阅读，让课外阅读“挤”进课堂（崔峦，2011），使学生有机会大量整本书阅读。例如：永平县龙街镇中心完小的傈僳族教师丁国英所带的班，学生入学第一学期人均阅读量就达到 19 本；平凉市崆峒区解放路小学冯海霞老师所带的班，新生九月入学，十一月学完教材，开始整本书阅读。

“学本＋拓展读本”充分体现了语文课程的综合性、实践性，有利于拓宽学生言语实践空间。融入数字阅读和泛在学习有利于学生主动选择学习内容和学习领域。随机生成的“碎片化方式”学习，有利于形成学生的问题解决能力和知识创新。写作借助计算机和网络技术与阅读勾连起来——阅读活动始终与写作贯通，互为因果，一年级学生起步就可以写完整的语篇（很多地区一年级生均习作 50 多篇、累积 3 000 多字，最多的孩子可以写到几万字），逐步实现以多种写作（包括电子写作和手写）表征阅读的结果——“通过写作学习”（through writing）。与此同时，逐步将写作知识、技能和策略融入有目的、有读者的写作任务之中，通过提供写作学习支架、加强过程指导，改善学生的写作学习（for writing）。写作中的知识学习、自我表现、人际交往，都成为孩子们语文实践的组成部分，包括“真实语境中的任务写作”“创意（如虚构）写作”“随笔化的写作”等多种写作方式与学生语文能力密切关联起来。二年级孩子可以尝试包括研究计划、观察记录、调查报告、实验报告、小论文等科学实用文的写作学习。诗歌、童话、剧本、谜语、寓言、小说等常见的文学文体，包括片段甚至只言片语的“短信速记式的语篇”，都成为写作的选项——正是在这些“零星”的语篇写作中，诞生了一些具体的细节、观点和推理。

“能读会写”新课程形态的变式：在不具备“1对1”条件、仅有少量“上网本+无线路由器”的边远农村学校，利用基础技术条件构建实用的ICT学习中心，通过东西部学校的远程合作，以QQ、微信、电子邮箱等应用技术，共建城乡教师合作备课机制，促进优质课程资源的流动、分享。以儿童阅读课程作为牵动语文各领域学习变革的突破口，改变相当多的孩子“没有完整地读过一本书”的现状，使农村学校学生的年阅读量达到课程标准的三至五倍——用整本书阅读扩展语文学习的宽度和广度，用整本书阅读活动中的主题学习开展（模块化的）深度学习，使整本阅读成为促进学生尽早“学会阅读”并向“通过阅读学习”转进的着力点，促进农村教师在构建“自己的课程”的过程中，倒逼课程与教学的整体优化。

三、“能读会写”新课程形态促进深度学习

“能读会写”新课程形态将整本书的课内外阅读作为学生获得语文经验的组成部分。很多教师还把优秀儿童文学作品与教材基本语篇以主题化的方式整合，结构化地融进学生的学习生活，在促进学生读写素养提升中，实现语言、知识、技能和思想情感、文化修养等多方面、多层次发展的整体效应，促使学习内容与学生生活、言语实践之间协调融通。

主题化的学习以问题为中心，问题多来自学生的课内外整本书阅读活动。问题既可以转化为语文听说读写各领域学习目标达成的重要资源，也可以是跨学科、跨领域以问题为中心学习的起点。问题解决不是教师简单设问、学生回答应对，也不是教师对问题进行分析和寻找解决办法。问题可以由教师引导学生归纳、分类并以“中心”问题的方式重新呈现。“中心”可以是一个主题学习中学生所要掌握的具体内容，一般是课程的重点所在。学生通过实践参与来呈现、修改和完善问题解决方案，以阅读、听说、写作作为认识与思维成果的表征形式。课程内容主题化使学习领域不断扩大，学习的宽度和广度不断延展，深度学习也成为可能——学生在解决真实问题、与他人沟通，以及丰富的读写实践的过程中，加深对相关概念和结构化的知识的理解，获得提升核心素养的机会。

如，邓玉琳老师根据教材基本语篇延伸学习的需要，组织了《鲁滨逊漂流记》整本书阅读活动，学生交流中涉及了“生存能力”“鲁滨逊”“星期五”“野人”“生存环境”“关于航海知识”等问题，这些问题经过筛选归纳，以小组合作学习的形式进行跨学科的探究，以电子作品形式进行学习成果交流。整个活动过程

中，学生不但增进了人文、地理、物种等多方面的知识，还获得了积极的情感体验、生活启示和深切的文学感受。在这种带有综合性学习性质的文学阅读中，学生通过读写实践也获得了丰厚的语文经验。

又如，在周美英老师组织的《论语》专题学习活动中，五年级学生先是通读《论语》，翻译、背诵其中的128个章节，收集与《论语》有关的成语400多条，以及大量人们耳熟能详的名言警句。继而学生通过网络平台开展对话、交流，分享学习《论语》的感悟，在线下和线上两个空间以“《论语》离我们的远近”“《论语》里的‘好玩’”“《论语》里的智慧”等多个由学生提出并梳理后的话题，从历史、文化、文学、语言多个层面研读这部传统文化中的儒家经典。在《论语》专题学习的推进中，教师关注建立学生已有经验与新知识，以及相关知识之间的联系，使结构化的学习贯穿于学生知识建构的整个过程。

根据不同地区、不同学校的具体情况，“能读会写”新课程形态的结构化呈现方式又有所区别。如，教师在选择适切的读物“以少量主题深度覆盖，替换领域中对所有主题的表面覆盖”的教学活动中，书目的选择和阅读活动设计因地区和学情的不同具有相当大的灵活性。如，云南山区学校选择《不老泉》这本小说时，教师会以导读推荐、主题推进、学生自主阅读等环节分层地组织班级读书交流会，借以丰富和扩展山区孩子的人生经验，引导他们自愿、自主地与读物开展多种形式的对话——关注读物各部分之间的联系、对文本逻辑的初步掌握并尝试理解作品的内涵，在增加阅读经验的同时，感受这一种（这一类）读物的专题知识。而城市的教师在设计整本书的读写活动时，会将读物定位为完成领域学习目标、助力系统化知识构建的主题资源，将其中的一些元素作为明确的语文知识呈现出来，成为一个学习专题的组成部分或设计为“模块化”的学习活动。如，在组织学生阅读《草房子》时，教师注意给学生创造“写”的机会，用“写”的方式促进阅读，并将读物的一些片段转换为学生学习写作的支架，引导学生从“人物语言的个性化”“情节安排的重复”等角度，感受作品中的艺术形象和独特的语言魅力，从非常细小“点”上入手模仿和学习作者的写作方法，促进学生读写能力的提升，从“读”“写”两个角度构建学生对这本书的经验。

第三节　城乡教师专业发展的新路径

语文学科缺少足量的、适当的语文知识，语文学习的半自然性，以及语文学科的不可复演性和模糊性、多向性，决定了“语文只能属于案例教学……案例教学往往用于不够成熟的带有探索性质的新学科”。研究者寄希望将优秀教师所生产的语文课程内容、所进行的语文教材处理发扬光大，以改变教学中几乎每一位教师的每一堂课对课程内容和教材内容都进行着个人化的阐释，从而使其发生变异的状况，以改变教学中普遍流行着的、不正确的小集团内或个人随意生产的知识的状况。需要指出的是，传统的教研培训很多情况下依旧指向“教师个人素质”和“个人教学艺术”。打磨“教学剧”的情形在新课程培训中并没有根本性的改变，在观课、培训中，教师茫然跟风地学到某个名师而非“课程的语文”的同时，丢掉了学生，也迷失了自己。

参与课程研制、用教材教、为了每一个学生的发展，是语文教师专业工作的三大准则，“能读会写”试点研究希望带给教师的成长和变化正是在上述三个方面。针对一本童书应该怎么进入课程、怎么读、读什么等问题进行深入解读，组织教师进行“主题学习”“专题论坛”“课例研究”的培训和研讨，开展城乡教师“交往性备课”等，目标的指向是以学生为中心的教学和让学生更有效地学习。

一、学术引领城乡教师“交往性备课”

2009 年暑期，有别于以往课改的专家报告、课例观摩的单向传输，甘肃平凉培训采用多角度的案例情境，通过头脑风暴、观点论辩、深度对话和集中分享，在持续地引发一线教师的问题与质疑中进行，“理念就在操作中”——“参与”使每一位教师的观点都得以陈述、问题得以应答，教师们所关切、所急需厘清的问题、所亟待解决的疑难都在面对面的操作、交流、质疑、论辩中展开。参与者普遍认为，“经验分享是‘能读会写’试点研究开展参与式培训的最大特点，它为教研开辟了一条新途径”。

新的培训方式使教师调整了姿态，不再只是带着“口袋”来装东西。甘肃榆中县一悟实验小学的宋姿远校长说：“早知道采取这样的培训方式，应该让各年级的语文教研组长都过来参加。”培训使很多教师产生了改变教育理念的紧迫感，产生了回归教育本源的冲动。“真想赶快回去和孩子一起分享收获的快乐！”“让每一个老师都快乐地去教学，把我们的快乐传递给每一个孩子，进而让每个孩子把快乐带给每个家庭，让整个社会都快乐起来。”兰州市崔家庄小学赵红霞说出了每个参与者的心声。

开展“能读会写”试点研究在不断为一线实践提供发展空间的同时，也从教师职业特点角度反思了短期培训的优势和局限，正如有校长所说，“培训时激动，观摩时感动，返回课堂虽有渐进变化，但多数人会随着时间的流逝，又逐渐游走到原点”。面对发展中的差异，借助新技术、新策略强化城乡教师的互动和分享，成为“能读会写”新课程形态推进的必需。

2010 年初，在先期试点的基础上启动了专业引领下的交往性备课（远程合作备课），在一个规定的时段促使远隔千里的教师围绕一个主题或单元（而非某个教学片段或“截面”的“教学剧”的精心打磨），开展教学内容的选择和教学环节推进的设计、实施，并以 VCT（Virtual Classroom Tour）[①] 作品的形式记录、还原一个相对集中的言语实践活动中知识的呈现与学生听、说、读、写能力形成的过程。它既是包括教材编制在内多种语文课程资源整合经验的传播分享、城乡教师围绕一个专题的共同备课，也呈现了不同地域的多所学校、多个课堂的教学实践过程。

基于语文学科的特殊性，也基于所有学习都是“情境性”的这一命题——所有的经验概念都需要在某个具有社会和人际交往特性的情境中建构。交往性备课通过城乡教师共同研制作品、以任务驱动方式将试点研究承载的理念、方法转化为合作伙伴的内部认知，借以强化教师作为课程开发者、探索者主体的地位。交往性备课力图将不同地区的教师从传统职业惯性的局限、束缚中解脱出来，交往主体在与言谈对象相互影响、相互构成的过程中，形成、发表自己的见解：将各自实践中取得成功的、有效的经验元素提取出来——当每个人都能在别人身上来认识自己的时候，相互对话、相互理解最终导致知识的分享、智力的支持、情感的沟通和“共识”的形成，使不同地域项目参与者分离的、片面的认知借助技术环境整合起来。

针对城乡教师共同研制作品中出现的问题和需求，从“给老师一些有用的东西”出发，“能读会写”试点研究定期组织教研活动或集中培训，培训涉及阅读主题选择、方案设计、过程实施，乃至作品评审入围后的质疑、答辩、评点各环节。利用试点研究的资源优势，“能读会写”试点研究将语文课程、阅读、写作、儿童文学、信息技术等多领域的学术研究引入了一线教师的视野。这种“引入”不是高大上的、抽象的理论溢灌，不是专家高高在上的说教，而是在课程推进过程中，每当教师遇到新的问题，遇到新的困难，在既有平台上徘徊不前时的“应需”培训。每次培训都尽可能从教师的问题、困难入手，组织相应的专家，设计相应的培训专题和内容。不同规模的培训既有学术引领的“主题学习”，也有高校专家、名优教师和城乡教师对话的“专题论坛”，更多是分析具体个案的“课例研究”。在与研究者、课程引领者面对面的对话、论辩中，教师们有机会针对自己的课程经验从哲学、语言、文学、课程论、文化与儿童发展等多个领域反溯、考量自己实践的价值和呈现出的短板，从而使交往性备课、研制作品转化为学术引领下教师由“职业自觉”提升到课程层面上的“专业自觉”的过程。对于一个语文教师来说，达到专业自觉不是指一般的教师素养有多高，如对学生有爱心，掌握了丰富的语言文学知识，能背得出教育学心理学的概念，对各类文章有敏感的判断力，有出色的表达能力，以及对课堂的控制能力等，而是应该对语文课程内容和实施过程具有理解、判断和把握的能力。

① VCT（Virtual Classroom Tour）是微软公司开发的一个教学工具软件，用于将文本、音频、视频等资源集成保存在一个 PPT 文档中，从而形成一个资源包，可用于教师备课和学生作业。

2010年是“能读会写”试点研究推进整本书课程实践、探索整本书课程化的第二个年头。经过一段时间的教学实践，大多数教师对整本书进课堂产生了不同方面的困惑、疑虑。当年的暑期“能读会写”试点研究在甘肃兰州举办了“整本书阅读的课程化实践”论坛。研讨会上，学术专家、国内较早将整本书引入教学的教师和课程管理者，从具体案例情境分析入手，探讨了整本书阅读的内容选择、课程的组织和学生阅读活动的设计等，现场的质询、追问、解析、论辩，为西部教师打开了生产以整本书阅读为背景的内容知识的新的窗口，不少教师反馈此次培训是“新课程以来收获最大的培训之一”。

2013年初春在江苏扬州，“能读会写”试点研究又举办培训班。内容包括前期与开展研究的教师做经验分享、四场专题讲座、现场观课和案例研讨，聚焦小学语文课堂教学改革，促成了城乡教师多层级、多形式的对话交往——面对面的携手，为处在不同阶段的城乡教师提供了知识同化、顺应直至心智图式重构的“转换学习”的多种情境。

二、构建适合学生的课程

孙双金教授提出教师专业成长的三条路径：其一，在上课中成长；其二，在写作中成长；其三，建构自己的课程。三条路径互有交集，不少名师就“样样行”，但全能者毕竟寥寥可数。现实中被称为“沉默的大多数”的教师，既没有上课出彩的天赋，也没有妙笔生花的才能。“能读会写”试点研究在多年推进中，我们努力还给教师被剥夺的课程研制参与权和教学内容重构自主权，主张且已经显现出：对西部农村教师而言，通过试点研究推进探索语文教学普遍规律，构建适合“我这批孩子”的课程，实现教师个人的专业成长，是一条相对走得通的路径。

一位从教伊始便一直磨砺在教学评优课中的教师，从区、市、省一次次“过关斩将”，一路走到全国赛课一等奖，十几年下来，她发现自己“在公开课课堂上的自信并没有转换为学生对语文的喜爱”。在和深圳、甘肃的教师们进行的交往性备课中，她开始发生改变，让大量的课外阅读挤进课堂，她惊讶于“不用过多讲解，孩子们便可达到自读自悟的效果”。“能读会写”新课程形态的教学使她重新审视“老师条分缕析、反复咀嚼的讲课”，感受到大量阅读对改变儿童内在言语图式的重要性，领会到“单调重复的大量作业在无形中消磨了孩子们的习惯、情商、内需和责任”，“从更人性的角度引导孩子轻松学语文”成为她的行动自觉。她把“教”的时间腾挪出来给孩子们，每堂课都留出时间让他们表达，让他们在主动、快乐的情绪中感受语言、习得文字。经过一个月的教学，她发现孩子们的写作兴趣被极大地调动起来，班里出现了很多她称之为“觉醒少年”的孩子——学生的日志内容越来越精彩，语感越来越好，作文中“如火山爆发似的想象力”使她感到惊讶，以前手写作文在三百字左右的孩子们，十多个达到了近千字，甚至平时从不动笔的孩子也能写出七百多字的文章。这个过程使她有机会重新认识班上的五十多个小家伙。在她以往的经验中，三年级孩子还不具备完整的表达能力，为了打下孩子们语文能力的基础，她经常感觉“好累好累”，现在她换一种眼光看学生，和他们一起阅读、一起表达、一起分享、一起探究、一起展示、一起争辩、一起学语文，孩子们的变化也使她的课程发生了改变。

从这个例子中可以看到，在“能读会写”新课程形态的教学实践过程中，教师从职业自觉跃入课程层面的专业自觉，从而构建起自己的课程。这样的教师比比皆是，甘肃平凉的冯海霞老师和云南永平的丁国英老师是他们中间的代表。

案例 1：让阅读为语文学习减负

冯海霞是甘肃平凉市崆峒区解放路小学的教师，2007 年她成为“能读会写”试点研究在甘肃的第一位参与教师。从大学政教系毕业后，冯老师先后担任过村镇中学的政治教师、英语教师，不久前调入解放路小学才开始教语文。执教时间虽不长，但传统学习方法的弊端却时时使她纠结。“孩子一天能消化的东西往往拆分成三五天，还总怕他们接受不了，反反复复地逼迫他们苦学、苦练，耗费心力地应付考试。”“题海战术不光使学生乏味，老师也累，孩子们成长受到严重的制约。即便是成绩好的学生，也都是阶段性升学目标完成后，所学内容就被抛在脑后。学的差的，从根本上就放弃了。”改变现状虽是冯老师的“奢望”，但却没料到让她第一个“试水”——她听说伙伴学校深圳南山实验学校的一年级孩子拿起书就能读，打开计算机能写几百字习作的事——将信将疑的老师们原本是把这当“神话”来传的。

一时间，冯老师因为心里没底而忐忑不安。果不其然，刚与家长沟通，试点研究的理念与方法就遭到质疑。大部分孩子的父母对汉语拼音延后学习，让学生直接读书、识字，以及用计算机帮助阅读和写作无法理解。“回家不写作业只看‘闲书’，考试的时候怎么办？”“甘肃的条件能跟沿海城市比吗？”有家长想方设法要给孩子转班，更有家长指着冯老师责问：“凭什么拿我们孩子做实验！”那段时间，冯老师感觉到“真的不敢面对了”，下班回家远远看见家长迎面过来，会故意绕着躲开。

在试点研究启动阶段的培训、考察中，伙伴学校的学生快乐学习语文、“疯狂”地爱上阅读，教师讲述“学生故事”时流露出的“职业幸福感”，给她留下了深刻的印象。随后跨越千里的实时视频课案，城乡教师“1 对 1”的网络探讨，专家教师面对面的答疑解惑，使试点研究的做法在她心中逐渐清晰起来，化解困惑的需求转化为对项目前景的期待。

冯老师决定先模仿伙伴教师的做法，起步阶段就把学生泡在读物的海洋里——识字学文与培养阅读能力并举。多种课程资源，有的用来教学字、词、句、篇和听、说、读、写的基础知识，有的用来识字用字、积累词汇、训练朗读、落实书写。晨读和讲课前的分秒时间组织学生背诵儿歌、童谣，打通语文学习、儿童生活与外部世界的联系，扩充学生语文学习的背景知识。当他们识得了几百个字后，及时推进阅读整本童书，使学生有机会接触较复杂的文本和规模较大的作品，尽早步入阅读的殿堂。

按常理，对出身弱势群体家庭的多数孩子来说学好一本教材都有困难，开始就面对这样多的“书”，学习时间无疑是个问题。但冯老师知道，首先要转变的是教师的教学方式和教学内容。考察了海量阅读倡导者山东潍坊的韩兴娥老师的课堂后，她进一步坚定了信念，大胆将“海量阅读”的做法用在自己的教学中。在重组教材的基础上，她采取少讲、少问、少分析的策略，挤出的时间，以阅读的“量”换取“质”；对必须掌握的知识要求学生熟读会背、出口能诵；对学习习惯和学习方法的培养，紧抓不放；将识字、写字、阅读、背诵的常规要求与小组合作学习的过程管理结合起来——培养孩子们自己做学习的主人。

两三年下来，冯老师逐渐形成了自己的教学风格，“上课一直很‘快’，一本教材几周时间就可以处理完”。必要的作业是两三遍生字的临帖摹写，“目的是练字”。在冯老师看来，考试“很简单，提前训练几套题型就可以了”。投入最多的是读书，语文课的三分之一时间她都用来给孩子读书或和他们一起读。她相信“阅读能够让孩子们轻松学习、快乐学习”，而“上课简单，孩子回家就写得少，没有作业负担，学习兴趣自然就浓厚”。

为了取得家长们对项目的理解与支持，她借鉴伙伴学校的做法着手建立起班级家委会，将试点研究秉持的“爱生教育”理念与方法传播到每一个家庭。第一年就举办了包括“大声朗读”、优秀儿童文学读物推荐及电脑操作等 14 次专题培训。学生的变化和高密度的家校沟通，终于赢得了家长的普遍认同。过去从没听说过的“亲子阅读”开始在学生家庭中普及。随着班级“书友队”、教室图书角的建立，一个明显的变化是，给孩子层层加码、重复抄写“帮倒忙”的爸爸妈妈少了起来。这个以往大部分家里没有藏书、不少还在为生计纠结的群体，为了满足孩子的读书，常常会陪孩子去书店选书购书。班级家委会也非常给力，多方筹措，为班级添置了四千多册图书。看到计算机对孩子读写能力的促进作用，家长们想方设法给孩子买了电脑、联了网。

试点研究工作做得再好，考试却是不得不面对的一关。冯老师自己也没料到，头一次成绩就出乎意料地好，优秀率高出 15 个百分点，悬着的心终于放下了。回想起来，这个班是用一周时间在纸键盘上学的汉语拼音，熟化全凭在计算机上的打写，拼音题型练习则是考试前两周做的，以往这个过程至少要多花五六倍时间，而与技术融合一体的拼音学习带来的是平均每个孩子的 50 篇网络习作。

试点研究启动不到一年，读书就成为这个班的一道风景。进入二年级，大部分学生阅读量达到 100 万字。早晨、课前、中午，很多学生手里都捧着书。“班里孩子，没有一个不喜欢读书的。说到读书，孩子们总会禁不住地欢呼‘耶——’。阅读课是孩子们最喜欢的课，往往打了下课铃，也把他们撵不出教室……”说起这些，冯老师难以掩饰自己的“幸福感”。一位被医生诊断有多动症、在学前班就被看作“不是上学的料”的孩子，“亲子阅读”和班级读书使他也迷恋上阅读，回到家里就翻书柜，尤其喜欢看历史方面的书。总结几年的实践，冯老师说：“在低年级，就使学生打好语文知识的基础，引导他们在阅读中‘学会阅读’。三年级以后，‘挤出’时间，让学生读整本的书——‘通过阅读学习’。”

在试点研究的初期，冯老师总是先看合作伙伴做什么，自己就跟着做什么；伙伴教师读什么书，她也读什么书。后来，她悟到两地学生所处环境差异很大，东部学校的课程没办法一成不变地复制到西部。在和孩子们朝夕相处的对话中，冯老师发现他们的话语中时不时流淌出诗性的智慧。“这些孩子不就是一个个哲学家吗？”读大学时就喜欢哲学的她，萌生了以哲学启蒙促发孩子读书、思考，在探询生活意义中培养孩子语文实践能力的想法。于是她找来哲学启蒙的资料，从训练哲学思考的程序入手，教给学生将故事或具体事件作为问题来命名，在特定的框架中展开思维，引出观点，进行假设，在探询中对资料进行逻辑阐释，以支持自己的观点，并以写作呈现思维过程的学习方法。哲学启蒙使老师、家长欣喜地看到孩子们逐渐能够多角度、辩证地去考察意义表达观点。听过这班课的一位邻校老师感慨地说：“学生不是呆板、默默无闻的‘模范听众’，课堂上充满着流动的阳光，平等、和谐与交流共存，发现、挑战与沉思相伴——孩子们是真正的主角！”

投入试点研究也成就了冯老师的成长，她的教学方法和能力逐渐为同伴认可。几年间，她先后在“爱生远程”教师叙事、“远程合作备课”等成果评比活动中获得表彰，多次在教研交流会上介绍经验。她被评为市级优秀教师，所带的第一个语文项目班在西部地区产生了广泛的影响，所在的解放路小学成为崆峒区第一个弥漫着书香的校园。她对于“用阅读为语文学习减负”的探索，在多个试点区县产生了影响，儿童文学课内阅读在这些偏远地区逐渐蔚成风气。进入初中后，小学阶段已超出千万字阅读量的这个班的孩子，多数学业成绩都排在同级千名学生中前百名，很多学生被推选为班干部，因为“阅读面宽，学习潜力大”，语文老师“经常请他们给班里学生推荐读物”。九年过去后，从各校传来中考录取的信息：这些 90% 以上来自农民工家庭的学生，近半数升入当地排名第一的高级中学。

案例 2：用童书引领孩子走出大山

2011 年试点研究在云南永平启动。在城乡教师合作备课中，云南永平县龙街镇中心完小傈僳族教师丁国英与扬州市维扬实验小学的卞国湘老师结成合作伙伴。在第一阶段的活动中，她们共同锁定了《亲爱的汉修先生》这本儿童文学作品。因为所执教的中年级是学习写作的起始阶段，面对初学写作难题的小学生，老师们希望“有一个与年龄差不多大的孩子与他们共同经历写作过程”，从而使写作学习过程变得非常有趣。《亲爱的汉修先生》正是以小学生鲍雷伊给作家汉修先生写信的方式，将所有的人、事、物贯穿起来的一本儿童读物。她们商议组织两地学生模仿书中的角色，在“真实的交际情境”、在有具体“读者对象”的真情诉说中，在展开观点、组织观点、学习流畅和规范书面语的表达中，使孩子们学习阅读和写作知识，获得观察事物的方法和思维的发展。

面对第一次经历整本书课程实践的合作伙伴，卞老师除了发动班里的孩子将一本本读物寄给远隔千里的龙街小学外，还通过QQ、微信将整本书的读法，从选书、确定目标到撰写计划，从每次阅读活动的设计到班级读书会的组织，与丁老师做了无保留的交流与分享。从发动家长开始，亲子阅读在永平山区渐次起步。利用提速课本教学，篇段章节的“大声朗读”成为引领学生整本书阅读的重要环节。“学习单”使学生成为读书的过程载体。模仿书中主人公给小伙伴写信，是学习书面表达的主要途径。

网络使两地师生密切联系起来。永平“亲子阅读”“大声朗读”的照片、视频通过QQ、Email、微信传到了扬州，两地孩子在老师们的帮助下，结成一对一、一对多的伙伴。孩子们边读书边展开书信交流，分享着阅读的乐趣和诉说的感动，龙街镇项目班里每个孩子都拥有了自己的“汉修先生”，拥有了能与自己分享阅读感受和成长故事的倾诉者、聆听者。从介绍家乡风土人情到身边的新鲜事，从成长中的烦恼事到新年的祝愿都成为写作的内容。相互倾诉中，孩子们产生了安全感、依恋感和自我接纳情感。相互的期待和信任，孩子们塑造着自尊、自立、自强和自律的形象。积极的情感应答，孩子们也体验了容忍和宽容。

过去从未与书香结缘的龙街镇中心完小的学生，两年间与扬州的伙伴共读了《夏洛的网》《绿野仙踪》《我的妈妈是精灵》等儿童文学作品。读书打开了外面世界的窗口，“孩子们手里捧一本本凝聚着爱心的读物时，他们的心灵不再为贫困所困扰”。面对龙街镇中心完小的变化，扬州的老师们充满欣喜。整本书阅读，给大山里学校的语文教学带来了“空间和结构变化”。班级读书会把家长也带进了阅读与交流的场域。《亲爱的汉修先生》是龙街的孩子们和爸爸妈妈共同经历闻所未闻的“亲子阅读”走过来的。读书成为阅读专题的“讨论、访谈、交流、笔述”的、运用语言文字的实践。“读书交流，既锻炼了学生的思维，也培养了学生的语言表达能力。”整本书阅读使写作教学也发生了变化——孩子们在欢乐、忧伤、笑声、烦恼中与书里的同龄人对话，与交往伙伴对话，与爸爸妈妈对话，与作者对话，与自己对话。结为“笔友”的孩子们，更加愿意把自己的喜怒哀乐彼此倾诉。更出乎丁国英老师意外的是，读书交流，使孩子们三年级就学会了写信。她发现，四年级“写信”的教学内容，没必要再教了！

两年的时间，与扬州维扬实验小学的“1对1”两个班教师的携手，发展为校对校的全面合作，整本书阅读活动扩展到龙街小学的各个年级。在讲台上忙碌了十多个春秋的丁国英老师，在试点研究启动前，感觉自己对语文教学还有一定驾驭能力，也为曾经取得的荣誉而自足。经过两年的远程协作交流，她认识到，阅读“整本书”作为语文课程的重要部分，倒逼着自己的教学必须改变，教材应该整合，教师必须“少讲”，让学生有机会“跳出教材，捧起名著”，发展阅读能力。

2014 年丁老师再次教一年级，同样是那么一本语文课本，以前一学期用了 20 周才教完，而今年她只用了 12 周就全部教完了，“多余”的用于学生整本书阅读的 8 周时间是从自己少讲、学生多读中挤出来的。这次和丁老师结对的是扬州市维扬实验小学的陶静老师，她们共读的是《笨狼的故事》。在旁观的人看来，对于刚入学的孩子来说，这本 265 页的文字书简直就是天书。丁老师依旧采用大声朗读的方式把故事一个一个在课堂上读给孩子们听。读完了《笨狼的故事》，丁老师又接着给孩子们大声朗读了《了不起的狐狸爸爸》《小猪唏哩呼噜》《一年级鲜事多》《木偶奇遇记》《我和小姐姐克拉拉》……孩子们对童书的兴趣被激发起来，班级图书角里社会捐赠的 200 多册绘本和文字本童书，成为午饭后、晚饭后甚至课堂上完成了作业的孩子们随时可以自由阅读的故事书。临近第一学期期末，全班人均阅读量 19 册，读书最多的孩子读了 39 册。通过大量阅读，丁老师发现孩子们的识字能力提高了，班里的一些孩子能够作为小老师大声朗读文字版的《我和小姐姐克拉拉》给全班听，部分孩子能自己阅读文字版的《长袜子皮皮》《笨狼的学校生活》等故事。

丁老师回顾当初和卞老师结对时，孩子们是在三年级学会了四年级课程的书信写作。万万没想到的是，这次又教的是一年级。两地孩子利用电话、QQ 建立网络笔友，一个学期后，学了《寄给青蛙的信》，她试着让孩子们学着课文中小鸭的样子给远方的朋友写封信，只教了书信的格式，孩子们竟然会用书信与远方的朋友沟通了。丁老师十分欣慰：“只要观念转变了，放下身段蹲下来和孩子说话，怀着童心大声朗读儿童文学作品给孩子们听，就会发现，原来语文课堂还可以变得如此丰富多彩！”

丁老师的课程实践也成就了自己的成长，2014 年她被评选为“全国优秀教师”，2015 年荣获“阅读改变中国”乡村点灯人。

第三章

信息技术环境下小学语文新课程形态的教学方法

“能读会写”新课程形态秉持为了每一位学生发展的理念，继承传统语文教育的有效成分，借鉴国内多种语文课程的经验，创造了面向素质教育、基于信息技术的新的小学语文课程形态。在不断生成、持续发展和不断的课程审议中，它解决了小学语文“识字难”“阅读慢”“写作迟”的老大难问题。在满足儿童读写需要的同时，它促进了儿童认知、情感的全面发展，为城乡教师专业发展搭建了良好的平台。

第一节 “能读会写”新课程形态的实践价值

一个时代需要一个时代的课程。由 21 世纪初启动的基础教育新课程，秉持为了中华民族的复兴、为了每一位学生发展的价值取向，是一种基于“价值观念的重大变化或方向调整”的课程变革，涉及课程功能、课程结构、课程内容、课程实施、课程评价及课程管理等的改革，是系统变更式的重构。课程的基本问题是——在学校中教学什么、何时教学、如何教学，即课程内容及其组织的样式。我们来看看“能读会写”这一新的课程形态在课程内容及其组织样式上与常态的有何不同。

一、“能读会写”新课程形态的基本特点

1. 创新性

“能读会写”新课程形态为儿童提供了学习语文的两大途径。途径一，读写听说等常规的语文学习活动；途径二，跨学科、跨领域学习活动是“能读会写”新课程形态的有机构成。“能读会写”新课程形态有两种基本形式。形式一，综合实践

活动，指的是“能读会写”新课程形态的有机构成，它是常态化的，非点缀的；形式二，信息技术环境下的语文学习，指的是汉语拼音与计算机操作学习的整合，基于信息技术环境的阅读、写作活动等。

“能读会写”新课程形态的组织综合度高。其一，“能读会写”新课程形态将听说读写等语文活动高度整合。现代小学语文课程是综合课，但听、说、读、写、识字等各项语文学习活动的整合程度并不高。虽也有不同程度的整合，如随文识字、以仿写为主的读写结合等，但限于某一局部整合，总体上可以相互抽取、独立，如拼音、识字、阅读、写作、口语交际等基本上是各自为政的。“能读会写”新课程形态的各项语文活动是高度整合的，听说读写相互支持，不可分离：低年级识字、阅读与写作同行并举；中高年级阅读与写作互利互惠，写作是阅读的一种学习方式，阅读为写作提供例文、主题知识等多种支持；口语交际总是基于一定的任务情境，与读写共同作为问题解决的一种方式。如阅读与写作的关系，通行的教科书一般把写作组织在阅读单元中，联系二者的有时是话题，如读有关爱的文章，写的主题也是有关爱的，有时是写作知识，如所读的是一组人物描写的文章，写作要求便是学习人物描写的方法，看似读写结合，实际上写作可以独立出来另找例文，写作独立出来后也不会对阅读造成影响。“能读会写”新课程形态中的读写关系也有这种组织，但是更多的则是一种共生关系，即二者是互惠互利不可分割的。写作是阅读的一种学习方式，或是做读书笔记，或是在网络论坛上围绕阅读话题发表意见进行讨论。在中高年级，研读大都通过写作表达的方式展开。这样，写作就是对阅读语篇的主动加工，或是通过写作建立所读语篇整体结构，从而使写作成为阅读的一种学习方式。这样的阅读与写作是不可能分离的。其二，跨学科、跨领域学习的整合性也很高。跨学科、跨领域学习有两种基本形式。形式一，综合实践活动，指的是“能读会写”新课程形态的有机构成，与一般的综合实践活动不同，在跨学科、领域的探究中，学生必须同时拥有语文经历，学习语文知识，语文知识的学习与运用是解决问题的一种方式；形式二，信息技术环境下的语文学习（信息技术作为读写活动的工具与环境），指的是汉语拼音与计算机操作学习的整合，基于信息技术环境的读、写作活动等。这些跨学科、跨领域的课程组织形态综合度非常高，语文学习活动与其他学科、领域的学习完全整合在一起。

“能读会写”新课程形态涵盖面宽广。课程的涵盖面指的是课程的宽度，“能读会写”新课程形态的涵盖面较之常态课程要宽、要广。其一，学习领域扩展：除了语文活动，还有跨学科、跨领域的学习活动。学习领域扩展，课程框架就拉大，除了语言、文学，还包含文化、媒介元素，以及跨学科、跨领域学习获得的其他范畴知识，可以说是把更为广阔的世界带进了课堂。其二，学习范畴拓宽：语文学习活动涵盖面也显得深、广。以阅读、写作为例，一方面，儿童文学以较大规模进入阅读课程，以及整本书阅读进入语文课堂，增加了阅读的数量和类别，拓宽了阅读的深度和广度；另一方面，计算机写作成为常态，促进读写互利互惠，使写作与阅读并驾齐驱。课程标准要求第二、三学段课内习作活动应在每学年十六次左右。“能读会写”课程中的写作具有全新的形态：不仅写作方式更新，计算机写作成为常态，而且写作课程内容得以重构，写作起步早、数量多，写作功能与体式大大拓展。写作功能拓展指的是自我表现、人际交往、学习方式、写作知识学习。写作体式拓展指的是超越了记叙文这样的小学生写作的主要文体。如实验班的学生具有写作科学实用文的能力，即写研究计划、观察记录、调查报告、实验报告、小论文等，反观课程标准对二年级学生的要求仅是“写话”。儿童文学阅读催生了文学写作的学习。学习诗歌、童话、剧本、谜语、寓言、小说等常见文学文体的写作也是“能读会写”课程的一个写作取向，在“能读会写”课程中读写得到了平衡。

总之，在“能读会写”新课程形态上呈现了识字课程、阅读课程、写作课程的新的内涵，这一系列经验实际上隐含着对小学语文课程一系列概念的重建。

2. 开放性

“能读会写”新课程形态借鉴多种课程经验。为了建设适合于每一位儿童的课程，它继承了语文教育的优秀传统，汲取了当代小学语文课程改革的各项成果，借鉴了生本教育、亲近母语、上海二期课改、海量阅读、新教育等课程经验，是一个不断生成、持续发展的系统。

“能读会写”新课程形态关注区域差异。“能读会写”新课程形态的借鉴不是照搬照抄，而是根据自身课程的需要创造性地合理借鉴。如“能读会写”新课程形态非常重视经典的阅读，但并不是从一年级开始就诵读《三字经》《弟子规》等，而是根据课程理念，根据儿童接受心理选择经典、合理配置。首先强调儿童文学经典的阅读，随着儿童认知能力的发展，至中高年级才逐渐展开《山海经》《论语》等传统文化经典的阅读。每一所参与“能读会写”试点研究的学校其课程环境都是有差异的，根据自身的课程条件开发适合自己学生的本地化课程内容和学习方式，是“能读会写”新课程形态持续发展的另一种表现。

3. 重审议

“能读会写”新课程形态基于构建教研共同体来开发。“能读会写”新课程形态整合了研究人员和一线教师的研究和实践，是基于儿童的发展需要开发的课程。它以持续的课程审议保证课程的有效性。课程的开发根据开发主体可以分为两类：专门机构组织开发和教师根据学生实际需要开发。

由专门机构开发（如出版社）的课程的优势在于其整合了小学语文课程专家的智慧，经过国家有关机构的审定，然后推广到教学中。同时，它也存在一些问题，例如：来自课堂的对于开发过程的反馈较少，造成了把课程强加给课堂的问题；容易导致学习经验的窄化与划一化倾向；限定了教师的创意和专业性，导致实践的划一化倾向。

要建设促进每一位学生发展的课程，由教师根据学生的学习实际及其可能性来组织课程开发是比较合适的，但是从总体看，目前我国小学语文教师的课程开发能力明显不足，课程的有效性难以保证。“能读会写”新课程形态大部分是由教师开发的，如何保证其有效性呢？“能读会写”新课程形态在发展的过程中一直展开课程审议。审议的途径主要有两条：一是项目教师之间建立了教研共同体，随着加入的实验学校越来越多而不断壮大；二是在课程发展的各个阶段，教育学、心理学、思维学、文学、写作学、语言学研究者，以及信息技术教育专家以不同的方式参与课程实践，与教师展开对话，讨论课程的学理依据以及存在条件，以保证课程的有效性。

二、“能读会写”新课程形态的主要价值

1. 解决小学语文教学“识字难”“阅读慢”“写作迟”的问题

小学语文课程长期以来处于一种困境中。识字的目的不是能读会写几千个汉字，最终是为了能够阅读与写作，继而促进儿童认知、情感的全面发展。刚入学的儿童对读写充满渴望。心理学对学前儿童读写行为的研究发现，早在儿童真正学会读写前，就已经在积极地尝试运用、理解和弄懂读写，他们把假装写字和阅读加入游戏中。可以说，尽早能读会写是儿童发展的内在需要，但是当代小学语文课程识字速度缓慢，阅读起步迟，写作严重滞后，根本不能满足这一阶段儿童发展的需要。

一般认为儿童阅读起步的适宜字量为500个左右，能够独立阅读的常用字量为2 000个左右。从满足学生发展需要而言，能尽早读写势必要求识字速度快，尽快识得2 000个汉字。但由于汉字字形辨认的难度，汉字初学阶段的难度比拼音文字要大得多，满足尽早读写需要的识字速度与学生的学习压力存在着相当大的矛盾：若识字速度快，阅读可以尽早开始，但处理不当学生学习压力可能会很大；若识字速度减缓，则阅读、写作滞后，语文能力和认知、情感发展的需要得不到满足，学生负担减轻了，但很可能因无法满足发展需要学得乏味。由于汉字书写的难度，书写能力与何时开笔写作之间的矛盾更为突出。因此，写字若与快速认读汉字同步，以学龄儿童的书写能力，学习将成为苦差役。

合理的识字课程组织就是要尽可能地协调化解这些矛盾，在一定的条件下将冲突降到最低。千百年来，我们汉语的书面语启蒙教育一直在努力着。传统语文教育的第一阶段是以识字为中心的启蒙阶段，分为两步。第一步是集中识字，用比较短的一段时间（一年左右）集中地教儿童认识一批字——2 000个左右；第二步是进一步的识字，学过“三、百、千”（《三字经》《百家姓》《千字文》）之后，以韵语知识读物巩固识字，同时展开初步的阅读。传统集中识字的优势是识字速度快，利于“早读书”，但识字阶段由于主要是“硬认”“死记”，儿童学得比较枯燥。现代

新学制以后，随文识字兴起，强调寓识字于阅读之中，每课生字只有 3~5 个或 6~7 个，小学一、二年级只能识 1 200~1 300 字，课文很短，内容贫乏。与一年识字 2 000 个相比，这样的随文分散识字，儿童识字负担轻，但识字速度慢，独立阅读起步迟。新中国成立后小学语文的主流识字课程形态依然是这种比较低效的随文分散识字，“小学一、二年级的阅读教学以识字为重点”，识字速度缓慢，当代小学语文课程要到中年级才达到 2 000 个左右的识字量，这意味着儿童要到三年级才能进行独立阅读（一、二年级语文课堂所读大多是他们在学前就已熟悉或能理解的诗文）。

这样的识字速度延迟了阅读能力的发展，识字速度远远不能满足儿童认知、情感发展的需要。这是第一个困境——识字速度不能满足儿童的阅读需要。还有一个困境是无法解决书写速度与书面表达需要的矛盾，写作严重滞后。儿童在学前的自发读写行为中，“写显得更加突出”，尽管他们很多时候只是“乱涂乱画出一些波浪线条和字母形状，还经常将写和画混淆”，但“开始意识到‘写’在他们的社会交往中扮演着重要的角色”。这表明，能够进行书面表达是儿童强烈的需要。但是“作文从三年级开始”是当代小学语文课程的特点，远远不能满足学生对写作的内在需要。识字速度、读写发展需要、学习压力三者之间的矛盾造成了汉语母语教育识字难、阅读慢、写作迟的老大难问题。

“能读会写”新课程形态的突破主要表现在两个方面：一是识字量的突破，实现了尽早大量阅读。一年识字 2 000 个，但阅读并非在识字 2 000 个后才启动，而是边识边读，达到识字目标的同时，阅读量已达几十万甚至上百万字，极大地满足了儿童认知与情感发展的需要。二是突破了汉字书写障碍。“能读会写”新课程形态改革汉语拼音的教学内容，利用拼音的输入功能，把拼音学习与计算机汉字输入学习整合起来，使入学几个月的学生能够利用计算机“书写”汉字，获得了用文字表达思想和情感的工具，书面表达成为儿童表现创造力的一个新的平台。正是基于这样的学习平台，“能读会写”新课程形态在满足儿童读写需要的同时，促进了儿童认知、情感的全面发展，实现了儿童潜能的充分发挥。

2. 满足儿童语文能力发展需要

“能读会写”新课程形态符合儿童语言学习的心理，具体来说有三个方面：课程内容及其组织基于儿童的经验与需要；课程组织方式符合语言特性；尊重儿童个体差异，让儿童拥有语言运用的自主权。

其一，基于儿童的经验与需要确定课程目标和内容。

儿童的经验指的是儿童或多或少能够认读一部分汉字，他们的口语心理词典中已经储存了相当多的能与汉字对应的词汇的意义。儿童的需要是能够按照自己的喜好进行阅读和写作。“能读会写”新课程形态恰恰把语文学习的首要目标定位于让儿童尽早能读会写。自主阅读所需的 2 000 个的识字量成为一年级识字的目标。识字的目的是能够阅读，汉字学习的目标就是能够认读，而不是“四会”。因此在教学中，“能读会写”课程强调阅读与识字同步，在阅读中识字，在识字中阅读。

为了满足儿童书面表达“写”的需要，“能读会写”新课程形态基于信息技术环境重构汉语拼音学习课程。首先拓展汉语拼音功能，不仅用来学习普通话，同时也作为识字的工具，以及汉字输入书写的工具。基于此，在教学中调整汉语拼音学习目标，一开始的集中学习为1~2周，只要求学会，在后续的打字表达（使用计算机用拼音输入法进行写作）中巩固、熟练。当学习目标和学习内容基于学习者经验和需要的时候，学习效率自然就高了。“能读会写”新课程形态中的整本书阅读、综合实践活动等的组织都基于儿童的需要。

其二，课程组织方式符合语言特性。

儿童学前的口语学习是轻而易举的，为何学校语言学习变得困难重重？一个重要的原因是学校语言学习课程把语言切成了诸如字、词、句之类的碎片，这些碎片与儿童的经验与需要关联度不高。语言特性包括：语言在生活中是完整的，语言是系统化的符号，但这些系统化的符号唯有在一定的情境中，在使用的情况下才具有意义；语言是社会的，也是个人的，是用来沟通和学习的，是儿童认识、沟通世界的工具，是思考和学习的媒介。

遵从了语言的特性，语言学习才会变得容易。儿童学习的目的是运用语言，而不是谈论语言。语言学习应该遵循以下规则：第一，语言形式的学习应有一定的语用功能，语言学习应具有与儿童生活、需要相关的目的；第二，在一定的任务情境中学习，教师要尽量提供真实的完成听说读写任务的条件；第三，让儿童具有大量的表达与修正语言的机会。

语言是个人的，也是社会的。语言学习是两方面力量相互运作的过程：一方面儿童不停地发明语言，运用语言；另一方面儿童要去注意社会的反应，进而修正自己的语言，以符合社会语言的常态。只有当语言的使用具有目的性，并且发生在真实的社会情境当中，这两股力量才能发挥互相制衡的作用，让孩子愿意去修正语言。“能读会写”新课程形态让儿童具有大量表达与修正的机会，大量持续的写作为儿童提供了表达的机会，海量阅读则提供了检视、修正表达的资源，相互协作的学习方式则是以回应、沟通来促使儿童修正语言，使自己的语言归于团体的认同。

“能读会写”新课程形态的特点是高度整合，这种高度整合保持了语言的完整性和语言学习的目的性、情境性，创设了类似“习得”的语言环境。如识字、阅读、写作等都不仅仅是识字、阅读、写作这些语文知识、技能的获得，还具有这些之外与自身需要相关的目的。“能读会写”新课程形态将阅读作为识字的首要目的，让儿童认读识字卡片、基于兴趣阅读书籍、获得愉悦体验、获取信息，经过长期实践，使阅读成为儿童的一种生活方式。

其三，尊重儿童个体差异，让儿童拥有语言运用的自主权。

儿童发展研究发现：儿童在发展读写能力的过程中，运用语言的自主性越大

（成为学习的主人），学习成功的机会就越大。“能读会写”新课程形态帮助儿童成为语言的主人，尊重儿童的个体差异，让儿童拥有语言运用的自主权。例如：在儿童文学读本的选择上，不干涉儿童的自主选择；在儿童尝试表达时，不干涉其写作的内容等。

“能读会写”新课程形态让儿童学得高效、快乐，除了课程组织形式符合儿童语言学习心理外，还跟学习方式及其所创设的课程环境等有关。在教学中，“能读会写”新课程形态强调以学生为中心，从学生视角来思考和处理学习中的问题，尊重学生的个体差异，努力营造“爱生”（Child Friendly）的学习氛围。此外，同伴学习、参与式学习、协作学习等方式让学生成为学习的主人，激发学生的学习主动性和积极性。

3. 构建教师专业发展平台

课程标准时代意味着“教师不是教科书的执行者，而是教学方案（课程）的开发者”，即教师是“用教科书教，而不是教教科书”。但在我们的课程文化中，基于教科书的教学观念与行为可以说是根深蒂固，成为课程开发者的身份转换不会自然发生。教师可以在短时间里背熟有关理念，但要内化为专业知识结构，转化为相应的实践能力必须要有实践的平台。没有课程开发的实践平台，没有多元课程形态的实践可供参照，作为课程开发者的教师专业发展是很难实现的。

“能读会写”新课程形态是一个开放的、不断生成的、持续发展的系统，是教师基于儿童发展的需要所开发的。每一所学校、每一位教师都可以从自己学校的条件、从自己学生的情况出发来确定合适的课程目标、课程内容以及相应的学习方式。“能读会写”新课程形态为教师构建了作为课程开发者的实践平台。

第二节　第一学段的教学策略

“能读会写”新课程形态构建了“识字与写字教学”的各个层面、各个因素相互关联的新的课程形态。教学组织特点呈现多种途径集中大量识字、认读与书写异步、识字阅读互惠共赢等特点。

一、“识字与写字”教学组织的基本特点

1. 集中大量识字

“能读会写”新课程形态的语文学习开始于集中大量识字。一、二年级的识字量近 2 000 个，学习目标是能读、会认。识字，就是直接认读汉字，并不借助汉语拼音。一堂课的认读量可以达到二三十个。实验学本中的识字课文数量较一般的教

科书要多，大多是儿童喜闻乐见的作品。一般的集中识字课程，为求识字效率，识字课文大多是根据所识之字编写的，缺乏自然的文气。“能读会写”新课程形态与此不同，几经修订，实验学本中的识字课文大多是适合儿童阅读心理的作品，清新自然，朗朗上口，不乏经典名篇。

在“能读会写”新课程形态的实践中，识字的目标是能读、会认，不管“书写”与“运用”；要求学生能读通读顺课文，既能在语境中认读生字，也能认读脱离语境的单个生字。有些词会要求组词，个别词的意思会要求学生以自己的方式加以理解，但在起始阶段并不刻意为之。

2. 认读与书写异步

“能读会写”试点研究的实验班单独设置写字课，从一年级一直开设到六年级，每周三节，每节三十分钟。识字课的教学目标是能读会认汉字，教师不教汉字书写的方法，学生也无须抄写所学的生字，汉字书写教学在写字课中进行。写字课的任务就是写好字，达到课程标准要求的写字目标。

3. 识字与阅读互动

识字与阅读互动，在大量阅读中识字，在大量识字中阅读，是“能读会写”新课程形态识字教学的基本组织形式。学生在一节课中所认识的二三十个生字，并不要求逐个达到“四会”，而是在阅读中不断提供这些生字复现的机会逐步进行巩固。实验班的教师把这个过程描述为人们认识一个陌生人的经历：初识只是一个印象，多次接触后才能深入了解，所谓“一回生，两回熟，三回四回老朋友”。

学生的家庭作业中主要是认读汉字与开展阅读。阅读内容包括两部分：一是识字课文；二是识字课文之外的读物，主要是童书，以儿童文学为主。实验班的教师有一个来自实践的共识：低年级是培养阅读兴趣与习惯的关键阶段，在识字的同时培养阅读的兴趣，是一、二年级最重要的工作。

有研究表明，低年级的阅读和识字教学具有重叠的成分，识字中的单字认读与词语、句子，甚至句段的认读结合起来，可以有效地促进儿童识字与阅读的协同发展。有研究把儿童阅读过程中对生字的学习实质视为一种语境中的“伴随学习”，大量阅读过程中的“随意”“偶然”的伴随学习促进了儿童词汇的迅速增长。以连通主义观点解释识字、阅读、朗读、背诵的实质就是构建脑的内部神经网络的过程——识与读的经验越丰富、积累的词语越多，预示着脑内部的语义网络形成的以词语为表征的节点就越多、层级就越复杂，儿童识读兴趣得到激发的机会就越多。同理，学生边识边读，达到识字目标的同时，阅读已达几十万甚至上百万字。在有条件的学校，写作在一定的识字量后也开始启动，识字、阅读、写作整体推进，互利互惠，极大地满足了儿童认知与情感发展的需要。

二、识字教学组织的基本策略

1. 识字目标分步实现

在“能读会写”新课程形态的实践中，一年级识字量的目标是1 000个，要求能读、会认。识字目标不是一次达到，课堂识字允许回生。学生在一节课中所认识的二三十个生字，并不要求逐个达到“四会”，而是在阅读中不断提供这些生字复现的机会逐步进行巩固。

对于初入学的儿童来说，“能读会写”新课程形态的识字目标没有追求一步达成，而是给予了一个过程。为什么呢？从识字心理而言，识字是指在一个汉字的音形义之间建立联系。字的意义是离不开语境的。语境不同，意义就会有差异。大部分汉字的意义都比较丰富，一般来说，一个字的语境不是一堂课、一星期或者一个月就可以给尽的。字义的丰富是日积月累的。从儿童的学习心理来说，学习一个汉字就要求“四会”，要么速度缓慢，要么苦不堪言。从这两个角度来说，认读与意义理解应该适度分开，不必每认读一个字就要求释义、组词或造句。

义务教育语文课程标准（2022版）中“识”“写”要求分开，提出“认识”和“学会”两种目标（2011版课标也是如此），即：要求认识的字，只要求认识——在本课认识，放到其他语言环境中也认识，不抄，不默，不考；要求学会的字，以往强调“四会”——会读，会写，会讲，会用，现在调整为会读、会写，理解字词在语言环境中的意思，逐步做到能在口头和书面表达中运用。

整个九年义务教育阶段，要求认识常用汉字是3 500个，其中3 000个左右会写。涉及小学阶段的第一、二、三学段目标分别是（2011版课程标准）：第一学段（1~2年级），认识常用汉字1 600个左右，其中800个左右会写；第二学段（3~4年级），累计认识常用汉字2 500个左右，其中1 600个左右会写；第三学段（5~6年级），累计认识常用汉字3 000个左右，其中2 500个会写。

第一学段（1~2年级）明确提出“多认少写”，这样做的好处，课程标准解读是这样表述的：“其一，‘识写分开’，既可以避免字字要求‘四会’，造成学生学习负担过重，又可以防止‘识’‘写’相互掣肘，而导致认不快，又写不好。其二，‘多识’，有利于学生尽早、尽快、尽可能多地认字，以便及早进入汉字阅读阶段。其三，‘少写’，则是考虑到孩子的手指肌肉不够发达，过度写字对正常发育不利；对教材编者来说，更便于由易到难、由简到繁编排写字教材；对教师来说，更能循序渐进地进行写字指导，给学生打下坚实的写字基础。”

“能读会写”新课程形态对此要求的实施非常到位——识字目标分步实现，认读与书写、认读与意义理解分开，不求堂堂清，允许回生，在用字中巩固，是符合儿童身心特点的做法，也符合课标的精神。

2. 创设语境让儿童尽早用字

识字的目的不是为了能读会写几千个汉字，最终是为了阅读与写作，能在语境中运用汉字。反过来，识字的最佳方式是在语境中用字。文字符号的特性使之成为生活和自然环境中的一部分。儿童经常有机会与不同情境的汉字碰面，如：到超市时会看到蔬菜、水果名称的汉字；去动物园会看到动物类汉字。如果能辅以恰当的引导，每一次“碰面”就是一次识字，“在语境中识字”有两种途径。

第一，在语篇中识字。所谓“字不离词，词不离句，句不离篇”就是对识字语境的强调。需要注意的是，语篇应该是儿童能够接受、乐意接受的读本。幼儿阶段可以选择丰富有趣的绘本故事作为识字材料，一方面符合儿童喜欢读故事的特点，易于激发阅读兴趣；另一方面图与文相得益彰，便于儿童在勾连画面、图像、语义、词汇和故事中强化意义理解。绘本识字也是搭建识字和阅读的桥梁，使阅读、识字相辅相成。中小学阶段可以选择学生易于接受的诗文等读本，如王剑宜老师组织的围绕一篇课文的识字过程分为三个阶段：“一、诵读课文，诵读课文的同时认读生字；二、认读生字，认读离开语篇的生字；三、把字宝宝送回家，诵读课文，又是在诵读中认读生字。”第一和第三阶段，就是让学生在语境中认读生字。

第二，在用字中识字。用字，是指阅读与写作。“能读会写”新课程形态鼓励学生运用计算机输入法进行写作，使学生突破不会写字的壁垒放飞思绪进行写作，达到识字与阅读互动。识字目标不是一次达到，而是在阅读中不断提供这些生字复现的机会逐步进行巩固。“复现的机会”不仅指阅读的语境，也指用字写作的实践。“能读会写”新课程形态不仅识、读共进，在学习汉语拼音与计算机输入法后，从打出一个个的字，到一个个的词，再到一个个的句子，一段段的话，写作尝试就这样开始了。一年级学生借助计算机在40分钟内一般可以轻而易举地完成200~500个字的习作，多的超过1 000个字。写作成了学生在语境中识字的又一个有效途径。

3. 基于儿童的经验进行识字

在“能读会写”新课程形态实践中，识字教学善于利用儿童已经具有的语言经验和生活经验。 字种选择来源于两个方面。一是实验学本中的课文，大部分内容是儿童熟悉的校园、家庭、社会生活和自然图景，主要关涉生活常识和人文、自然、汉字知识。二是儿童的现实生活和课外阅读材料，如校园环境中的标牌、同学的姓名、课外阅读中遇到的生字等都可以成为班级共同识字的材料，这是每一个班的师生自主组织的学习内容。

识字是在一个字的音形义之间建立联系，与儿童熟悉的生活情境和阅读情境相关的字词，大都是儿童已经掌握的口语词汇，一般都已经储存在儿童的心理词典中，其中大多数音和义的联系已经基本建立，一与字形接触，就能较快地建立音形义三者之间的联系。所以，利用学生已经熟悉的诗文，认读其中的汉字，或者先让学生熟读成诵诗文，再认读汉字，这样识字就比较轻松、有效。

4. 注重从汉字本体特征去建立音形义三者的联系

合理有效的识字教学内容应该符合“儿童认知特点”和“汉字本体特征”。汉字的本体特征在于字形，实验班识字教学的核心内容注重引导学生关注汉字构造特征，有意识地培养学生的汉字规则意识。

第一，把学生探究、游戏的心向引导到汉字构造特征上，鼓励他们以自己的方式记忆汉字。文字学家呼吁识字教学要讲字理，但要求小学生完全按照汉字造字的理据来分析每个汉字形体与意义的联系并不现实。“能读会写”新课程形态的做法是把学生探究、游戏的心向引导到汉字构造特征上，学生自己的“说文解字”，只要不对字义的理解造成误导，就鼓励他们以自己的方式来记忆。儿童的“说文解字”符合汉字造字的思维。

“乌鸦太黑了都看不到眼睛了，所以‘乌’没有‘鸟’中间的一点”；巧记“阔”：“门内有一片活动天地，玩得好开心哟”；“闷”——“心关在门里很闷”。

第二，在汉字学习的各个阶段注重同音、近音和形近字的辨析。据一项基于语料库的错别字研究表明，同音、近音字的混用是导致错别字的最主要的原因。如何正确区分同音、近音字成为汉字教学的重中之重。实验学本所呈现的识字教学内容组织，就抓住了这“重中之重”，其中的积累练习不仅仅是对部首的归纳，同时涉及同音、形近等各种辨析类型。

另外，识字教学的方法根据学生的识字情况在不同的阶段是各有侧重的。第一学期，主要以教师不断变换的教学活动组织来激发学生的兴趣，在识字 1 000 多个以后，即第二学期，实验发现“大部分学生能兴致勃勃地依自己喜欢的方式识字学文”，这个阶段多采用小组合作的学习方式，让学生自己寻找辨识生字的方法，学生大面积进入较为轻松的自主识字阶段。

在“能读会写”新课程形态实践中，识字教学组织讲究几方面的结合。教学目标分步实现，识字与阅读互动，让学生在语境中识字，教学内容上注重引导学生关注汉字构造特点，教学活动组织充分利用学生自身的特点：一是儿童喜好探究、游戏的心理，注重自主学习；二是同伴互学的力量，注重合作学习。

三、写字教学组织的基本策略

关于写字，下面的讨论着重于错别字问题。错别字，是指在汉字书写和运用中出现的错字和别字的合称。错字，指字形或结构错误的汉字；别字，指把甲字写成乙字，“乙字”就是别字。除却思维跳跃等因素引起的失误，错字一般因未掌握正确字形导致，别字则主要由意义理解不正确导致。儿童在学习汉字书写与运用的过程中出现错别字具有普遍性和延续性。如何纠正错别字一直是小学语文课程关注的重要问题。

在“能读会写”新课程形态实践中，识字、写字教学基于信息技术背景，计算机写作是显著特点，尤其是一、二年级完全借助计算机写作。因此，人们特别关注实验班学生书面表达的错别字（同音别字）状况。然而，从教师日常观察以及对学生作品的分析显示：不管是计算机写作，还是纸笔写作（一般三年级起步），实验班并没有出现大量错别字的状况。

在计算机写作的开始阶段，由于学生表达内容的丰富，所用文字往往超出了其识字量，自然出现了同音别字（计算机写作无错字）。个别学生别字较多，一类是没有掌握无法选择的别字，一类是操作失误。随着识字量与阅读量的增大，发现学生基本上具有“自我修正”的能力，一方面源于识字能力的提高，另一方面源于输入系统的识别。计算机书写从单字开始就采用全拼输入，随着学习的深入，全拼输入词语、句子成为主要的方式，计算机语料库的词语识别及文本自动校对等功能的作用越来越大。从对入学不足一年的学生网络习作抽样分析发现，200 多份习作中，平均每 100 个字的别字在 0.5~1 个之间。

三年级纸笔写作起步时，学生有一个过渡的阶段，书写工具跟不上思维的速度，会有写不出某个字的情形，但纸笔写作稳定后，中高年级实验班与非实验班相比，无论书写速度还是质量都并无异常。在分析三、四年级纸笔写作习作时发现，实验班学生的错别字出现率低于非实验班。

这里蕴含着什么经验呢？

1. 在儿童具有一定的汉字规则意识后才展开大量书写

在书写方面，“能读会写”新课程形态的做法是，拿一年级举例来说，一年级认读 2 000 个字，书写速度则要缓慢得多。一年级第一学期认读近 1 000 个字，书写 100 个字；第二学期认读 1 000 个字，只写 200 个字。这是顺应儿童汉字学习心理的设计，因为书写正确率与儿童对汉字的辨形能力有关。

心理学研究显示，儿童初学汉字的识字心理过程分为下列三个发展阶段。第一，对字形结构各组成部分和形、音、义三者建立模糊联系的泛化阶段，所形成的是粗略的不够稳定的暂时联系，再认和再现时常有被动、泛化现象，有用错偏旁部首和混淆、增减基本笔画等错误。这主要是由于学生大脑皮层对复合刺激物缺乏精细的分析综合能力，表现为对汉字感知不完整和不精细。第二，对字形结构各组成部分的初步分化阶段，但概括不全，对字形结构的某些细微部分尚有遗漏或添补，其错误都是细节上的问题，有意识记已起主导作用。第三，对字形结构各组成部分的精确分化阶段，能辨析字形，揭示字之间的异同，能初步认识一般的构字规则，了解偏旁部首的含义，对字形的记忆已达到精确、完整和熟练水平，有意识记开始占主导地位。

莫雷等人的研究表明：婴幼儿一般在掌握 350 个汉字以上的情况下会达到识字教育的敏感期。万云英把识字过程中儿童的形、音、义联系的变化描述为“由最初三者模糊联系的泛化和容易出错阶段，发展至三者建立统一联系并能初步分化的阶段，到最后三者统一联系并能精确分化的阶段”。从各阶段的特征看，分化阶段应是儿童具有明确汉字规则意识的阶段，“能读会写”新课程形态的实践也显示，进入一年级第二学期，即认读 1 000 个字左右后，学生普遍具有自主辨形认读能力。在“能读会写”新课程形态的实践中，认读与书写速度的极大差距，保证了大量书写是在儿童对字形识记进入精确分化阶段、具有明确汉字规则意识后进行的，这是书写正确率高的基础，也是费时不多而效果良好的重要原因。

2. 在语境中展开书写

识字是要在音、形、义三者之间建立联系，“别字的出现除了字形问题（例如：形近字混淆）外，更主要涉及字义、词义及在语境中的角色等因素”，纠正别字“主要通过联系语境的方法解决，通过语境的制约凸显出正确的字义、词义，然后与正确的字形产生联系”。

在“能读会写”新课程形态实践中，纸笔书写和计算机书写的内容都是具有语境的。按照书写目的的不同，实验班选择不同的书写工具。写字课上的“写字”用纸笔书写；用文字表达即写作时，一、二年级用计算机书写，三年级开始纸笔书写与计算机书写并用。不管哪种目的，写作的书写内容都基于语境。

计算机书写是用于书面表达的，书写内容的语境性毋庸赘言。纸笔书写内容可以细分为三类：一是写字课上的写字；二是读书笔记中的摘抄部分；三是各种书面表达，即写作。不仅书面表达是语境中的书写，前二者同样具有语境识字的意义。写字课所写并非单个的“字”，多数是组词书写。读书笔记中有一部分是摘录，在使用中抄写，就是在语境中识字，实践证明对于纠正别字或者是错字都大有帮助。

新课改以来，有的教科书编制着力于汉字书写水平的提高，“十分重视写字教学”“低年级教材不吝篇幅地展示了生字的书写笔顺”，但教科书呈现的书写内容仍然是单个字的书写，没有语境，在书写内容的组织上并未有质的改变。“能读会写”新课程形态虽然以人教版的要求来确定所写之字，却是组词写字，创造了语境，这样的区别正是关键所在。

错别字问题的解决不单与书写形态有关，还跟识字目标、识字教学内容，以及阅读写作的形态具有直接关系。识字速度缓慢，就会影响识字能力的发展；写字与识字的关系处理不当，进行正确书写的心理机制尚未成熟，就会为高错别字率埋下种子；识字教学内容忽视汉字形体特征的有效识别，机械记忆致使学生辨形能力不足；守着一本教科书的阅读量无法提供足够的汉字复现语境，一学期几篇的写作量只能提供极少的在语境中用字的机会。

因而，我们可以从“能读会写”新课程形态的实践中得到启示：课程的各个层面、各个因素是相互关联的，全面提高汉字学习的质量是一个系统工程，其根本出路在于建设合理的语文课程形态。

四、汉语拼音与计算机学习的整合

“能读会写”新课程形态的语文学习开始于集中大量识字，识字五六百个后开始汉语拼音学习。汉语拼音学习与计算机键盘操作整合进行，集中学习时间一般为1~2周。学完拼音后，识字课上依然直接认读生字，并不借助拼音，但教学过程中增加打字环节，要求学生用无编码的自动变换全拼输入法把所学的汉字、词语等输入电脑。学生在同步输入词语、句子、语段，乃至独立写作中，教师不再关注拼音与键盘操作的问题，随着书面语言写作能力的提高，学生拼写能力和打字输入的技能越来越熟练，直接效果是入学只有七八个月的儿童借助计算机一般一节课能够写出几百、上千字的文章。

1. 汉语拼音的功能定位

功能定位涉及的其实就是为什么要学习汉语拼音。1958年2月11日，第一届全国人民代表大会第五次会议正式批准《汉语拼音方案》。汉语拼音主要用于汉语普通话读音的标注，是汉字的一种普通话音标。1958年秋季开始，《汉语拼音方案》作为小学生必修课程进入全国小学的课堂。从1963年开始，在国家颁布的历次教学大纲、课程标准中，汉语拼音的学习目的、功能有着一定的演变，从直接表述上看，汉语拼音的功能有三项，分别是作为识字工具、学习普通话和帮助阅读。结合教学大纲中有关汉语拼音的教学内容，会发现在1988年、1992年的教学大纲中有这样的表述——“可以用音节代替没学过的汉字”，这隐含着另一项功能——作为写作的工具。

汉语拼音是普通话的一种音标，以此为工具学习普通话、作为识字的适度的“拐杖”是恰当的。在实际应用中，某一个学生能同时利用汉语拼音来识字、学习普通话并帮助阅读和写作，也是无可厚非的。但国家关于课程和教学的指导性文件中明确提出帮助“阅读”和“用音节代替没学过的汉字”，意味着汉语拼音学习内容的扩大。这是因为，把汉语拼音定位于识字和学习普通话的工具，课程内容限于“认识”与“拼读”。而要帮助“阅读”，学生必须学会“直呼”音节；“用音节代替没学过的汉字”，学生必须能够默写音节。这二者实际上相当于把“音节”当作汉字来学习。如此定位的实质是把汉语拼音从工具变成了学习的目的物。

尽管这期间也有纠偏，如1994年《〈九年义务教育全日制小学语文教学大纲（试用）〉的调整意见》删去“低年级学生在写话的时候，可以用音节代替没学过的汉字”的提法，是根据实际教学的问题，删去汉语拼音作为写作工具的功能定位。但自20世纪80年代以来，汉语拼音学习的状态一直是“教学内容过多，教学时间过长，学生感到单调、枯燥”，挫伤了相当一部分儿童语文学习的积极性。从2000年3月颁布的试验修订版教学大纲到2001年、2011年、2022年的课程标准，汉语拼音功能再次定位于帮助识字、学习普通话，将学习目标设定为拼读音节和书写音节，是恢复汉语拼音的固有工具功能。

另外，2001 年国家颁布的课程标准在第二学段的“识字与写字”目标中提出：“有条件的地方，可学习使用键盘输入汉字。”课程标准虽未言明具体的输入法，但汉语拼音是一种汉字输入的工具，这意味着汉语拼音在语文课程中可以具有新的功能——作为汉字输入的工具。2011 版课标中没有了这一提法，但在“课程目标与内容”增加了“积极尝试运用新技术和多种媒体学习语文”的内容；2022 版课标在“课程理念”中提到“充分发挥现代信息技术的支持作用，拓展语文学习空间，提高语文学习能力”。这一系列的描述为课程实施提供了比较广阔的空间。

“能读会写”新课程形态关于汉语拼音的功能定位可以用两句话来表达。汉语拼音是正音、识字、汉字输入的工具，本身不是与汉字同等的学习目的物。利用汉语拼音可以学习普通话、多识字、快识字，及早阅读，但不是以拼音代替汉字；借助信息技术，汉语拼音还可以帮助儿童及早用汉字进行写作。

2. 汉语拼音的学习目标

汉语拼音教学的时间需要多长？一般的教科书中汉语拼音学习时间占总课时的 30%~35%。与此形成对比的是“能读会写”新课程形态的汉语拼音与计算机操作学习整合，集中学习时间仅 1~2 周。为什么拼音集中教学的时间差异如此巨大？除了教学方法的改进，学习目标的不同是关键。“能读会写”新课程形态的教学中，集中学习时间仅为 1~2 周，是把教学目标定位于“学会”，而不是“熟练”：初始阶段只要求学生“会”，并不要求熟练——能认读汉语拼音，会全拼输入汉字。

在教育实践中，老师们通常的做法是用 1~2 周的时间集中学习拼音，1~2 周过后，拼音学习就完成了，但并不急着去检测学生的拼音学习情况，而是在识字教学的过程中，坚持让学生使用计算机进行打字练习。老师们通常会把识字课的后十分钟时间留出来，鼓励学生把刚学过的字打出来。别小看这短短的十分钟，它蕴含了许多的学习活动：要准确地把汉字输入屏幕，首先得认识这个字，要知道这个字的读音；其次，得会拼读这个汉字的音节，并在键盘上找到正确的声母和韵母；最后，音节输入后，屏幕上会出现一系列同音的字，还得根据字形进行挑选，选出正确的汉字。也就是说，学生在这短短的十分钟内，识字、拼音，以及电脑的操作能力都得到提升。

一般的理解是，既然是工具，要先学会使用这一工具再去发挥它的功能。其实，工具的使用正是学习的内容，在运用中学会它。这跟“在阅读中学会（学习）阅读”“在写作中学习（学会）写作”是一个道理。“能读会写”新课程形态的汉语拼音学习目标是分步实现的：集中教学阶段定位于学会；后续应用中逐步巩固、熟练。汉语拼音工具的“使用”本身就是学习的内容，在“做”中学，学会、熟练是在运用中，而不是先学会了再去使用。

拼音集中教学阶段只求学会拼读，不求熟练，这一学习目标是实用而且适用的。因为汉语拼音仅仅是一种工具，对初入学的儿童来说是抽象的符号，熟练拼读需要一个过程。面对抽象的汉语拼音，堂堂清、日日清的学习方式会打击相当一部分儿童语文学习的热情。

3. 汉语拼音教学的组织方式

在“能读会写”新课程形态实践中，汉语拼音学习有两个鲜明的特点：一是先识字，后学拼音；二是拼音与计算机键盘操作整合学习。

先“识”后“拼”指的是先认读一部分汉字，再学习汉语拼音。“能读会写”新课程形态的追求是：第一，突出汉字的特点，让儿童初步感知汉字文化。汉字是以视觉符号直接表示概念的，在儿童认读一定数量汉字的基础上，习惯于接受汉字所包含的文化信息和语义密码后再来学汉语拼音，便于养成儿童直接认读汉字的阅读习惯。第二，让拼音回归工具地位。先识后拼，汉语拼音自然而然就回归到注音工具、查字典的工具乃至汉字输入工具的地位，避免儿童入学伊始就学拼音，产生为学拼音而学拼音的弊端。

在学习了一部分汉字后再学习拼音，然后在汉字认读、阅读与表达等学习活动中继续运用拼音，是比较合理的课程组织方式，下面补充两点理由。其一，从识字心理的角度看，先识后拼可以充分利用儿童学前的语言经验，激发儿童语文学习的兴趣。正常儿童都已经具有一定的口语经验，不少汉字的音和义联系已经建立。识字是在一个汉字的音形义三者之间建立联系，利用儿童已经具有的语言经验，选取合适的识字进行学习，就会事半功倍，比另起炉灶学习抽象的拼音符号要容易。因为相对于汉字，汉语拼音对儿童来说更为陌生，先识后拼，识得的汉字可以成为汉语拼音初学阶段的工具。其二，从音节拼读的角度看，先识后拼可以降低拼读学习的难度。大部分音节含有声母和韵母，音节的拼读就是把声母和韵母拼合起来，声母要发成本音。普通话的 21 个辅音声母中只有 m、n、l、r 是浊辅音，其余都是清辅音，即发音时声带是不颤动的，声音很不响亮，以集体教学的情境让刚上学的儿童学会“本音”就显得比较困难。所以，为了声母教学的方便，小学语文教学中教读声母采用的是“呼读音”，就是每个辅音的“本音”附加一个元音后的读法，使得本音有所依附，可以明显地听出来，如 b（bo）、p（po）。从理论上说，拼读音节时辅音声母应该按照“本音”来发音（零声母音节即韵母自成音节的除外），也就是要把“呼读音”所附的元音甩掉。在实际教学中，老师们会要求学生把声母读得又轻又短，就是试图弱化所附的元音，但对于儿童来说掌控这样的拼读技术是有困难的，很多时候学生实际上是首先记住了一个音节的发音，然后才以貌似声韵拼合的方式拼读出音节来。

普通话计约 400 个基本音节，先期认读的汉字最好尽可能地涵盖这些基本音节。这样将大幅度减轻学生学习汉语拼音的难度。基于这样的状况，我们可以利用儿童的语言经验来帮助其学习拼音。先认读一定数量的汉字，读准字音，积累音节发音的经验，在此基础上再学习拼音，这样就把第一阶段认读的汉字作为拼音学习的工具。

拼音与计算机键盘操作整合学习的组织方式是指汉语的音节跟汉字和语素基本是“三位一体”，即“音节 = 汉字 = 语素”，利用汉语拼音记录汉语语音的功能，借助“声韵调分析”法，把音节直接转换为“声母”“韵母”，儿童只要经过短时间的“拼读”训练就可以掌握。进而在学习计算机键盘操作时，将“声母”“韵母”分解成与键盘的拉丁字母——对应的音素这个更小的语音单位——元音和辅音。对这个模型作逆向推演就是：拉丁字母键盘操作→元音辅音组合（声母、韵母），音节拼读→屏幕，变换现代汉语汉字。因此，儿童只要会说普通话、会拼读汉语音节，哪怕是在初识汉字的阶段，无须记忆就能够用汉语拼音直接“写”汉语汉文，同时学习了汉语拼音和汉字。

在“能读会写”新课程形态实践中，汉语拼音是识字、学习普通话的工具，也是汉字输入的工具。这一新的功能定位改变了原有的汉语拼音学习的内容，课程组织发生了极大的变化：汉语拼音学习不再单独进行，而是与计算机操作整合展开教学。下面举例介绍其教学组织的方式。

例如：在教学设计的整体架构上，整个学习过程分为三个阶段，即前期准备、集中学习（大约一周 9~10 课时）、后续巩固。

第一阶段：前期准备——在汉字教学中感知音节的拼读。每教一个汉字，就有意识地带学生这样读：“春，ch—ūn，春天的春。”只是这样带读，不呈现音节，也不告诉学生任何拼音知识。这样做有两个目的：首先是为汉语拼音学习中分别学习声母、韵母、声调打基础，让学生意识到一个音节是可以分解的；其次是为计算机输入打基础，因为学生要通过分解音节才能输入打字。

第二阶段：集中学习——分为四个步骤。第一步，搭建拼音学习框架。拼音学习不是从字母开始，而是先把汉语拼音的基本框架呈现给学生。1 课时的学习有两个目标：一是懂得汉语拼音的音节是表示汉字读音的；二是了解构成音节的三个要素——声母、韵母和声调。第二步，声母学习与计算机键盘操作学习。23 个声母（21 个辅音声母和 2 个零声母 Y/W）的教学和计算机键盘的认识及操作结合起来进行，用时 2 课时。这两节课的目标是：认读声母，认识计算机键盘，学习简单的文档操作功能。第三步，学习韵母、音节拼读和计算机输入法。24 个韵母（这里提到的声母、韵母数都是小学语文教学系统中的，而非《汉语拼音方案》中）认读、音节拼读和计算机输入法的学习结合在一起进行。集中学习 3 课时，安排如下：单韵母及拼读、输入 1 课时；复韵母及拼读、输入 1 课时；鼻韵母及拼读、输入 1 课时。第四步，复习巩固。用 3~4 课时复习巩固，以韵母及音节拼读为主。设计成游戏课，或者做韵母“变变变”游戏，或者玩金山打字通里的输入游戏。玩游戏的时候，一定要求学生手到、口到；所谓“口到”就是要读出声母、韵母或者每个音节的发音。只有这样，游戏才能成为学习拼音的一条捷径。

第三阶段：后续巩固——在打字练习中巩固学习。集中学习之后，通常会把识字课的后十分钟时间留出来，鼓励学生把刚学过的字打出来。更为持续的巩固则是在识字、阅读、写作活动中的运用。

在教学组织的策略上，一方面通过创设应用汉语拼音的情境，发挥汉语拼音的工具功能，努力创设应用汉语拼音的多种情境，在识字、阅读、写作的协同推进中，充分发挥汉语拼音的工具功能。创设运用的情境关注两点：一是与识字、书面表达结合；二是与儿童的经验和需要结合。这样的运用学生学习热情高，就比较容易内化。另一方面通过创设游戏情境，激发学生的学习兴趣，汉语拼音学习除了应在运用中进行外，教学活动的组织还应尽可能地游戏。一般的教科书也十分强调这一点，这里就不再展开。

4. 汉语拼音与计算机学习整合的意义

在“能读会写”新课程形态实践中，汉语拼音与计算机学习整合，集中学习时间仅 1~2 周，改变了汉语拼音学习长期困于“教学内容过多，教学时间过长，学生感到单调、枯燥”的状况。在运用拼音的过程中，获得的不仅是汉语拼音的熟练，同时又是识字与书面表达的学习，这才是汉语拼音工具功能的有效发挥。

“用音节代替没学过的汉字”也是把汉语拼音作为书面表达的工具，但二者的性质完全不同。“用音节代替没学过的汉字”是把“拼音”当作“汉字”的替代物，学生必须像学会汉字那样学会使用“拼音”，为了提前写作必须增加学习内容，学会默写音节，而在严重的压力下学得的这一替代物最终是要废弃的（暂且不论对汉字学习的负面影响）。汉语拼音作为汉字输入的一种工具，从学习难度上说自然降低了很多。无须学会默写音节，尽管也需要记住音节，但难度低很多。键盘操作中可以调整，输入法自身具有校正功能，都降低了对音节记忆准确性的要求，学生在尚未完全准确掌握音节拼读的状况下也能“书写”出正确的汉字，而这一过程也正是学生正音的过程。前者是掌握音节以后的书写运用，后者汉字输入过程就是校正、巩固的过程，汉字输入系统相当于又一位帮助拼音学习的老师，正如实验教师所说“这是一个识字、拼音巩固和输入法练习三合一的活动”。儿童获得的能力是多重的。

信息技术环境下汉语拼音功能更新所引起的学生书写方式的变化，使写作可以与识字同步展开，这在我国小学语文课程的发展中是一个里程碑，对于语文课程组织的变革来说具有支点的意义。被撬动的语文课程正在发生什么样的变化，将会发生什么样的变化，值得我们继续实践与研究。

第三节　第二、三学段的教学策略

以往教学的根本问题是以“教的活动”为基点。一堂课从“教”的角度看教师的教的活动，非常完整和具有结构性。教师教学的方法、资源、活动等都相对比较丰富和多样。然而从学生的角度来看，课堂却是散乱且几乎毫无结构。学生的学习活动相对比较呆板和单调。王荣生教授提出，解决上述问题的途径是转向以“学的活动”为基点——在备课当中关注学生的学习经验，在教学中关注学生的学习状态，在反思中关注学生的学业样本。有效的课堂教学一般具有两个要点：第一个要点是合宜的教学内容，也就是说教师所教的内容是学生能够学会且有用的内容；第二个要点是有效的教学设计和教学组织。

一、问题症结：以“教的活动”为基点

以往的教学尤其是语文教学，存在着各种各样的有待改善的问题。根本的问题，我把它概括为以“教的活动”为基点。举例来说，在开展教师培训时，我们经常问教师：“如何教学生写一篇说明文？”有些教师回答：“要教学生描写说明文的线索、说明文的顺序、说明的方法、抓住事物的特征等。”接着问：“如果教一篇议论性的文章，教什么呢？”通常教师回答：“论点、论据、论证方法、议论文的结构和语言。”再问：“如果教一篇小说呢？”教师回答：“要描写人物、情节、环境、主题及小说的语言等。”然后，我们就会问：“在刚才提问当中，有没有说是哪一篇课文呢？”教师们反应过来：“没有。”也就是说教师在回答上述问题的时候是不知道具体要教哪一篇课文的。我们接着又问：“问题中有没有提到要教哪些学生呢？是三年级还是四年级的学生？是城市的还是农村的学生呢？”教师们回答：“也没有。”那么我们想一想，过去教学“教”什么呢？教师通常的理由是：我就是要教这个。为什么要教这个呢？他有很多理由和道理。把这些理由和道理归结起来是三句话：我觉得应该教这个；我愿意教这个；我喜欢教这个。可见，以往教学是以“教的活动”为基点，所有的考量都是从教师出发，由教师比较主观地来确定（如果是阅读教学的话）一篇课文的教学内容。那么在教学方法上，虽然是有多种多样的，但也可以归结为三句话：我觉得应该这么教；我愿意这么教；我喜欢这么教。

以“教的活动”为基点的课堂教学造成了课堂教学一系列的问题。一堂课如果我们从“教”的角度看教师的教的活动是非常完整（有时甚至是过分完整），也十分具有结构性（有时甚至是过分有结构性），同时在教学方法、教学资源、教学活动等方面也是丰富且多样的。这在小学低段的课堂上尤为常见。但是这堂课如果从

学生的角度来看，学生的发言相互之间几乎没有关联，学生的每一轮小组讨论其关联性也不强。所以，从学生的角度来看，这堂课相当散乱，几乎毫无结构。对于学生来说，他们的学习活动似乎有三种：老师讲，学生听；老师问，学生答；老师放课件，学生看课件。学生的学习活动相对来说是比较呆板和单调的。

二、解决途径：转向以“学的活动”为基点

新课程要求课堂教学从以“教的活动”为基点，转向以“学的活动”为基点。要突出以学生为中心的教学，从促进学生发展角度出发，努力激发学生学习热情，鼓励学生探究，高效实现目标。在教学中，教师应是一个引导者、方法的建立者，而不是简单的知识传授者。以“学的活动”为基点要在教学内容上这样考量：这篇课文学生需要学什么呢？这才是教学内容。在教学方法的考量上，应该思考学生学习这个内容，怎么学才能学得更好，而不是原来固有的“我就是要这么教”。总之，教师的脑中要时常思考：学生需要学什么？学生怎么学才能学得更好？从学生的角度出发，以学生发展为出发点去进行教学设计就是以“学的活动”为基点的课堂教学。从内容上看就是学生不喜欢的，使他喜欢；学生读不懂的，使他读懂；学生读不好的，使他读好。

优质的阅读教学通常包括三个环节，这三个环节呈阶梯状。举例来说，小学五年级的一篇课文，纳兰性德的《长相思》。课文是：“山一程，水一程，身向榆关那畔行，夜深千帐灯。风一更，雪一更，聒碎乡心梦不成，故园无此声。”小学语文特级教师王崧舟老师的教案设计了三个环节（见图 3.1）：第一个环节，借助注释，读懂词意；第二个环节，展开想象，读出词情；第三个环节，互文印证，读透词心。读懂词意是指学生能够从字面上来理解这首词的意思；读出词情是指学生能够感受到这首词传递的情感；读透词心是指学生能够透彻地体会和理解这首词所传递的意蕴。这三个环节就是这节课的教学点，是从学生学的角度出发来考量教学内容，三个环节成阶梯状，为学生搭建了有效的支架，引导学生在学习过程中不断加深对这首词的理解。阅读教学设计的核心是设计学生的学习活动，通过学习活动设计来达到教学目标。例子中的三个环节“借助注释”“展开想象”“互文印证”就是指学习方式，也是指学习活动。

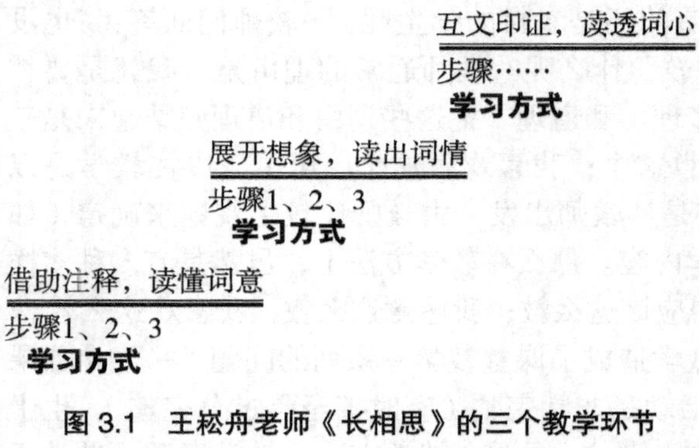

图 3.1 王崧舟老师《长相思》的三个教学环节

三个环节是这样展开的：

1. 借助注释，读懂词意

这个环节有三个步骤。首先，让学生边看正文边看注释，读对生字、读对多音词、读出节奏、读出停顿。“山一程，水一程”中间是停顿和节奏。“身向榆关那畔行”，榆关在哪里？让学生看课本里的注释，借助注释理解这句话的意思。“风一更，雪一更”，这里面有多音字。“聒碎乡心梦不成”，“聒”的意思课本里有注释。这是第一个步骤。然后，老师让学生再读几遍、多读几遍，看看能不能读出这首词的味道来。学生在老师的引导下再去读一读，这就是对这首词初步的理解和感受的过程。这是第二个步骤。接下来，老师和学生一起来讨论：在这首词里面作者身在何方？心在哪儿？学生从词中找到答案。“身向榆关那畔行”，意思是作者在行军打仗的路上。“聒碎乡心梦不成”，意思是作者的心在故园，在故乡。通过这样的讨论，使学生把对词的理解聚焦到“身”和“心”两个关键词，尝试去体会这首词所表达的身和心的冲突，身和心的矛盾，身和心的分离。这是第三个步骤。以上三个步骤构成了第一个环节，学生借助注释达到了“读懂词意”的目的。

2. 展开想象，读出词情

这个环节有三个步骤。首先，老师朗读课文，展示课件，老师边朗读边问学生：看见了什么？学生从词中找到答案，“风一更，雪一更”。学生在老师的引导下展开联想和想象，同时去产生情感的体验。这是第一个步骤。然后，老师让学生描写一段或描述一段家乡的画面。这首词对学生来说是有一定难度的，因为大部分学生没有抛家离别的生活经验。因此，老师转换一个思路让学生描写或描述家乡的画面，学生基于他们生活经验对家乡进行描述，在此过程中让学生把对家和亲人的感受描述出来，当学生带入了对家和亲人的感受就能更好地体会这首词所传递的情感。这是第二个步骤。接下来，老师带着学生一起讨论“碎”这个关键字，让学生深入地去体会这首词的意蕴。这是第三个步骤。

3. 互文印证，读透词心

这个环节是老师给学生提供的支架。“问君何事轻离别，一年能几团圆月？”老师让学生去想象自己的身份：假如自己是作者的妻子、儿女、父母或兄弟姐妹，向作者来提问：为什么要抛家离别呢？然后再让学生想象自己是作者来回答。而作者的回答就在这首词里面：“身”在征途，“心”在故园。老师不断地问，学生不断地答，这样反复地问反复地答或是自问自答，自然而然地就使学生加深了对这首词的理解。

总结起来，这堂课的三个教学环节呈阶梯状，上面是教学点“读懂词意，读出词情，读透词心”，下面是学生的学习活动设计，也是就通过怎么样的学习活动让学生读懂词意，读出词情，读透词心。而每个学习活动的设计都需要从“学的活动”为基点进行考量。通过这个例子，我们可以这样归纳，以“学的活动”为基点的课堂教学从课堂的表现上来看有三个特点：第一个特点，在课堂上安排比较多的时间让学生进行“学的活动”，如阅读课文、理解课文、感受课文，以及学生之间的相互交流和讨论；第二个特点，给学生时间和机会去比较充分地表达和交流他们的学习经验和生活经验；第三个特点，通过这堂课的学习，让每一个学生慢慢地从不理解到理解，从对一篇课文粗浅、笼统的感受到深入、丰富的感受，让每一个学生都能获得共同的学习经验。

对于阅读教学来说，教师需要具备四个核心力：第一个是对课文有准确的教学解读；第二个是教师要从“学的活动”为基点确定教学目标和选择教学方法、内容和资源；第三个是教师要准确把握教学活动、教学资源和教学目标的一致性；第四个是教师在课堂教学中要关注学生的学习状态。这种关注包括：能根据学生的预习状况，判断学生的学习状态，调整教学的起点；能对学生的朗读、诵读进行即时评价，从停连、重音、节奏、语调等方面予以针对性指导；能倾听学生发言，判断其对文本的理解与感受程度，做出适当的应对；能提炼、综合不同学生的观点，引领全体学生加深对文本的理解与感受；能有效组织小组讨论、班级交流，关注学生的参与度并适时介入，引领学生交流与分享阅读学习经验；能根据学生的学习表现，调整教学内容，调配教学时间，调节教学节奏。教师对学生学习状态的关注是阅读教学中的最核心的能力，要求教师在备课中关注学生的学习经验，在教学中关注学生的学习状态，在反思中关注学生的学业样本。以“学的活动”为基点的课堂教学，要求教师在课前、课中和课后都要回归到学生，聚焦学生的学习经验的获得和发展。

三、解决“功能性”问题的基本策略

针对小学写作教学的困境，主要存在两个问题：一是在写作中忽视读者和目的的“功能性”问题；二是缺乏过程指导的“过程性”问题。周子房教授提出了两条策略：一是将写作知识、技能和策略的教学融入有目的、有读者的写作任务之中；二是通过提供写作学习支架加强过程指导，改善学生写作学习的效果。

1. 写作教学中的“功能性”问题

写作的功能性指的是写作中的“为谁”与“为何”。在真实的生活世界里，写作一定具有功能性。与真实的写作截然不同，我们的写作教学，向来忽视读者在写作中的作用、忽视写作活动的交际功能，而专注于文章的制作。这种只问结果，不问动机的写作，已经使写作教学成了一种不涉及实际交往功能的“虚假写作”。尤其是“应试文写作”，这种写作除写给教师、考官看，捞取考分外，几乎没有实际的交流功用和存在的价值。

与这种忽视交际功能的写作教学相配套，供学生在学校学习的文体主要是教学文体，这种文体与真实写作是不挂钩的。潘新和教授认为："在实际应用的写作中，并没有哪一种文体叫作记叙文，只有散文、小说、通讯、传记等；没有说明文，只有解说词、说明书、导游词、调查报告、实验报告等；没有议论文，只有杂文、新闻评论、文学评论、影视评论、学术论文等。就是说，12 年学校语文教育所学的竟然是'伪文体'，是'敲门砖'，走出校门后，学生得重新学习'真文体'写作，重新适应真实写作的需要。""记叙文""说明文""议论文"三大教学文体是由表达方式演变而来的非真实文体。三大文体进入写作课程，一方面是出于误解，认为应用文只需要掌握格式就可以了，不需要专门训练；另一方面是出于对"教学文体"功能的夸大，认为三类文体是一切写作的基础，只要基础打牢了，写其他文章都不成问题。在实际教学中，教的基本上是不需要教、教不了，且影响了文风的散文体。

这种无实际用途、动机、目的、对象的写作，不学习真实文体的写作，是我国写作教学的主要形态。这种写作教学丧失了写作的功能性，学生无法体会写作的意义和价值，这就是写作教学中的"功能性"问题。

2. 解决策略：设计情境要素齐全的写作学习任务

为了有效地解决写作教学中的这一"功能性"问题，我们在进行写作教学设计时，需要将写作知识、技能和策略的教学融入有目的、有读者的类似真实生活的写作情境（功能性写作）之中。任务情境的构成要素主要包括话题、读者、目的、呈现形式、交稿时间与篇幅等几个方面。目前我们写作学习任务设计的普遍问题是情境的关键要素不全，往往只有"话题"，而没有特定的"读者"和"目的"。相比之下，美国写作学习任务的设计是另一番景象。

例如：美国写作教材《作者的选择》中七年级的一个案例。

阐释文写作任务

话题与形式：你正在编写一本有关你所在城市的宣传册。你需要收集关于你所在城市居民类型的相关信息。这些信息包括年龄、种族、习惯、职业和其他足以构成区别的特征。

目的：使参观者和新来的居民获得你所在城市的居民类型的信息。

读者：参观者和新来的居民

篇幅：1~2 页

从上面的例子中可见，设计情境要素齐全的写作学习任务，让学校里学生所学习的写作也成为具有某种真实用途、针对具体的读者对象、达到特定交际目的的"真实"写作。

关于写作情境的类型，有研究概括为“自我表达情境”和“与人交流情境”两类。台湾学者王鼎钧形象地将它们分别比喻为“胎生”和“卵生”。他说：“卵生和胎生的分别是，卵是外来的，由外而内，胎生由内而外。在‘胎生’的比喻里，‘心的伤害’是作品的胚胎，在‘卵生’的比喻里，‘社会使命’是作家要孵的蛋。……我想，每一个中学生都知道‘卵生’是怎么一回事。上作文课的时候，老师在黑板上写下作文的题目，也就是给你一个蛋，要你孵。‘作文指导’之类的书大半是教人怎样孵蛋。有人说作文应该先有文章，后有题目，怎可先出题目教人作文，那是‘胎生’的论调。支持‘命题作文’的人说，先生在出题目的时候替学生想过，在学生的生活经验范围内命题，使学生不愁没有材料。这是希望外来的使命和内在的表现欲望恰好一致。在作家的创作经验中确有这种‘天作之合’。某杂志以养狗为题征文，某作家在接到征文信那天不幸被狗咬了一口，于是下笔万言，文情并茂。不过这类事到底不常有。”

写作论和创作论都明确指出作文要表达“真情实感”，写出自己的内心世界和心灵感受。学生写作与作家创作一样，虽然学生尚未有许多的人生经历或心路历程，但是能写出“真情实感”就能逐渐凝结、孕育出有生命力的东西。下面介绍几个所创设的情境属于“自我表达”类的写作任务。

例如：王崧舟老师“亲情测试”课例中的写作任务。

· 请大家拿出一张最干净的纸，在上面写下这个世界上你最爱的、最割舍不下的5个人。

· 拿起你们的笔，划去一个。划去后等于这个人不存在了。

· 在剩下的4个人中划去一个。

· 在剩下的3个人中划去一个。

· 请你们再做一次痛苦的选择，把剩下的两个人全部划去。

· 详细记录自己的活动过程，并写出自己的感受。

又如：李白坚教授的“做哑剧”。

“做哑剧”设置了一个典型的、激起学生热情从而引发自我表达欲望的情境，这种情境同真实生活中人们在激动时想表达的情境相似。“做哑剧”的游戏活动有一个很好的诱导作用，那就是它的规则是“不许讲话”，而在进行游戏活动的学生往往因为激动而憋不住想讲话。按照李教授的说法，解决矛盾的方法非常简单，就是“在游戏结束之后，发给纸张，让他们把要说的话，尽情地倾吐在自己的文章里”。

再如：课例“我爱我”。

· 请同学们各拿出一张空白纸，在上面签上自己的名字。记住，要像明星一样，字要漂亮，要展示出自己的个性。在这张纸的背面尽可能大的写上“我爱我”三个字，英文也行。

· 挑战的内容是把刚才写的那张纸高高举过头顶，站在讲台上，大声喊三次："我爱我！"详细记录自己的挑战过程，并写出自己的感受。

接下来介绍两个所创设的情境属于"与人交流"类的写作任务：

· 请代课文中的"我"给"妈妈"（或"爸爸"）写一封信，目的是增进我和"妈妈"（或"爸爸"）之间的理解和沟通。（原上海版语文课本第七册第一单元）

· 假如学校要求所有的女生必须留短发，你是一位女生，拥有一头美丽的长发并且很爱自己的头发，那么请你针对这一学校纪律，给有关部门写一封信，表达你的意见和主张。

根据"目的"划分，任务情境的类型又可以分为传递经验类、解释说明类和劝导说服类三种。举例来说：

传递经验类（四年级）

· 学校正准备帮助学生思考一个人的行为可以不同于其他人这一问题，学校报纸正计划刊登这类故事：帮助某人的时候或被某人帮助的时候。

· 为学校的报纸写一则故事：当你帮助别人时或当别人帮助你时。你的故事一定要包括细节，这样你就可以将你的经验传递给你的读者。

解释说明类（四年级）

· 想象你的老师选择你去帮助一个即将来你校就读的新生。为了迎接他（她）的到来，老师要求你给他（她）写一封信说明学校的状况，这样一来，他（她）就知道来学校的第一天该期待什么。

· 写一封信给你未来的同学说明学校的状况。你的信中一定要包括细节和例子，这将帮助他（她）了解学校。

劝导说服类（四年级）

· 老师向你和同学们征求意见：如何才能让同学们更好地意识到健康食物的重要性。有的学生建议设置"健康午餐"日或课外烹饪课。

· 请你写一封信给老师，让他（她）接受你的观点，使同学们更多地意识到健康食物的重要性。你可以选择第一段提示的建议，也可以提出你自己的观点。在你的信中一定要写出原因和实例来劝说你的老师。

3. 任务情境设计的基本路径

"利用"真实情境。真实的写作任务情境一般不是人为创设的，而是"发现"和"利用"现实生活中"现成"的活动。"利用"真实情境能使写作回归其运用的实际情境。对中小学生而言，他们在生活和学习中面临许多可以转化为写作学习契机的问题与任务。如一位教师"利用"学校健康节中学生参与的"信任座椅"游戏活动，就设计了几种情境类型的写作任务。

·"信任座椅"游戏的玩法与注意事项。（解释说明）

· 我参加“信任座椅”游戏。（传递经验）

· 班主任应不应该让游戏这样结束？（劝导说服）

“设计”拟真情境。“设计”拟真情境是指在学校课堂环境中对真实生活的“日常文化实践”本质进行再现。这里包括选择适当的作者角色，创设真实的事件、读者、写作目的、体式要求，诱发真实的写作动机等问题。如一位教师在上海世博会期间选择“‘设计’拟真情境”而设计了这样两个写作任务：

任务一，假如你是一名世博义务宣传员，需要遵照市政府的“穿睡衣睡裤不能上街”的倡议，写一篇劝说性的文章。如何写？

任务二，假如你是一个赞成穿睡衣上街的普通市民，你想就市政府的命令，写一封表达不同意见的抗辩信。你将如何写？

在教学实践中，要解决“功能性”问题，我们还要区分两个概念——“写作任务”和“教学内容”。布置学生写一篇题为“成长的故事”的作文，这里的《成长的故事》是“写作任务”；为了帮助学生完成这个写作任务，老师要教给学生一些写作知识、策略或方法，这里的写作知识、策略和方法才是“教学内容”。也就是说，教师是引导学生在完成写作任务的过程中学到某些知识、掌握某种方法的。这里的“写作任务”并非写作教学的主要指向，写作教学的主要指向在于：通过这个写作任务的完成掌握某种写作知识、策略或方法。下面我用两个课例来说明“写作任务”和“教学内容”的关系。

例如：童话故事写作（中年级）。

· 情境与任务

你喜欢哪些卡通人物？瞧，齐天大圣孙悟空，脚踩风火轮的哪吒，勇敢、团结的葫芦娃，机灵、调皮的米老鼠，聪明、勇敢而又帅气的名侦探柯南，还有可爱、顽强的“神奇宝贝”们……这些卡通人物为我们带来了许许多多的故事：有的惊险刺激，有的幽默滑稽，有的让我们增长了不少知识，有的让我们懂得了不少道理。

元旦快到了，学校将举办童话故事创作比赛。请你展开想象的翅膀，挑选出一两位卡通人物，重新编个故事参加比赛。你也可以自己设计一个卡通人物，起个好听的名字，让其走进你编的故事里。我们期待你能写出一篇不少于400字的吸引读者的故事。[①]

· 内容要点

运用故事构思图表，完成一个有简单情节的童话故事的写作。

再如：运用类比结构写人（高年级）。

---

① 根据原苏教版四年级语文课本习作六设计。

·情境与任务

母亲节快要到了，班级将举办“A级妈妈”评选活动，请每一位同学都用手中的笔向我们推荐一下你的妈妈。作文上交后，将以不记名方式投票，得票最多的前10位妈妈将被评选为“A级妈妈”，文章的作者将获得由班级提供的精美礼品一份。

你的妈妈是这个世界上最棒的妈妈吗？请你务必写出妈妈的个性来，这样才能够引起读者的共鸣。字数不少于600字。

为了帮助同学们顺利地完成写作任务，我们将学习多种写人的结构和方法。这一次我们将学习运用“类比结构”写人。

·内容要点

运用类比结构写人。

四、解决“过程性”问题的基本策略

1. 写作教学中的“过程性”问题

目前，我国中小学的写作教学的基本过程一般是：在写之前，教师或指导学生审题，或提写作要求，或使学生进入写作的情景，解决“写什么”的问题；在写之后，教师讲评作文，展示好作文，批评有问题的作文，解决“写得怎么样”的问题。在写作过程中，教师如何指导学生写，即指导学生“怎么写”这一环节基本上不存在了。顾黄初先生曾痛称：“过去我们的作文教学，成绩不能令人满意。原因在哪里？有人说是指导不得法，有人说是命题不恰当，也有人说是批改不起作用，如此等等，大家都能言之有理，持之有故。但是在这众多的原因里头，什么是最根本的原因呢？我想，最根本的原因恐怕就在于：教学的程序与文章产生的自然程序严重不一致。”也就是说，我们先前乃至现在的写作教学，大多从事着“半截子训练”，缺乏一个与文章产生的自然程序相一致的日常作文训练过程。

导致这一现状产生的原因是十分复杂的。通过调查，我们发现主要有四种原因：一是缺乏对学生的写作学习进行过程指导的教材体系；二是教师缺乏相关的教学设计的知识和经验，不知如何设计和实施过程教学；三是分配给写作的教学时间无法满足过程指导的要求；四是受写作测试考试的牵连，写作教学的形式与写作测试的形式趋同。例如，对写作测试来说，“修改不属于作文测评的范围，因为作文考试不存在这一环节”，写作教学也趋同于写作测试，而无须修改环节了。学生的作文几乎都是一稿“定音”，不重视修改，也没有时间去修改，或者只将修改当作校订，即在写完之后迅速看一遍，改改病句，改改错别字。

要彻底改变这一现状，就目前来讲，重点应放在教学设计方面，因为即使学校能保证写作教学的时间，教师能区别对待写作教学与写作测试，还需要有相应的教学设计来保证写作教学过程的实施。特别是面对写作教材的不足，更需要通过比较专业的教学设计来开发配套的教学资源。为了有效地解决写作教学中的这一“过程性”问题，我们在进行写作教学设计时需要通过提供写作学习支架加强过程指导，改善学生写作学习的效果。

2. 解决策略：利用学习支架支持学生的学习过程

写作学习的内在矛盾，一言以蔽之，就是学生的现有经验水平与“这一次写作”所面临的写作动机、生活经验和表达经验之间的落差。因此，在学生写作学习的过程中，提供写作学习支架具有特殊的重要性。具体而言，在写作学习中学习支架可以产生以下作用。第一，保证学生在不能独立完成写作任务时获得成功，帮助学生超越先前的能力水平，认识到潜在的发展空间。第二，使得写作学习情境能够以保留了复杂性和真实性的形态被展示、被体验。离开了学习支架，一味强调真实情境的写作学习是不现实和低效的。第三，让学习者经历那些更有写作经验的学生或教师所经历的思维过程，有助于他们对写作中隐性知识的体悟与理解。通过学习支架，学生可以“模仿”“体验”“实践”“内化”支架所蕴含的写作思维策略与问题解决方法，获得写作能力的增长。第四，对学生日后的独立写作学习起到潜移默化的引导作用，引导他们在必要时，通过各种途径寻找或构建支架来支持自己的写作。

写作学习支架的分类标准大致有两种，一种是表现形式，另一种是功能。学习支架根据表现形式可以分为范例、提示、建议、向导、图表和解释等类型；依据功能标准可以分为程序支架、概念支架、策略支架与元认知支架等四种类型。这里我们讨论写作学习支架类型时主要采用功能分类标准，同时兼顾表现形式。

程序支架主要为写作学习者引导学习道路，是学生围绕既定写作任务展开各种活动的行动指南。概念支架的主要功能在于帮助学生识别关键概念，抑或形成明晰的概念组织结构。关于写作学习中的概念知识，我们现在往往有“谈虎色变”的感觉，因为这些概念知识曾经困扰过我们很长一段时间。概念知识之所以给我们带来了诸多问题有多种原因，例如：有些概念的学习是不必要的或不适宜的，但最根本的原因恐怕是我们将它们视为写作学习的目的，而不是中介工具。作为写作学习的工具，在写作教学中出现一些概念是必要的、有价值的。

3. 写作学习支架设计的基本路径

围绕过程经验设计：在过程写作的不同阶段，要求学习者关注的焦点不同。在预写阶段主要关注思想、组织和口吻；在起草阶段则要同时关注思想、组织、口吻和词汇选择等；在修改阶段要关注的是思想、组织、口吻、词汇选择和句子的流畅性；在编辑 / 校订阶段则聚焦于写作常规（拼写、标点和语法）。为了对写作的全过程给予切实的支持，要为不同的阶段设计具有针对性的支架和支架组合。

围绕文体经验设计：为了帮助学生获得相应的文体经验，我们需要设计相应的支架，帮助学生在写作过程展开前掌握特定的文体特征。因为其目的主要在于帮助学生形成相应的文体概念，因此这些支架主要是概念支架。

例如：《童话小作家》要求学生先打印下面的童话主题表，接着访问一些指定的童话网站，选择阅读八篇童话，然后填写该童话主题表。

童话主题表

姓名：　　　　　　　日期：

注释：如果该童话包含这个主题就打“√”，如果没有就打“×”。

主题类别	①	②	③	④	⑤	⑥	⑦	⑧
美女与野兽								
灰姑娘								
宝莲灯								
杰克与豌豆								
皇帝的新衣								
企鹅								
青蛙王子								
豌豆公主								
侏儒怪								
睡美人								
白雪公主								
三打白骨精								
哈利·波特								

注：①一个嫉妒另一个的美丽或善良　　②角色经历了考验

③人物得到了神仙的帮助　　④诚实和聪明得到奖励

⑤愚蠢和邪恶得到处罚　　⑥人物变好了

⑦角色与皇室结婚　　⑧人物从此过上了幸福生活

这是一种图表形式的概念支架，旨在帮助学生通过这种比较矩阵，归纳出关于童话故事的主题特点与构成要素。

围绕功能意识设计：培养学生写作的功能意识，理想的做法是将它们落实到相关文体内容和相关过程内容之中。与此相对应，支持学生写作功能意识养成的支架也要结合文体和过程两个维度，特别是结合过程维度来设计。

在写作教学设计中，我们需要将支架的功能分类所体现的思维路径与三种支架设计的基本路径结合起来，构建支持写作学习全过程的支架系统。下面介绍前面提到的《童话故事写作》和《运用类比结构写人》两个课例中的主要学习支架，以便比较全面地体会如何在具体教学设计中综合运用上述写作学习支架的设计路径。

例如：《童话故事写作》中的主要学习支架。

◎构思与交流

故事构思图表：

（1）题目：
（2）背景（时间、地点、自然环境等）：
（3）人物：
（4）遇到的障碍（问题）：
（5）解决方法：
（6）事件：
（7）故事结局

构思提示一：读者喜欢读什么样的故事？

·你的主人公最好是自己设计的。

·他可以是一个人，可以是动物，可以是植物，也可以是一个物体。作为你故事的主人公，他会说话、会思考、有感情……既符合“人”的性格，又带有他自身的特点。例如：想当歌星的西红柿、任性的小毛驴、爱美的白云……

·只有你的主人公与众不同，你的故事才夺人眼球。

构思提示二：读者愿不愿意读你写的故事？

·你故事里的主人公是谁？

·他有什么特点？

·他想要做一件什么事？遇到了什么障碍或问题？又是怎样解决的？

构思提示三：请再认真看看构思图表，填写故事发生的时间、地点，以及故事发生的情节。若格子不够，可以在下面添加。

·在构思时要考虑：读者喜欢读什么样的故事。

·故事情节要有波折，如果主人公的经历平淡了，读者就不喜欢读了。

·填写时可以用简单的词语或是句子。

◎讨论与交流

·请大家看看，你最想读谁的故事。说说为什么？

·这个同学故事里的主人公是谁？主人公在实现自己的愿望时遇到了什么困难？在实现愿望或是克服困难的过程中，发生了什么故事？

◎起草阶段

·拟一个与众不同的题目。

·故事的开头要简洁。

·写作时为了突出主人公的性格特点，写好人物的神态、动作、表情等。

·写作过程中多分段，层次会更清晰。

·结尾要写得精彩。

◎评价与修改

·故事的题目夺人眼球。(10分)

·人物特点很突出。(30分)

·故事情节完整，情节生动。(30分)

·开头与结尾简洁。(20分)

·语句通顺流畅。(10分)

◎校对清单

·读全文，一字一句校对全文。

·书写格式符合要求。

·文中的错别字已改正确。

·标点符号正确。

·修改时插入的标记清楚。

再如:《运用类比结构写人》中的主要学习支架。

◎构思阶段

·妈妈有哪些特点？这些特点和哪种事物很相似？

·请把妈妈的特点和“喻体”的特点对照写出来，并举出相应的事例。

构思图表:

结尾					
开头					
主体	类比点	一	二	三	写法
	人物：妈妈				
	事物				
	事例				
	备注				多处用比喻句

◎**起草阶段**

· 抓住类比点，逐个写出。

· 写开头与结尾时运用比喻，并相互呼应。

· 妈妈的特点与类比事物的特点一一对应来写。

· 所举的事例叙述时要简洁。

· 段落层次清晰。

◎**评改阶段**

· 运用类比结构写出了妈妈的个性。（30 分）

· 类比的事物的特点与妈妈的特点一一对应。（20 分）

· 用类比的事物比喻妈妈的句子贯穿全文。（20 分）

· 开头与结尾相呼应。（10 分）

· 文章层次清晰。（10 分）

· 语句通顺流畅。（10 分）

◎**校对阶段**

· 默读作文两次以上了吗？

· 作文格式对吗？

· 不通句子都修改了吗？

· 错别字查字典解决了吗？

· 标点都用对了吗？

总之，“功能性写作”致力于写作教学的改善。针对“功能性”问题的解决要将写作教学中一些知识的教学、技能的教学、策略的教学融入真实的写作情境中。针对“过程性”问题的解决要为学生写作过程的不同阶段提供相应的支架，且针对不同的文体提供不同的支架，从而充分发挥不同类型支架的各自优势，协同支持学生展开写作学习的全过程。

五、儿童阅读的七种方法

从“亲子阅读到个体阅读”“‘听赏’阅读到‘欣赏’阅读”“具象阅读到抽象阅读”“情节阅读到性格阅读”“类型阅读到典型阅读”“被动性阅读到主动性阅读”，以及从“单一的文学阅读到多元阅读”，是从纵的向度考察儿童阅读发展规律的一种视角。教师作为儿童阅读引路人，应该关注对于“谁在读”“读什么”“如何读”的思考和探讨。

1. 阅读的关键问题

谁在读，即阅读的主体是谁。是幼儿园小朋友吗？是小学生吗？是中学生吗？小学还有中年级、高年级、低年级之分。作为教师，要按照不同的阅读对象，根据年龄层次的不同、社会化程度的不同、读者发散思维的不同，提供给他们适宜的读物，从而培养他们的兴趣。

读什么，即阅读的内容是什么。教师作为阅读的推广人、引路人，要针对不同年龄段的孩子，提供给他们最适合他们阅读的读本，也就是要解决阅读的根本性问题——“适读”。我们要尽可能地把最适宜学生阅读的书提供给他。

如何读，即阅读的方法问题。针对不同年龄段的孩子，应当有不同的阅读方法。在儿童文学界有许多行之有效的阅读方法，如亲子阅读、图画书阅读、整本书的阅读、班级阅读、分级阅读、特色阅读，等等。阅读的方法问题是我们阅读活动中的一个核心环节。

谁引导孩子读，即阅读的引路人、导师是谁。在学校教育中，教师显然是阅读的引路人和导师，教师对于阅读的理解、对阅读方法的掌握程度直接关系到学生的阅读能力发展。因此，教师是开展儿童阅读过程中的一个根本保证。

2. 儿童阅读的七大规律

第一个规律，是从亲子阅读到个体阅读。每个孩子最早的阅读都是在父母的陪伴下进行的，因此亲子阅读对孩子起步阶段的阅读非常重要。父母陪伴着孩子一起阅读图画书、童话故事等，这不仅是一种阅读行为，更是一种两代人之间亲情沟通。随着孩子慢慢长大，以后的阅读显然是个体阅读，由他自己独立完成。

第二个规律，是从“听赏”阅读到“欣赏”阅读。听赏是口头的阅读，欣赏是文字的阅读。孩子最初的阅读是由父母或老师读给他们听的，此时的阅读只是一种听赏的阅读。听赏的第一阅读人是父母和教师。作为父母，要尽量花时间陪伴孩子阅读，培养孩子的阅读习惯；作为教师，要认真做好阅读的备课，用带有饱满感情的、生动的语言去表述，使孩子们爱听。随着孩子识字数量的增多，逐步进入欣赏性的阅读阶段，这就是文字的阅读，由他们自己在阅读过程中来理解和感悟读本里面的内容、形象、思想等。

第三个规律，是从具象阅读到抽象阅读。具象阅读是指具体的可感、可见的形象。抽象阅读是指抽象的艺术形象。孩子最初在阅读中所接触的读物、画面等主要是一些具体形象。比如说，关于辣椒这种植物的读本，我们提供给不同年龄段的孩子时是有区别的。

我们给第一阶段的孩子提供具象读本，使他感兴趣且容易理解。有首儿歌叫《辣椒》：“小青树，个儿不高，开白花，结绿刀。绿刀圆又尖，变得红艳艳。馋得蚱蜢咬一口，呀！辣得翻跟斗。”还有一首谜语也是讲辣椒的：“小时绿葱葱，老来红彤彤。剥开皮来看，一堆白虫虫。”上面的儿歌和谜语都用形象的词汇把辣椒外形、颜色、形状、味道描写出来，非常适合幼儿园的小朋友和小学低年级的孩子来阅读。对他们来说，具体形象的东西最容易理解和感知。

我们再看抽象的描写。同样是描写辣椒，一位诗人这样写《晒辣椒》：

太耀眼了！八月
金红金红的红辣椒啊
鲜红的火苗，蹿动的火苗
舔在农家的屋檐下
映红了奶奶的手
映红了院里雪白的鸡娃
乡村晴朗的日子啊
——燃啦
八月，太耀眼了
金红金红的红辣椒啊
婆婆在屋檐下串红花
大嫂在路边晒朝霞
田坎上摘星星的人归来了
每一双眼睛都在笑：红啦
每一阵风都哼着一个字
——辣

这首诗通过诗歌的意象，调动多种艺术手段，甚至用通感的手法描写辣椒，显然是对辣椒抽象的描写。诗中用火苗、红花、朝霞来比喻辣椒的红色，我们仿佛可以从诗中看到那蹿动的火苗，仿佛可以从诗中体味到辣椒的辣。这种抽象的描写显然适合小学中高年级的孩子来阅读。

第四个规律，是从情节阅读到性格阅读。最初的阅读，孩子都是在看故事，把故事讲好是对低年龄段读物所强调的创作要求，如《三个和尚》，围绕着三个和尚挑水的故事展开。到了小学中高年级以后，看故事已不能满足孩子的阅读需要，他们的兴奋点逐步发展到理解和把握艺术形象、人物性格、人物性格的发展。这时就要求文学作品的核心是调动一切艺术手段来充分展现人物性格，且性格描写是符合人物的逻辑发展的，如《皇帝的新装》，其核心是揭露皇帝的狂妄自大、自欺欺人、自以为是的虚伪本质。

第五个规律，是从类型阅读到典型阅读。文学理论上有个术语叫作“扁平的艺术形象”“平面的艺术形象”，意思是只表现人物性格的一面，好人从头到尾都是好人，坏人一坏到底。在儿童文学作品当中，幼儿文学，包括小学低年段的儿童文学作品，大部分是类型化的人物形象。类型化的人物形象，其性格是固定的、预先设计好的、一成不变的，如“灰姑娘”“拇指姑娘”“小精灵”等都属于这种类型。随着孩子阅读的不断深入，阅读和理解能力不断提升，类型化的形象已经不能满足他的阅读需要，他会对典型化的阅读感兴趣。典型阅读中的艺术形象是发展的、立体的人物形象，或叫“圆形”的人物形象，其性格不是一成不变的，而是发展变化的，这种描写称作典型化的描写。在儿童文学当中，成长小说、校园小说有的就属于典型化的描写，如曹文轩创作的长篇小说《草房子》就是一种典型化的描写。下面截取了小说的五段文字，看看主人公秃鹤在不同的年龄阶段的性格变化过程。

秃鹤在读三年级之前，似乎一直不在意他的秃头。这或许是因为他们村也不光就他一个人是秃子，又或许是因为秃鹤还太小，想不起来自己该在意自己是个秃子。秃鹤一直生活得很快活，有人叫他秃鹤，他会很高兴地答应的，仿佛他本来就叫秃鹤，而不叫陆鹤。

幼年时的陆鹤并不在意自己的外形，也没意识到这是生理缺陷。从三年级开始情况发生了变化，这也说明他慢慢长大了。

秃鹤读三年级时，偶然地，好像是在一个早晨，他对自己的秃头在意起来了。秃鹤的头现在碰不得了，谁碰，他就跟谁急眼，就跟谁玩命。人再喊他秃鹤，他就不再答应了，并且，谁也不能再用东西换得一摸。

这段反映了孩子的自我观察，“本我”“主我”开始观察“客我”了。孩子的自我意识开始生成了。三年级之前孩子们互相玩闹和开玩笑，他还让大家摸一摸秃头。但三年级以后，他长大了，开始在意自己的形象。这以后他非常在意自己的形象，每天戴着帽子，即便夏天也不例外。班上同学还搞恶作剧，解开他的帽子，甚至还把这顶帽子放到学校的旗杆顶上使他拿不到。这个时候矛盾发生了，性格也发生了激烈的冲撞。

秃鹤没有再戴那顶帽子。秃鹤与大家的对立情绪日益加深。秃鹤换了念头：我就是个秃子，怎么样？！

这是他自尊心受到严重创伤以后，与同学之间的矛盾和对立情绪开始激化，也把小说情节推向高潮。接下来小说讲述了核心矛盾如何解决。通过老师和同学们的努力，同学们改变了从前对他的嘲弄，变得更加友好和尊重。于是陆鹤的性格逐步有了转变，他与同学之间关系也越来越融洽。小说的高潮在哪里呢？在一次学校的会演中，学校选出一个节目去参加县里的会演，陆鹤自告奋勇演土匪连长，这个角色本身就是秃子，他在里面的表现非常成功。小说里这样描写陆鹤在舞台上的表演：

秃鹤演得一丝不苟。他脚蹬大皮靴，一只脚踩在凳子上，从桌上操起一把茶壶，喝得水直往脖子里乱流，然后脑袋一歪，眼珠子瞪得鼓鼓的：“我杨大秃瓢，走马到盾桥……”

这个节目在县里得到了大奖，陆鹤的成功表演给学校争了光。当大家纷纷赞扬陆鹤并向他祝贺的时候，他却不见了，一个人悄悄地躲在一个地方：

秃鹤用嘴咬住指头，想不让自己哭出声来，但哭声还是克制不住地从喉咙里奔涌而出，几乎变成了号啕大哭。

这是陆鹤的性格转换，原来由于缺陷备受嘲弄的他，用自己的努力赢得了他人的尊重，并在这种关爱下得到了成长。这个小说中描写陆鹤性格的转换就是典型化的艺术形象。小学五、六年级、初中这个阶段阅读应更多地开展典型化的阅读。

第六个规律，是从被动性阅读到主动性阅读。孩子最初的阅读都是被动的，所以老师如何指导孩子阅读，如何为孩子挑选适合他们的图书，如何引导他们进到读物里面的意境、进到艺术形象的世界里去，老师的引路任务显然是第一位的。学校里进行的很多种阅读都是被动阅读，老师在引领孩子进行阅读，老师对一本书的理解和感悟恐怕会影响学生的阅读。逐步地，孩子的阅读从被动阅读转换到主动阅读。主动阅读是一种批评性的阅读，随着学生阅读能力的提升，对作品中的艺术形象、题材内容，甚至表现手法都会其自己的见解和评判。此时老师需要做的是，引导学生读完这个作品，然后动笔写读后感或小评论，从而进一步巩固和深化这种主动阅读的能力和经验。

第七个规律，是从单一的文学阅读进入到多元的阅读。儿童的阅读最初都是从文学阅读切入进去的，文学阅读始终都是阅读中的重要类型。然而，我们应逐步引导儿童从单一的文学阅读进入到多元的阅读。儿童不可以只读儿童文学，而且儿童不可以只读文学，儿童可以读一切他们可以读的书。随着儿童年龄增长，他们的兴趣也会随之发生变化。我们应把有关正能量的人物、历史、科学、科技、科幻、艺术等各类书籍提供给他们，扩大他们的艺术视野，培养他们多元阅读的兴趣。这是阅读当中很重要的过程，也是儿童阅读的必然规律。

作为老师，要努力建构儿童文学的知识体系，掌握儿童文学的文体知识，比如童话、小说等不同的文体都有其不同的艺术手段和创作手法。如何挑选和推荐优秀的儿童文学作品是老师作为阅读引路人的重要任务。此外，老师的阅读应当走到前面，自己要广泛阅读，具备扎实的儿童文学知识系统，有比较充分的、丰富的中外优秀儿童文学作品的阅读实践与经验，这样才能水到渠成、游刃有余地引领孩子们阅读。

六、整本书阅读中的写作活动

综合国内外儿童早期读写研究，儿童读写能力的发展需要经历三个阶段：一是萌发意识——幼儿有兴趣阅读图书并注意环境中的文字；二是初期阶段——幼儿开始了解文字是有意义的，能够辨认熟悉的字并尝试写类似文字的符号；三是文字阅读——儿童开始真正注意阅读中出现的文字，进而逐渐过渡到独立阅读书中的文字，开始探索文字的构造规律。阅读眼动研究发现了儿童从视觉关注图画起始，在增加对于图像关注水平的过程中，逐渐增长对汉语文字的视觉关注水平，并在学前阶段后期逐渐呈现出文字和图画之间的联合注视现象。儿童在成长过程中逐渐增加对图画关键信息的视觉注视范围，出现视觉捕获关键信息的“提速”态势，并且在学前阶段后期出现将文字作为关键信息阅读的眼动现象。这些均表现出儿童作为积极的阅读者在图画书阅读中产生的有效阅读行为，同时反映了儿童在阅读图画书过程中逐步建立起有关汉语的文字意识和初步概念。“整本书阅读的课程化建设”和“写作教学”，是整本书阅读中的写作活动研究的两个背景。讨论整本书阅读中的写作活动，一要明确“阅读”和“写作”是两个相对独立的学习领域，二应区分“语文学习”和“语文活动”两个概念——要在整本书阅读中提高学生的写作能力，就应通过建立学习领域之间的联系，把整本书阅读中的写作活动单独拿出来作为教学内容，给学生提供尽可能多的学习机会和写作的活动。

整本书阅读与写作相互关联的三点建议：第一，以写促读、以读带写——在整本书阅读的课程化建设中给学生提供多样化的写作机会；第二，摆脱单篇教学中“读写结合”的单纯模仿观，以整本书阅读的某种写法给学生的写作提供某种启发，可以模仿的仅仅是读物非常细小的部分；第三，充分利用整本书阅读给学生提供的学习机会和学习资源，让学生学习传统语文教学中很少涉及的一些作文样式。

1. 整本书阅读与写作活动的两个背景

整本书阅读中的写作活动的第一个背景，是整本书阅读的课程化建设。随着基础教育课程改革的深入，越来越多的学校尤其是小学语文课堂出现了整本书阅读。整本书作为语文学习的主要的课程资源发挥越来越大的作用。我们在试点工作中，积极地开展整本书阅读进入语文课堂的实验，也形成了一批优质的课程资源和课例。阅读的文学作品包括《青鸟》《小王子》《鲁滨逊漂流记》《狼王梦》《草房子》《长袜子皮皮》等。通过几年的实验，学生阅读兴趣、阅读能力得到了大幅度提升，整本书阅读正在逐渐走向课程化的建设。

整本书阅读走向课程化建设过程中怎么和写作活动相关联呢？这引出了第二个背景，即：对写作教学的认识。随着研究的深入，我们越来越清晰地认识到，写作教学的核心是真实情境的任务写作与过程指导，这也是目前语文教学研究的共识。

举例来说，如江苏宝应县实验小学周信东老师所上的一堂课。一上课老师问学生：“我们是六年级的学生吗？”学生说：“是。”老师说：“六年级的学生在我们小学就是大哥哥大姐姐，大哥哥大姐姐在学校里应该怎么表现呢？”学生们纷纷说：“要做出表率，要做出榜样，要关心小弟弟小妹妹。”这个过程是让学生明白：我是谁、我作为写作者的身份。老师又说：“现在有一件事需要大家来帮助，我隔壁办公室有一个三年级老师，他收到了一个叫优优的同学的一封日记，里面提到优优遇到了一个困难，她很害怕。现在怎么办呢？”同学们说：“帮助她。”“怎么帮助呢？”“写信啊！”接着，老师又启发道：“除了给优优写信之外还可以给谁写信呢？”同学们纷纷说：“可以给她的爸爸妈妈写信，可以给她的老师写信。”

上面的例子是我们讲的真实情境的写作任务。写作涉及两个方面，一是我作为写作者，二是我写给谁，然后再考虑写什么话题，以及写的目的。上例中，老师在备课时已预想到，学生在写作时会出现各种问题和困难，需要及时给学生们提供指导。所以，当学生写了五六分钟后，老师请班上写的比较长的学生来分享他们所写的那个片段。有个女同学是这样写的："你这个小朋友啊！胆子太小了，你不应该胆子这么小，你应该胆子大一点。我们这个社会是很安全的，我们这个社会是很安定的。"于是老师说道："大家看，这封信是站在外围去教育她应该怎么样、不应该怎么样。假如优优同学收到这封信，对她改变目前的心态有帮助吗？"老师的提问使学生陷入了沉思。同学们也意识到，说教和大道理似乎对优优没什么帮助。这就是我们所说的学生完成写作任务时碰到了各种问题和困难。接着，老师进入下一环节，拿出一封已经写好的信，这封信有个明显的特点，就是没有说教，而是描写自己的经验和优优分享，尝试着让她自己思考这件事的正确的处理办法。同学们看到范例后明白了，原来劝解别人应该设身处地，用自己的经验说话更容易产生共鸣，从而学会了如何来写劝解的信。接下来，老师让学生修改自己的作文。所谓修改就是在原有基础上去改善、去改变。对很多学生来说，修改是重写，很多同学进入了新一轮的写作练习。过了十几分钟后，老师请四五位同学来分享他们的写作片段，从这些分享的片段中可以明显地感受到学生把自己放了进去，有一个学生的署名是"你的内心的另外一个自己"，很显然学生是站在优优的角度来考量这件事，来讲述自己的经验。

这堂课是真实情境的写作任务，并在完成写作任务过程中老师提供了过程性指导，写作教学应该采用这样的方式来教学。

2. 如何认识阅读和写作活动

"读写结合"是以往阅读和写作教学中的一个术语。"读写结合"在以往的单篇教学的条件下比较受局限，通常老师们是把它作为一个模仿来处理，让学生学习和联系课文中的某种写法和表达方式，同时让学生以后在作文当中能够运用这种写法和表达方式。这种对阅读和写作的认识目前看是比较偏狭的，是对读写结合一种比较机械的认识。在整本书阅读的条件下，要从以下两个方面来认识整本书阅读和写作活动的关联。

首先，阅读和写作是两个学习领域。第一，阅读、写作，乃至口语交际，都是相对独立的学习领域。在阅读这个学习领域主要是培养学生的阅读能力，在写作这个学习领域主要是培养学生的写作能力，在口语交际这个学习领域主要是培养学生的口语交际能力。王荣生教授认为写作教学能力的标准包括四条：具有写作知识和写作经验，这是进行写作教学的前提条件；给学生提供多种写作机会；写作学习活动设计与过程指导；习作的修改与评价。我们知道，任何学习包括两个要点。第一，要有尽可能多的学习机会。整本书阅读的介入，其实是给学生提供了更多的阅读机会，提供了更多的、优质的阅读资源。写作也是这样。写作的一条路径是尽可能多地给学生提供写作机会。深圳南山实验学校的王剑宜老师在上小学低段学生的科学课时，让学生进行很多写作的活动，为学生提供比较丰富的写作机会。深圳南山实验学校的周美英老师让学生写跨学科作文，结合体育课、音乐课等让学生写各种各样的语篇，这也是我们讲的给学生提供尽可能多的写作机会。第二，真实情境的任务写作和过程指导。真实情境的任务写作是让学生在写的过程中、在完成任务的过程中，去学习某种他们可能需要学习，以往所缺失、缺乏的某种写法、某种写作的本领。所以，在我们讨论整本书阅读和写作的关联时，一方面要认识到阅读、写作、口语交际是不同的学习领域，另一方面要充分地利用阅读、口语交际乃至语文综合性学习等，给学生增加更多的写作机会，从而建立学习领域之间的联系。

其次，区别“语文活动”与“语文学习”。要认识整本书阅读和写作活动的关联，就务必要区分“语文活动”和“语文学习”两个概念。以口语交际为例，在阅读教学中，学生有发言、有讨论，但是在阅读教学中学生的发言和讨论通常都是口语交际的活动。在这些活动中，有些学生可能会意识到自己应该这样发言，可能会意识到原来讨论应该这样进行。但是，这种“意识到”“学习的可能的发生”是随机的，不是我们课堂教学的主体的部分。如果是要培养学生发言和讨论的能力，就要把它单独拿出来作为教学的内容，聚焦到发言、讨论的某些要素。比如说，让学生学习讨论需要提醒学生聚焦主题，讨论要对别人的发言做出必要的回应，讨论要在坚持自己想法的基础上不断地去丰富和发展自己的一些想法。语文学习当然是在语文活动中进行的，写作能力的发展当然也应该是在写作活动中进行。然而写作活动不能代替学习，写作活动本身还不是学习。如果要在整本书阅读活动中培养学生的写作能力，就需要把它单独拿出来作为教学内容。

3. 整本书阅读与写作关联的三点建议

整本书阅读和单篇教学具有很大差别，整本书阅读和写作关联，需要做到以下三点：

第一，整本书阅读给学生提供了前所未有的写作机会，教师要在整本书阅读中尽可能让学生动笔写，让学生用写的方式来促进阅读，从而“以写促读、以读带写”。要增加学生写作的机会，而不是每个学期老师布置几篇作文，学生写几篇作文，这种写作量是不够的。老师都知道多读、多写是提高学生写作、阅读能力的最好的办法和途径，但是在单篇课文的教学条件下，语文课堂教学中始终没有好的办法。而整本书阅读的课程化建设能为学生提供多样化的写作机会，这是破解这一语文学科教学难题的有效途径。

第二，在整本书阅读和写作关联的问题上，要逐渐摆脱单篇课文教学中读写结合那种单纯的模仿观。因为整本书阅读所选取的优秀儿童文学作品，往往体现了作家高水平的写作能力，学生单是从模仿的角度来说是有困难的。所以整本书阅读的某种写法及其给学生的写作提供的某种启发不宜让学生直接去模仿，如果要模仿，建议模仿非常细小的部分。比如，对话怎么来表现，这处景色和这个活动怎么用语句关联。模仿从非常小的部分入手，而不宜从写作方式等大的方面去入手，特别是不宜从写作技巧上让学生去模仿。

第三，要充分地利用整本书阅读给学生提供的学习机会。这不仅是以读带写、以写促读，而且还可以利用整本书阅读让学生学习过去他们在传统的语文教学和作文教学中很少写、写不了、写不好的作文样式。比如，让学生写一本书的摘要、写一本书的广告词、写一本书的简介等。利用整本书阅读这个资源让学生更自主地学习，把写作放到真实情境的任务中。比如，读了一本书，学生如何向其他同学来介绍这本书。学生要写这本书的简介势必需要有超越他们原有能力的学习和理解，同时学生还应思考向不同的读者介绍这本书应该选取哪些要点。如何来组织这些内容以及如何用语言来表达呢？教师需要在学生完成写作任务过程中提供适当的帮助，也就是为学生提供必要的学习支架。经过这样的以读带写和以写促读，学生的阅读和写作能力会有很大的提升。

第四章

信息技术环境下小学语文新课程形态的教学案例

第一节　识字与写字

儿童入学后，直接认读汉字，延后学习汉语拼音。在教学中，一方面，通过阅读中大量识字、大量识字中阅读，儿童在“全语言”环境中大密度地与文字符号碰面，使文字符号成为儿童的生活和自然环境中的一部分——不断扩展他们面对文字符号时的模糊的“熟悉感”和“似曾相识”的经验，启动、强化儿童与生俱来的“范畴化”和分类能力。另一方面，通过生活识字、游戏识字、快乐识字、儿歌识字、绘本识字等教学活动，呈现汉字知识、构字规律，帮助儿童快速识字、成批识字，尽早形成独立识字的能力，进入自主的阅读学习。

促进信息技术与课程的深度融合，使之成为学生识字、“打写”的工具和平台，促进学生在“用字”中识字习字、学习书面语言。大量识字过程中识字与写字不要求同步。通过不断阅读、“打写”与生字“见面”，为写字积累丰富的知识。待这些生字进入课程计划必写的范围后，再加以正确的指导和训练，从而使学生获得规范的书写知识和技能。

案例 1：去动物园（一年级）

一、导读

本课由淄博市高新区华侨城小学杨会老师设计。首先让学生自读课文圈画生字，再由老师和小老师分别教读，“听”会以后自己再读，几遍下来学生获得了生字的一个“朦朦胧胧的字貌”，达到基本会认。接着把生字提取出来，借助多媒体课件和字卡单独呈现，让孩子们借助直觉经验感受字的结构特征。对于学生普遍感到难认的字，借助小老师教读和游戏活动等方法来解决。

课中游戏设计应明确所需要解决的问题："读字卡、摆长龙"是起到生字自检作用；"放鞭炮"是聚集难字，让难字不断复现，以强化识记；"小交警"活动中一组学生当交警，一组学生"开火车"读，既关注了学习过程，又注重了学习评价，在游戏的愉悦中进行面向全体学生的学习检测。

一年级初入学的孩子活泼好动，注意力持续时间短。教学内容与"小口令"结合的环节推进，体现了教师主导的"结构式"课堂的必要性。"小手指，来跳舞""小老师，在哪里？小老师，在这里""小小接力棒，一棒接一棒"等，对于培养学生良好的学习习惯，提高教学效率起着重要作用。

二、教学设计概念图

教学目标：识记24个生字，读通课文。

学情分析：学生入学月余，学习兴趣、方法和习惯需着力培养。

随文识字，整体感受"朦胧字貌"

1.自主读文，勾画生字
2.教师范读，听读识字
3.小组读文，听读再认

游戏识字、反复会面，渗透字理

1.叫号识字，同伴互助
2.小老师教读，反复识记
3.字卡分类，听音辨字
4.启迪发现，渗透知识
5.鞭炮游戏，复现难字
6.交警把关，生字自检

送字回"家"，规范诵读，强化再认

1.送字回家，学生试读
2.教师引读，渗透方法
3.学生再读，读识互促

三、教学过程

1. 谈话导入，激发兴趣

师：同学们，喜欢小动物吗？

生齐答：喜欢。

师：告诉老师你喜欢什么小动物？

生 1：我喜欢梅花鹿。

生 2：我喜欢大老虎。

生 3：我喜欢蛇。

师：是啊，同学们有那么多喜欢的小动物，今天老师就带着大家去动物园，再来看看这些小动物。

2. 随文识字，整体感受"朦胧字貌"

师：小手指。

生齐答：来跳舞。

师：认真倾听，尤其要听会你不认识的字。

（师范读课文）

师：谁一个字也没圈？像老师这样当小老师来读。

（指名生 1 读）

师：刚才我发现田欣颖认真倾听，把听会的字悄悄擦掉了符号，很会学习。

师：谁再来当小老师读。

（指名生 2 读）

3. 游戏识字，反复“会面”，引导发现字理

屏显生字表

师：你瞧，调皮的生字宝宝从课文中溜出来了，还会读吗？自己试试，不认识的一会儿叫号请教。

（生自由认读）

师：谁有不认识的，叫号请教？

生 1：请同学们教我 12 号字，12 号、12 号念什么？

生齐答：12 号、12 号，孔、孔、孔。

生 2：请同学们教我 11 号字，11 号、11 号念什么？

生齐答：11 号、11 号，丽、丽、丽。

……

师：还有不认识的？不要紧，请小老师上来教一教。

师：小老师在哪里？

生齐答：小老师在这里！

（指名生 1 大字卡教读）

生：星、星，星星的星。

生齐：星、星，星星的星。

生：期、期，星期天的期。

生齐：期、期，星期天的期。

生：演、演，表演的演。

生齐：错，我教你，表、表，表演的表。

师：小小接力棒。

生齐：一棒接一棒。

（指名生 2 大字卡教读）

生：演、演，表演的演。

生齐：演、演，表演的演。

生：喜、喜，喜欢的喜。

生齐：喜、喜，喜欢的喜。

……

（指名生边教，教师边将字卡贴上黑板）

师：现在请同学们拿出字卡。

生齐：摆长龙，看谁摆得快又对！

师：认识的摆绿灯区，不认识的摆红灯区。

（生边摆字卡，边认读）

师：红灯区的字，向你的同桌请教一下。

（同桌互相教）

师：听口令。

生齐：找朋友。

师：找个同学到上面找，谁来？

（指名上台把相应的字卡从黑板上取下来）

师：其他同学，听口令找朋友。

（生齐举对应的小字卡）

师：请同学们找期，期、期，星期天的期。

生齐：找到了。期、期，星期天的期。

师：请同学们找趣，趣、趣，有趣的趣。

生齐：找到了。趣、趣，有趣的趣。

……

师：请同学们找一对好朋友：表演。

生齐：找到了！表演。

……

师：请同学们看黑板，剩下的几个字，你有什么发现？

生：偏旁都一样。

师：这个偏旁叫反犬旁，反犬旁的字都跟小动物有关，继续把它们找出来。从你的字卡中找，狐、狐，狐狸的狐。

生齐：找到了！狐、狐，狐狸的狐。

师：找，猴、猴，猴子的猴。

生齐：找到了！猴、猴，猴子的猴。

……

师：请同学们快速收字卡。我们收字卡，放鞭炮。

生齐：收字卡，放鞭炮。

师：谁来抽“炮”？

生：我来抽“炮”。

生齐：新年到，放鞭炮，放的什么炮？

师：“炮”是什么？

［指名生 1 上台抽“炮”（字卡）］
生：“炮”是象，象、象，大象的象。
生齐：新年到，放鞭炮，放的什么炮?
生：欢、欢，喜欢的欢。
生齐：噼里啪啦，过！
生齐：新年到，放鞭炮，放的什么炮?
生：象、象，大象的象。
生齐：砰！
师：再来一轮！
师：谁来抽“炮”？
生齐：我来抽“炮”。
［指名生 2 上台抽“炮”（字卡）］
生 2：“炮”是猴，猴、猴，猴子的猴。
生齐：新年到，放鞭炮，放的什么“炮”？
生：园、园，动物园的园。
生齐：噼里啪啦，过！
……
（教师示字卡，学生放“炮”）
师：小交警。
生齐：来上岗！
师：一、三组交警，二组来读。
（第二组“开火车”读）
生 1：喜、喜，欢喜的喜。
生齐：过！
生 2：凶、凶，凶猛的凶。
生齐：过！
……
师：小交警。
生齐：来上岗！
师：一、二组交警，三组来读。
（第三组“开火车”读）
……

4. 送字回“家”，规范朗读，促进再认

师：生字宝宝玩累了，它们要回家去了，回到家后相信你能把课文读得更流利。

（生自由读）

师：谁愿意读？

（指名读）

师：你读得真流利。

师：老师也想来读读，可以吗？

生齐：可以！

师：但你要听听老师和他读的有什么不一样？

（师范读句）

生1：有节奏。

生2：不拖音。

生3：很流利。

师：想知道老师怎么读得这样吗？老师边读边想象着动物园里小动物的样子，这美丽的孔雀，顽皮的猴子，凶猛的老虎，就被老师读好了。你也这样，边想象着边读读。

（学生读句）

师：谁来试试？

（指名生1读）

师：你看，把它带到这句话中再试着读读。

（指名生2读）

师：你把这个长句子读好了，再来读读这一段，你会读得有滋有味。

师：同学们这节课的收获多大啊，既认会了那么多的生字，还读好了课文。这节课就上到这儿，下课！

案例2：童年的朋友（一、二年级）

一、导读

本课由深圳南山实验教育集团鼎太小学王剑宜老师设计。学生经过近一年学习，大部分识字超过1 500个，阅读量是课程标准要求的十多倍，具有小组合作学习的经历，能够较熟练地运用智能平板电脑打写，掌握多种学习软件的使用方法。本节课教学内容的选择和环节的组织，旨在密切勾连识、读、写的学习，促进学生在“用”中识字学词，在对汉字语汇整体感受、意义理解的基础上，尽早形成相应的读写能力。《童年的朋友》一课分为四个教学环节：①自主学习，随文识字。通过自读、听读、合作读，发现难字，依靠小组互助，先解决读音问题，使学生读得下去。②教师引领，巧记难字。在借助语境识读没有障碍的前提下，充分发挥小老师的作用，引导学生聚焦解决难字，鼓励巧用识字方法解决字形记忆。③探究规律，游戏巩固。运用多种策略将生字识记从字音、字形向结构规律和字义上延伸，创设情境引导学生理解字词含义，拓展与之关联的多重信息，丰富学生的相关知识。④提供“写”的机会，联结识、读与写。回到文本重点句段，细体会、模仿写，促进学生在用语言中学习语言。作为低年级识字阶段教学的重要方面，本节课在内容与环节的组织上，刻意凸显了由教师的主导逐渐转到学生自主、合作学习的细节管理过程。

二、教学设计概念图

教学目标：促进整体感受，增强意义理解，培养语用能力。

学情分析：识字2 000个左右，掌握多种方法，经历小组合作，打写趋近熟练。

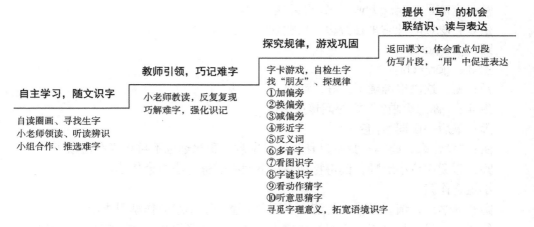

自主学习，随文识字

自读圈画、寻找生字
小老师领读、听读辨识
小组合作、推选难字

教师引领，巧记难字

小老师教读，反复复现
巧解难字，强化识记

探究规律，游戏巩固

字卡游戏，自检生字
找“朋友”、探规律
①加偏旁
②换偏旁
③减偏旁
④形近字
⑤反义词
⑥多音字
⑦看图识字
⑧字谜识字
⑨看动作猜字
⑩听意思猜字
寻觅字理意义，拓宽语境识字

提供“写”的机会
联结识、读与表达

返回课文，体会重点句段
仿写片段，“用”中促进表达

三、教学过程

1. 自主学习，随文识字

自读课文，圈生字

师：一起来读读故事吧！请小朋友们打开书。

师：请小朋友们自主读课文，圈生字，开始吧！

（生自读文，圈生字）

小老师领读，听准字音

师：刚才，王老师看到，有的小朋友一个字都没有圈，有的小朋友圈出了自己不认识的字。下面，我请小老师来领读课文，请大家认真听准字音，特别是圈出的字的读音。小老师，在哪里？

生齐：小老师，在这里！

师：王老师的智慧之手出发啦！我走到你旁边，抚摸了你的头顶，就请你来领读；我轻轻地拍了你的肩膀，就说明你倾听得特别认真。好，题目我来读。开始啦！《童年的朋友》。

（指名4位学生轮读）

生1：6岁的时候……

生2：小熊坐在我的面前……

生3：我瞧了它一会儿……为了它，把心献出来我都舍得……

师：刚才那一段听出问题了吗？

生：本来他读的是“把心献出来我都舍得”，可课文里面是“把命献出来我都舍得”。

师：好，这个地方读错了一个字。还有一个地方谁发现了？

生：羹匙，读成了 gēn shí。

师：应该是，gēng chí。好，再读这一句。

生3：吃饭时让它坐在旁边，用羹匙喂它。

师：gēng chí。

生3：gēng chí。

师：嗯，这次很准确了。好，请坐。下一段！

生4：“你怎么啦？”妈妈问道……

师：最后一段同学们齐读。

生：“没什么，妈妈。我不过是改变了主意，我永远也不再想当拳击家了。”

师：感谢四位小老师，读得特别好。下面我们进行小组合作读。

小组合作读

师：同学们，请看屏幕。我请一个同学来读一下小组合作学习指南。

屏显：一号组长分工，小组合作读文；二号组长领读生字表；三号组长领读词语表；四号组长记录小组推出的难字。

（指名读）

师：注意，一号要做好小老师，二号遥控器，三号风筝线，四号评论员。一会儿，王老师要表扬两个最会合作学习的小组，听清楚了吗？

（生小组合作学习）

2. 教师引领，巧记难字

小老师教生字

（师黑板贴大字卡）

师：通过小组合作学习，同学们基本都读准了这些字的字音。还有一些同学有不认识的字，别担心，王老师请小老师再到前面来教一教。

师：请张子萱。

师：张子萱，请你帮我选出下一位小老师，就是听得特别专注的同学，好吗？

生：好！

生 1：玻，玻璃。

生齐：玻，玻璃。

生 1：制，制造。

生齐：制，制造。

……

师：小小接力棒！

（师示意邀下一位同学）

生齐：一棒接一棒。

生 1：祝嫣然。

（生 2 领读剩下的生字、组词）

师：嫣然，接下来请把这个机会让给王老师，王老师要把接下来小老师的机会给最近进步最大的小朋友。你们知道是谁吗？

生齐：余沐泽。

师：好，有请余沐泽。你看你的进步同学们都看到了，多好！大声读给大家听！

生 3：璃，璃壶。

师：这个大家没太懂，是吧？什么是“璃壶”，能不能给大家讲一下？

（生 3 为难）

师：“璃”字可以组什么词？

生 3：璃，玻璃。

生 3：璃，离开。

师：有没有不同意见？

生 4：离开的“离”要减掉王字旁。

师：离开的“离”，是没有王字旁的。

（师板书）

师：这个字“璃”，你刚才组了什么词？

生 3：璃，琉璃。

师：什么是琉璃你们知道吗？

生：不知道。

师：琉璃在高温 1 400 摄氏度才能烧制成，古时候琉璃比玉石还要珍贵。请继续。

生 3：默，沉默。

生 3：默，沉默。

师：余沐泽，同学们给你的掌声，是告诉你要继续进步，多好！

推难字：巧记难字

师：孩子们，下面请一号组长到前面来“推难字”，做汇报，有请一号组长！

（一号组长到黑板前，用粉笔在字卡下勾画出小组认为最难记忆的字）

师：这是各小组认为这组生字当中比较难记的，你有什么好办法记住它？

（师指“羹”）

生5：我用编故事的方法记住这个字。“小美有一只小羊羔。”

师：你用编故事的办法记住了这个字的字形，很好，掌声送给他。我们再换一个。

（师指“邦”）

师：有好办法吗？

生6：我用猜字谜的方法来记住这个字。“‘丰’字骨折了，拿着小拐杖。”

师：“丰”字骨折了，拿着小拐杖。你也是用编故事的方法记住这个字的字形。这个字到底是什么意思？一会儿，我们还要深入研究它。你有话想说，说吧！

生：我用猜字谜的方法记住“沉默”的“默”。“有一只黑色的警犬……”

师：有一只黑色的警犬，怎么样？话没说完，墨默补充。

生：黑色的警犬，一声不吭，沉默在那里。

师：大家用自己的办法记住了大家认为比较难的字。

3. 探究规律，游戏巩固

师：这些字宝宝都成为你的朋友了吗？下面请同学们拿出字卡！

生：拿出字卡，快坐端！

摆长龙

师：摆长龙！

生：看谁摆得快又快！

师：把不认识的字，放在上一排红灯区，都认识的放在下一排绿灯区。

（生摆字卡，边摆边读）

红灯变绿灯

师：孩子们，红灯变绿灯！

（小组互教，有困难的同学在组内请教）

听口令，找朋友

师：下面，小朋友们跟王老师来一起玩游戏。听口令！

生：找朋友！

（屏显师说的字，学生在字卡中找到它们的“朋友”）

加偏旁

师：加偏旁！

生：找朋友！

师：我有“离”，“离开”的“离”。

生：我有“璃”，“玻璃”的“璃”。

师：请举高让我看清楚。这个字，“玻璃”，要读轻声。请跟我读，“bō li”。

生：“bō li”。

师：单独标一个字“琉璃”的“璃”标二声。“玻璃”要读轻声。再跟我读一次，“bō li”。

生：“bō li”。

师：好，我有“肖”，“姓肖”的“肖”。

生：我有“稍”，“稍微”的“稍”。

师：还有一个读音谁知道？

生：哨，“口哨”的“哨”。

师：蒋成栋，起立！体育老师上课的时候喊，“立正！”

生：“稍息！”

师：做出来。

（生做稍息动作）

师：“稍息”，什么意思，看清楚了吗？

生：稍事休息的意思。

换偏旁

师：换偏旁！

生：找朋友！

师：我有“波”，“水波”的“波”。

生：我有“玻”，“玻璃”的“玻”。

师：我有“清”，“清水”的“清”。

生：我有“晴”，“晴天”的“晴”。

师：今天，“青”家族聚会，请小朋友们帮忙通知一下它的家族成员！谁愿意帮忙？

生：“青”加三点水，“清水”的“清”。

师：刚刚这个字说过了，还有别的成员吗？（师分别板书）

生：“青”加目字旁，“眼睛”的“睛”。

生：“青”加争字，“宁静”的“静”。

生：“青”加“竖心旁”，“感情”的“情”。

生：“米”加“青草”的“青”，是“妖精”的“精”。

师：最后一个机会啦！

生：“青”加言字旁，“请你”的“请”，“请客”的“请”。

师：“青”家族在你们的召唤下，是唱着歌跳着舞来的！孩子们，我们可以加上动作一起来读读“青”字歌！

（屏显“青”字族）

生齐：

青遇日字天气晴，
青遇心字好心情，
青遇言字双手请，
青遇水字河水清，
青遇虫字变蜻蜓，
青遇目字睁眼睛，
青遇米字变妖精，
青遇犬旁莫要猜，
青遇争字心里静。

减偏旁

师：孩子们继续，减偏旁！

生：找朋友！

师：我有“帮”，“帮助”的“帮”。

生：我有“邦”，“硬邦邦”的“邦”。

师：这个字还可以组什么词？

生：“邦”，“邦德”。

生：“邦”，“联邦”。

师：联邦共和国，是不是呀，你看，朱瑞男看书多，就是不一样！

生：“邦”，“安邦”。

师：你知道“安邦”是什么意思吗？同学们，看屏幕，这个“邦”，在甲骨文里，它长得是这个样子。

（屏显“邦”字演变）

师：谁来猜猜看，是什么意思？

生：邦字下面是土，上面是树。

生：上面种着树，因为当时没有电锯，所以人就锯不了。而且那棵树也会成长，会越长越坚硬，人也就拔不掉了。

师：哦！你在补充他说的。让我们一起来看看！孩子们，你们说对啦！上面的图画就是指茂盛的草木，下面像田一样的指界，边境的意思。放在一起是什么意思呢？造字的时候，是想说这块封地四周都种上草木了，表明这块地方是我的啦！以此划分领地。“邦”现在通常指国家。所以刚才，木子组了词，“安邦”，它还可以组“邦国”“友邦”“领邦”“邦交”。

形近字

师：好，孩子们，继续！形近字！

生：找朋友！

师：我有“卷”！我不想说“试卷”，我想说“画卷”的“卷”。

生：我有“拳”，“拳击”的“拳”。

师：跟手有关。

反义词

师：反义词，

生：找朋友！

师：我有“软”。

生：我有“硬”，“硬邦邦”的“硬”。

师：嗯！我还想再说两个反义词。我有“爱”。

生：我有“恨”。

师：我们要多一点爱，少一点恨。我有“黑暗”。

生：我有“光明”。

师：我有“难过”。

生：我有“开心”。

师：文中有一个词，谁记得？快提取信息！

（学生有畏难……）

师：文中有一个词，说“它有两只不一样的眼睛……”

生：快活！

师：真好！我有“难过”——

生：我有“快活”！

多音字

师：多音字！

生：找朋友！

师：我有“降”，“降落”的“降”（jiàng）。

生：我有“降”，“投降”的“降”（xiáng）。

师：孩子们！1945年，日本战败宣告投降。降落是这样的（师手往下）！投降是什么样子的？（师手往上，举手的动作）记住两个字的读音！

看图片

师：看图片！

生：找朋友！

师：看这张图片，找一个字！

（屏显图片）

生：“憋”，“憋气”的“憋”。

生：“羹”，“羹匙”的“羹”。

师：刚才我记得，是谁在讲这个字的时候说“这是只小美的羊羔”？我们再聊聊，这个字就更有趣了。“羹”以前长这个样子。最左边，像什么？羊的犄角，一只羊，下面是带着水蒸煮的炊具，旁边是冒着的蒸汽。现代的“羹”指调味很好喝的汤，古代的“羹”是这个样子（指着图片），用水煮的很香的羊肉。它不单单是长得美的小羊羔，它是煮得很美味的羊肉。就叫——

（屏显甲骨文到今汉字的演变过程）

生：羹。

猜字谜

师：猜字谜！

生：找朋友！

师：“南方有只大狗”，快找。

生：“献”，“献出”的“献”。

师：孩子们，在古代，“献”字是这个样子的——“獻”，是古代的一个炊具，右半部是一条狗，把狗放在里面煮，煮了干吗呢？送到寺庙里面去祭祀。现在我们引申为“奉献”，刚才蒋建烨讲的其实是“献礼”。那么“奉献”，王老师问一下，你们知道有哪些事情是奉献的呢？

（屏显“献”的演变过程）

看动作

师：看动作！

生：找朋友！

（师做投篮状）

生：“投”，“投篮”的“投”。

听意思

师：听意思！

生：找朋友！

师：控制，抑制，有一个词一起把它找出来！

生：克制。

师：一起来读读这个句子。

生：“我仰起头，擦干眼泪憋回去，后来稍微克制住了自己的感情。”

师：还可以说……

生：“爸爸克制着怒火，死死盯着我说，今天怎么又没按时完成作业？”

师：谁还能用“克制”造个句子？想一想。

生：“我看着妹妹吃着鸡蛋羹，克制着自己的口水不让它流下来。”

师：现在请小朋友们“收字卡”！

生：看谁收得快又快！

（生一边收回一边读字卡）

师：我来检查一下，这些字你们掌握如何！有请小交警上岗！火车火车哪里开？

1、2组：火车火车这里开！

玻，玻，玻璃。

3、4组：过！

1、2组：制，制，制作。

3、4组：过！

……

体会词语“形影不离”

师：就在小交警上岗，字宝宝回家的路上，看！长颈鹿妻子带着他的鳄鱼丈夫——《天生一对》绘本故事里的主人公——来啦！他们生活、游戏在一起，他们危险遇难也不分离，书上有一个词，叫什么？

生：形影不离。

4. 读写拓展，培养能力

再读课文“形影不离”一段

师：孩子们，让我们再一起回到课文中，读一读“形影不离”这一段，请同学们用“深山寻宝”的办法来读，谁愿意？

生：那时我走到哪里都拉着它……

师：快把掌声送给陈沁瑶。你的“宝”寻得准，不仅让我们看到了画面，还把情感传递到了每个听众的心里。

用一小段话写一写你和谁形影不离的故事

屏显：你和谁形影不离呢？你们都在什么时候形影不离呢？你们都是怎么形影不离的？

师：给同学们6分钟时间，打开iPad，请你快速构思，仿照文中“形影不离”的一段，写一写，开始！

（生打写）

师：孩子们，谁愿意读给大家听？

生：我形影不离的好朋友，是一只蓝色的小熊。它是我过生日的时候我爸爸送给我的。我睡觉的时候会给它讲最有趣的故事，盖上最温暖的被子。爸爸妈妈不在的时候，我还会跟它玩医生看病的游戏。出去的时候，我会把它带在身边，不让它一个人孤单地在家里。这就是我形影不离的好朋友。

师：有请小评论员。

生：我觉得她这段写得很好，因为她讲得很细致，而且她也把和小熊形影不离的感觉写出来了。

师：嗯，我也很喜欢你对同学的评价。

生：我有一个和我形影不离的毛巾，我常用手指蹭啊蹭，可舒服啦！其实，小时候，妈妈用这块毛巾当我的被子，裹着我。现在毛巾当了我的枕巾。我早晨没睡醒时要枕着它，晚上看书时要放在腿中间，盖着腿，可舒服了！它的图案是一个小女孩在玩耍，旁边还有星星和月亮，漂亮极了！我爱它，一心一意地爱它，我要把它作为我永远的朋友，不丢掉它！

生：她讲的是她小时候包裹的毛巾，其实我小时候用的毛巾也留在我的身边，我的毛巾也很舒服。她写得很细致，而且她还特别讲了小毛巾的面料，这么细致地观察，一定有浓浓的爱在里面。

师：你从嫣然这段文字中，联想到自己的毛巾，对吗？你不仅听得仔细，又有自己生动的联想，好棒！

5. 后续学习活动

以《童年的朋友》为题完成小练笔，发到班级微信群。

案例3：我喜欢书（一、二年级）

一、导读

本课由深圳南山实验教育集团南头小学周美英老师设计。它包括两条交替推进的路径：一条是指导学生读懂绘本故事，学习阅读绘本的方法，感受绘本读物的魅力，激发学生阅读的欲望；另一条是在学生学习阅读的不同层面，根据读物的特质，或从图，或从文，或从图文的互释中，激活学生已有的社会经验、生活经验及与其心智水平发展相应的概念和表征它的语言形式——词语知识。

在“讲故事”环节，教师启发学生首先概括整体的感受、感觉。学生以忧伤、快乐、遗憾、伤心、同情、痛苦、甜蜜、欣慰表达对图文讲述的故事的多角度的“读懂”和理解。教师将这些词语知识与学生的语文经验、生活经验系统地组块，适时地转换为识字学词的语文活动，使整本书阅读与低年级语文学习的主要任务实现了互惠。“审美”与“认知”的融合，既使学生获得了特定读物的阅读方法的知识，又使绘本阅读成为培养学生语文能力的重要途径，坐实了“儿童文学作为语文课程的教育手段”的作用。

二、教学设计概念图

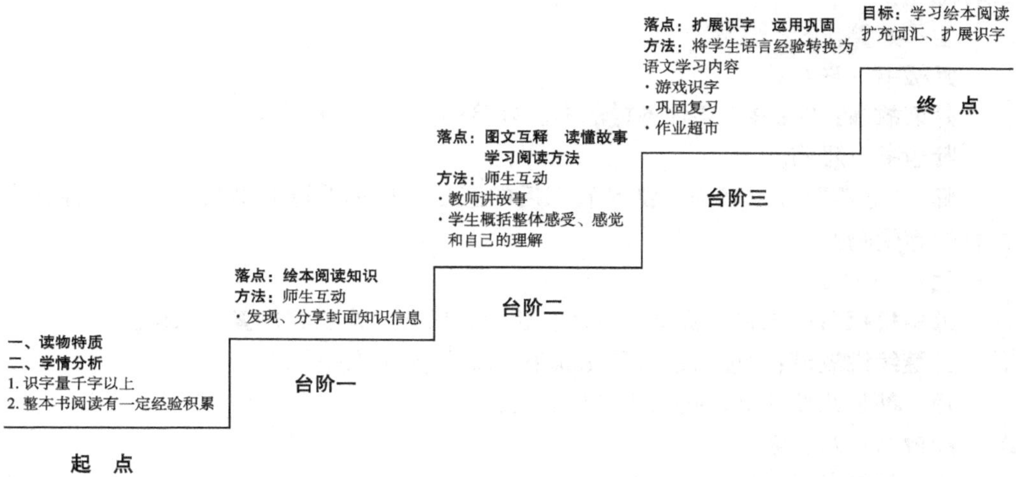

三、教学过程

1. 谈话导入

师：告诉老师，你们喜欢什么？

屏显：我喜欢__________。

师：喜欢看书的小朋友说说你最喜欢看什么样的书？

师板书：《我喜欢书》

师：今天老师也请来一位爱看书的小朋友，谁来读一下题目？

我们一起来读绘本。

生齐：《我喜欢书》

2. 封面阅读

师：（指封面）你看到了什么？

师：作者安东尼·布朗是英国著名的儿童作家，他曾经获得了安徒生奖呢！余治莹阿姨也是一个儿童作家，她把安东尼叔叔的作品翻译成中文，带给我们中国的小朋友。这是一本图画书，她还有一个名字，叫绘本。绘本就是由图和文字两方面组成的。图，本身就在讲故事，所以我们小朋友就要有一双明亮的眼睛哦！

师：看看封面，你还发现了什么？

师：呵呵！因为故事中的小猩猩喜欢书，所以封面上就有许多书，这就是图画书的奇妙之处。更多的精彩在后面的故事中，让我们一起开始美好的阅读吧！

3. 图文互释

师指导看图方法：小猩猩的衣着，走路的姿势，神态，图画中的细节！

师：小猩猩穿着小丑的衣服，脚下还有一块香蕉皮，看到这些，你有什么感觉或者感受？

生：好笑。

师板书：好笑。

师读故事：“我喜欢各种各样的书。好笑的书和恐怖的书。”

师板书：恐怖。

师：“好笑”和“恐怖”都是看书后的感受。在你看过的书当中，还让你获得过别的感受吗？

生：……

师相机板书：忧伤、快乐、遗憾、伤心、同情、痛苦、甜蜜、欣慰。

师继续讲故事：“童话故事和儿歌集。漫画书和填色书。”

师：都是儿歌的书，我们叫作什么呢？

师板书：儿歌集。

师：如果书里都是诗，应该叫什么呢？

师板书：诗集。

师：你还知道哪些不同内容的书？

生：……

师相机板书：小说、诗集、科普、菜谱。

师继续讲故事：“胖胖的书和瘦瘦的书。”

师引导学生看图：瞧，多有意思的书，有的胖，有的瘦。你还能想出哪些像“胖胖”“瘦瘦”这样两个字一样的书呢？

生：……

师相机板书：圆圆、扁扁、宽宽、厚厚、薄薄。

师继续讲故事：“有关恐龙的书和讲怪兽的书。数数儿的书和字母书。介绍太空的书和讲海盗故事的书。唱歌的书和怪怪的书。”

生：……

师相机板书：恐龙、怪兽、数数、字母、唱歌、海盗。

生读故事结尾：“我真的很喜欢书。”

4.扩展识字

游戏一：争当“识字大王”

师出示词语：圆圆、扁扁、胖胖、瘦瘦、宽宽、长长、厚厚、薄薄。

开火车读，看哪一组吐字最清晰，认得最快。

游戏二：争当“表演大王”

师出示词语：忧伤、快乐、遗憾、伤心、同情、痛苦、甜蜜、欣慰。

一学生任选一个词语读出来，另一个学生做表情，其他同学当评委，看谁表演得最像。

同桌两人一组，一个指词语，一个做表情；或者一个做表情，一个猜词语。

游戏三：争当“推荐大王”

师出示词语：儿歌集、漫画书、填色书、小说、诗集、科普、菜谱。

师任指一个词语，看谁能推荐相应的书籍。

游戏四：争当“联想大王”

师出示词语：恐龙、怪兽、海盗、数数、字母、唱歌。

指名学生在上面的词语当中认读三个词语，看谁能用这三个词语联想出一个小故事。

5. 复习巩固

读词语。自由读、开火车读、齐读。

送词语回家：黑板上画了四间房子，学生小组讨论哪些词语应该送回哪间房子，然后选出代表送词语回家。尝试体验词语分类知识。

自读绘本《我喜欢书》。

6. 作业（任选一样或两样完成）

· 回家把小猩猩喜欢书的故事讲给爸爸妈妈听。

· 你就是那个爱看书的小朋友，试着续编这本绘本，别忘了拿起画笔配上插图哦！

· 你还喜欢哪些书？画出你喜欢的书，可以是一本，也可以是多本，并介绍给爸爸妈妈，可以让爸爸妈妈帮你在画的旁边写下来。

第二节　汉语拼音

汉语拼音学习在学生入学两个月识字量达到五六百个、已经起步阅读的基础上开始。汉语拼音学习与电脑应用学习同时起步，键盘操作训练与汉语拼音学习紧密勾连，一般分为三个阶段：首先，教师在识字教学过程中会有意识地渗透拼读方法；然后，集中进行声母、韵母、整体认读音节的教学，同时使学生初步掌握键盘结构、了解文档编辑功能及拼打方法；随后，在教学中创造多种机会让他们通过“打写”巩固所学的汉语拼音、字词句段、电脑应用等各层级、多方面的知识。

声母教学一般五个课时完成。第一、二课时集中学习 23 个声母，学习电脑输入的指法操作。第三、四课时上机操作电脑键盘，并借助文档编辑软件，学习输入相应的声母。第五课时教师向学生介绍文档软件中字母的大小、换色等编辑功能，在这个过程中，使他们熟悉声母的字形，声母在键盘中的位置，操练汉语拼音转换（全拼输入）法，为后续的打写做准备。

韵母教学一般也是五个课时。第一课时教学单韵母、复韵母和简单的拼打练习。如若学生已经接触过拼音，教学重点可放在指导学生熟悉韵母的键位位置。第二、三课时安排学习前后鼻韵母的教学和拼打练习，慢慢加大拼写汉字的比重，教材中拼音单元的很多儿歌可以作为练习的内容。第四、五课时的教学内容主要是声调的掌握和音节的拼打，可以借助儿歌熟悉标调规则，在教材、学本中选择内容进行标调练习。拼打设计要让孩子感到好玩、有趣，如打出自己、家长、同学的名字或心里想说的话等。

学生从认识到能够拼打出声母、韵母、整体认读音节，一般需要两周时间。从第三周开始，引入打字训练软件以巩固键位操作、拼音输入和词语拼打，通过不间断地“用”拼音，促进从“会”到“熟”，逐步实现认读、拼读、拼打的协同。“用”拼音的过程可分为三个阶段：首先，拼打课文中的生字、词语和句子；其次，进行短文和儿歌的输入练习；继而，围绕话题自由打写。为了使学生“熟”，可以通过各种游戏活动为学生提供“用”的机会，如词语对对碰、句子展示台、短文接力赛等，激发学生主动性，提高成就感。当学生能够打写出连续的词汇，教师可以在网络平台上发布“说来听听”等专题帖，鼓励学生与他人分享，唤起表达的欲望和激情。

从一年级下学期到二年级初，随着学生拼读、打写的熟化，很快呈现出识字、阅读与写作的协同推进。此后，“写”可以逐步引向根据文本内容的模仿写作、拓展写作。模仿写作可选择童谣、儿童诗等韵文体。

案例 1：声母教学（一年级）

一、导读

本课由甘肃省兰州市城关区五泉小学苟晓琰老师设计。本课是声母教学第一课，目标设定如下：学习 14 个声母；认识电脑键盘，借助纸质键盘，操练所学习声母的电脑输入。

课前，学生已经识记了五六百个汉字。这节课先出示标有汉字的 14 个声母，学生可以借助汉字认读拼音字母，教师范读，助其正音。接着，出示字母卡片，帮学生识记字形，为键盘操练打基础。同桌互读和指名认读的活动让学生与字母反复见面，达到能够正确认读、识记字形的目的。鉴于键盘上的字母是以大写形式出现的，接下来出示 14 个声母的大小写字母，让学生通过比较字形，强化识记，为输入操作做准备。随后，出示纸质键盘，学习输入方法，使学生打写起始就规范指法。最后，通过看声母卡片找字母、听老师读找字母两个小活动熟悉 14 个声母在键盘中的位置，学生在动手寻找字母位置的过程中，巩固了本节课所学的内容，为接下来的拼音学习和打字打好基础。

二、教学设计概念图

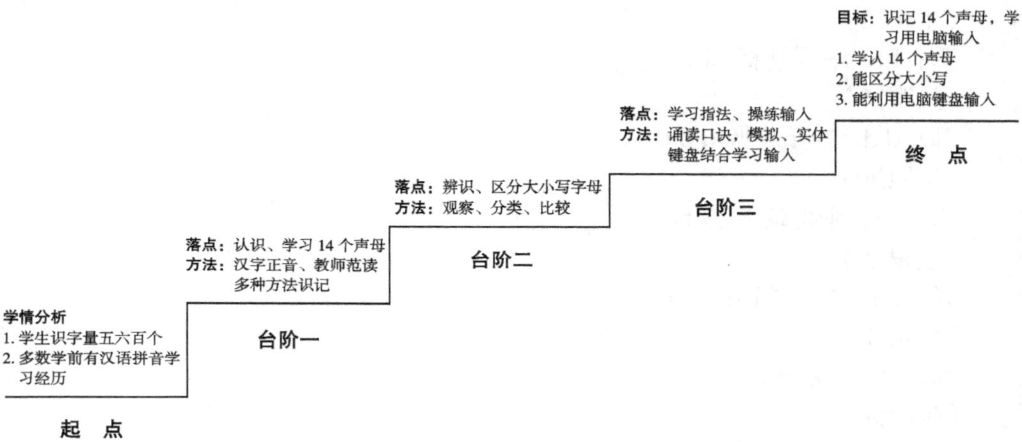

三、教学过程

1. 认识和学习 14 个声母

师：同学们，老师给大家带来了一首儿童诗，大家看着屏幕自己先来读一读，好吗？

屏显儿童诗

（学生齐读儿童诗）

师：孩子们，你们发现了吗？在这首儿童诗中有一些标识成白色字母的部分，它们就是汉语拼音。

师：汉语拼音家族中有很多的成员，今天我们集中要认识的是声母家族中的 14 个字母。想不想读出它们的名字呀？

生：想。

屏显 b、p、m、f、d、t、n、l、g、k、h、j、q、x，14 个声母

师：借助汉字，同学们先来自己读一读。

（学生自己认读）

师：现在同学们跟着老师，我们一起大声地再把这些字母读一遍好吗？

生齐答：好。

屏幕次第出现 14 个配图片声母

师：b b，右下半圆 b b b。

（生跟读）

师：p p，右上半圆 p p p。

（生跟读）

师：m m，两个门洞 m m m。

（生跟读）

师：f f，一根拐棍 f f f。

（生跟读）

师：d d，左下半圆 d d d。

（生跟读）

师：t t，伞把朝下 t t t。

（生跟读）

师：n n，一个门洞 n n n。

（生跟读）

师：l l，一根木棍 l l l。

（生跟读）

师：g g，一只鸽子 g g g。

（生跟读）

师：k k，两只蝌蚪 k k k。

（生跟读）

师：h h，弟弟喝水 h h h。

（生跟读）

师：j j，公鸡唱歌 j j j。

（生跟读）

师：q q，七个气球 q q q。

（生跟读）

师：x x，两手交叉 x x x。

（生跟读）

师：这 14 个声母会认了吗？会读了吗？

生齐答：会了！

师：同学们看着屏幕上的内容，和你的同桌两个人一起来读一读，看看你会不会读。

屏显不带汉字注音的声母

生：同桌相互读一读。

师：都读完了吗？都读会了吗？那我接下来要考考大家，你们敢接受挑战吗？

生齐答：敢！

师：我们来做个游戏，看图片猜字母。我出示图片，同学们读出这个字母。

屏显 b—d m—n q—p f—t j—l g—h k—x，分组打乱顺序的字母

（生逐个读出）

师：看来这些字母没有难倒大家，那我接下来的挑战比刚才更难了，你们有信心吗？

生齐答：有！

师：这次出现的字母都打乱顺序的，我出示字母，大家“开火车”读好不好？

生齐答：好！

屏显打乱顺序的字母

师：火车、火车，开开……，一开开到你这里。

（生读打乱顺序的声母）

2. 辨识大小写字母

师：看来打乱了顺序的 14 个声母大家也都认会了，你们真了不起！那么认会了这些字母，我们也熟记了儿歌，识记了它的字形，同学们想不想学习打字啊？

生：想！

师：可是想学打字，有一个问题，调皮的声母跑到我们的键盘中它们就变了样子，所以我们先要认一认大小写字母表。同学们看着屏幕上的大小写字母表，我有一个难题要交给你们解决，这个难题是什么，我们来看看。

屏显：想一想，哪些字母的大小写是一样的？哪些长得很像？哪些长得区别很大？

生：长得一样的有 Xx Kk Pp。

师：解决了第一关，第二关看看哪些字母长得相似。

生：Mm Ll Nn Jj Ff。

师：那最后剩下的就是长得区别特别大的。

生：Qq Tt Gg Hh Dd Bb。

3. 学习指法，操练键盘

师：那么我们把这些字母分别来记，同学们打字的时候就能够比较容易地找到它们的位置了。那现在想不想在纸质键盘上学习打字啊？

生齐答：想。

师：那我们先来看看黑板。

屏显计算机键盘图

师：这么多的按钮，可是我们只有十个手指，该怎么操作呢？别着急，《指法歌》会帮助大家。

屏显《指法歌》

师：大家和老师一起读一读《指法歌》。左手中指放在 d，右手中指放在 k。其余手指逐个放，拇指专管空格键。

（生跟读）

师：翻开书找到纸质键盘，我们边读边操作。

（学生边读边摆放好手形）

师：我们今天学习了 14 个声母，现在大家也把小手摆放在了纸质键盘上，你能够找到今天学的这 14 个声母吗？

生齐答：能。

师：那我要考考大家了。我们的第一个游戏是看图片找字母。当我说“声母 x”，大家找 xxx，左手的无名指 xxx。会说了吗？

生齐答：会了。

（生练习找到声母 q j k l t）

师：非常好，同学们能看着字母卡片找到声母在纸质键盘的位置，我接下来有难度了，这次的游戏没有字母卡片了，认真听我读字母，在键盘中找到它的位置。

（生练习找到声母 l n k p d）

师：接下来我要考考大家了，谁知道空格键用哪个手指操作呢？

（生齐示大拇指）

师：好了，我看到同学们看着字形能找到，听老师读字母也能找到，接下来我们请几位同学上来，在文档编辑软件中打出字母好吗？

（指名学生上讲台操作电脑，在文档编辑软件中打出来，其他同学在纸质键盘中操作，打出字母 b d m f g 空格键 q t f）

师：这节课我们不但认识了 14 个声母，还学习了声母相对应的大写字母，而且同学们还认识了纸质键盘，学习了在纸质键盘上如何操作，并且练习了今天学到的声母。

4. *后续学习活动*

学生在纸质键盘上操作，熟练学过的声母。

案例 2：韵母教学（一年级）

一、导读

本课由甘肃省兰州城关区五泉小学朱宁老师设计。本课是完成声母教学和键盘学习后韵母教学的第一课时。首先，利用学生已经认识的汉字帮助学生学习正音，然后采用多种朗读方法巩固读音。接着，借助键盘学习韵母的输入，一边操作键盘，一边学习拼音。然后，渗透音节的拼打内容，使学生对下一节课的音节拼打练习充满期待。

集中教学将新授韵母和打字训练相结合，中间穿插书写指导、模拟键盘巩固指法和实体键盘键位操练等。教学中要淡化拼读规则教学，以“做中学”使学生逐步领会、掌握规则。因此，训练中要做到嘴到、心到、手到，以启动各种感官功能，增强学习效果。之后，通过连续的打写和识字中用拼音，使学生达到运用的熟练、自如。

二、教学设计概念图

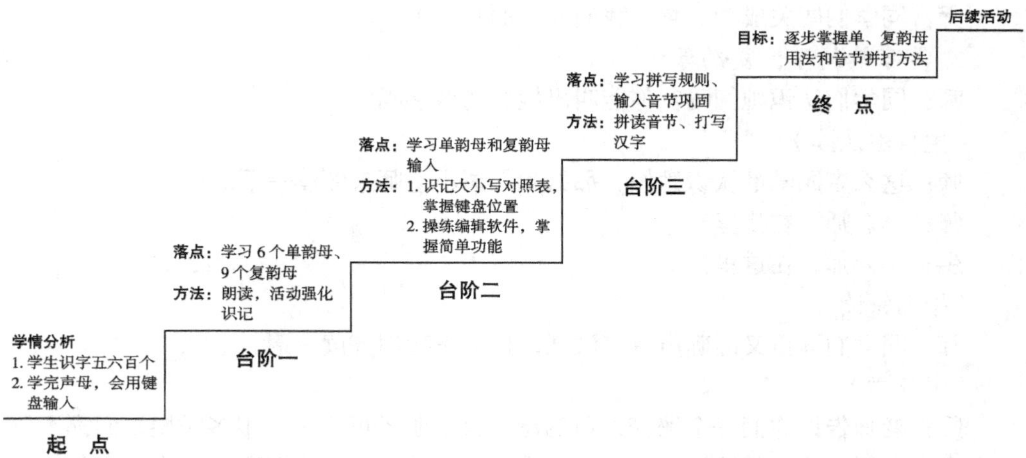

三、教学过程

1. 课前诵读

“手拿两把大剪刀，身上穿着铁甲袍，要是有人来惹我，请他吃我两剪刀。”

2. 复习导入

师：同学们，我们在拼音王国已经认识了 23 个声母王子。今天我们要来认识几个新朋友，但是我们要得先闯过两关才可以见到他们。你们有信心吗？

生齐答：有！

师：第一关：我来问。

屏显依次出现 6 个声母

生：我来答。

师：两手交叉。

生：x x x。

师：一根小棍。

生：l l l。

师：一根拐棍。

生：f f f。

师：左上半圆。

生：q q q。

……

师：进入第二关：看谁反应快又快。

屏显依次出现 14 个声母

（生读出）

师：同学们闯关成功。看！我们的新朋友来了。

3. 学习单韵母、复韵母

师：同学们认识她们吗？你能叫出她们的名字吗？

（生自由认读）

师：这么多同学都认识她们，那么我们请小老师来领读一下。

师：小老师，在哪里？

生：小老师，在这里！

（指名领读）

师：同学们读得又准确声音又洪亮，接下来我们齐读一遍。

（生齐读）

师：老师告许你们一个秘密，单韵母小公主胆子可小了，很多时候她们都不敢一个人出来玩，总要手拉手才敢出门。看一看，数一数，她们现在一共有几个人？

屏显复韵母

生：9 个。

师：她们 9 个人有个共同的名字叫“复韵母”。我们先自己试着读一读，不认识的请教周围的小老师。

（生自由认读）

（生齐读）

师：开火车读韵母。火车、火车、开开……

生：开到这儿，开到这儿。

生：ai。

生：ei。

……

4. 学习单韵母、复韵母输入

师：同学们，有几个韵母公主可顽皮了，她们到电脑键盘上以后就变样子了，快看一看现在你还认识她们吗？大家看看谁变形的最多？

（生指认变形多的 v i e a，强化记忆）

师：请取出键盘，字号放大，输入法改为英文。

（生边念指法儿歌，边打开文档，生练习输入韵母）

屏显指法歌

左手食指放在 f，右手食指放在 j，其余手指逐个放，拇指专管空格键。

屏显拼打要求

请把单韵母加粗，给她们穿上蓝衣服。请给复韵母穿上小鞋子，并给她们穿上红衣服。一边念一边打。

5. 学习拼写规则，输入音节巩固

师：同学们，我们已经认识了声母王子，今天又认识了单韵母和复韵母小公主。如果我们再给韵母小公主一顶漂亮的声调帽子，她们就能组成音节。

屏显音节和声调

师：声调帽子一共有四顶：一声、二声、三声和四声。还有一首好玩的标调儿歌我们一起来读一读。

屏显：一声平，二声扬，三声拐弯，四声降。

（师生齐读，一边读一边手式声调）

师：认识了声母和韵母以及声调，我们试着拼出音节好吗？

生：好。

屏显音节练习内容

师：声母。

生：m。

师：韵母。

生：i。

师：声调是什么？

生：一声。

师：拼在一起：m—ī。

生：mī（咪）。

……

（生练读屏幕出示的音节）

师：我们一起合作，学习汉字输入好不好？

首先打开文档，字号最大，输入法改为中文。你们拼音节，我来输入汉字。

生：d–ú–dú。

师：读。

生：j–iě–jiě。

师：姐。

……

师：同学们，当我们认识了声母和韵母，学会了读声调，我们就能拼出音节。

我们把正确的音节输入到电脑里，就能打出我们想看到的汉字。有意思吗？这么有趣的事情大家都来试试吧！

6. 后续学习活动

· 在文档编辑软件中把 6 个单韵母和 9 个复韵母各打三遍。

· 拼打出自己的名字。要求：一边读，一边打。

案例 3：泉水（一、二年级）

一、导读

本课由山东省淄博市沂源县实验小学徐青老师设计。本课是儿童诗欣赏、编创系列中的一课，是“能读会写”新课程形态运用拼音转换法联结读与写学习的常态课。首先，教师指导学生以朗读的方式感受作品中泉水的“多、清、甜、美”，以朗读的方式整体直觉感受作品语音、结构形式所呈现的韵律感：叠韵（叠词）、短句的运用，以及拟声（或声音象征词汇）、排比、反复等修辞手法。继而，以教学文本为背景知识，将学生能够整体感受、获得启发的音韵、语法、结构知识单独呈现并转换为写作支架，启发学生模仿作品的语言特点编创自己的作品。

二、教学设计概念图

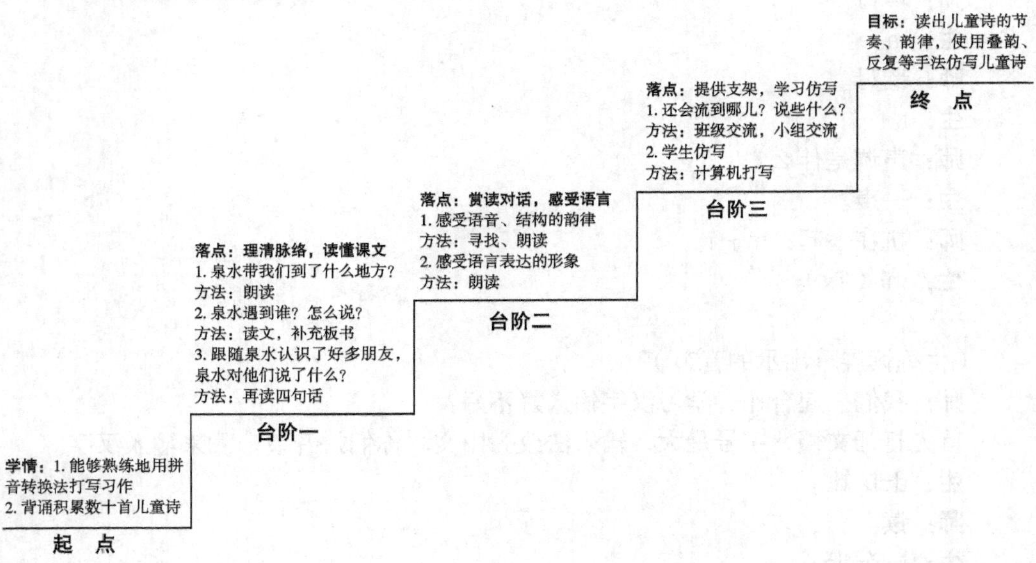

三、教学过程

1. 理清脉络，读懂课文

师：今天我们一起学习第五课《泉水》（板书课题）。

生齐读课题。

师：听到大家热情地呼唤，泉水特别高兴，他邀请我们去旅行，大家准备好了吗？我想请六名同学读课文，谁来读？

生举手。

师：其他同学注意听，想一想泉水带我们到了哪些地方？把它们画出来。

师：泉水带我们到了哪些地方？

生回答，师板书：水池　平地　果园　山谷

师：（屏显第二段）当泉水流进山腰的水池，遇到了谁？泉水是怎么说的？谁来读这段话？

生：遇到姐姐，说："来吧，来吧！我的水很多很多，山上有一座天然水塔。"

生根据另几段课文内容，补充板书。

师：当泉水流进平地、果园、山谷的时候又遇到了谁？说些什么？自己读一读三、四、五段，画一画，然后同桌交流一下。

生回答，师板书。

师：当泉水流过山间的平地时，遇到了谁？怎么说的？

生：遇到杜鹃花，说："照吧，照吧！我的水很清很清，像一面明亮的大镜子。"

师：你找得很准确。

师：他流到果园遇到了谁？泉水说什么？

生：遇到果树，说："喝吧，喝吧！我的水很甜很甜，喝饱了，你们能结出更大更甜的果子。"

师：当泉水穿过山谷时……一起说。

生齐：遇到画眉鸟，说："唱吧，唱吧！我的琴声很美很美，正好为你清脆的歌声伴奏。"

师：刚才我们跟随泉水认识了好多朋友，还记得泉水对他们说的话吗？

（屏显）

来吧，来吧！我的水很多很多，山上有一座天然水塔。

照吧，照吧！我的水很清很清，像一面明亮的大镜子。

喝吧，喝吧！我的水很甜很甜，喝饱了，你们能结出更大更甜的果子。

唱吧，唱吧！我的琴声很美很美，正好为你清脆的歌声伴奏。

2. 赏读对话，感受语言

师：大声读一读，看看从中你能发现什么？

生：我发现，每句话里都有两个词重复使用。

师：如果去掉一个好不好？

生：不好。

师：为什么？

生：这些叠词更能表现泉水的热情和无私。

师：从这些话中你体会到什么？

生：热情、无私奉献、很多、很美、很甜、快乐、自豪……

师：是呀！这真是一股快乐、热情而又自豪的泉水。孩子们，带着你们的感受再来读读泉水说的话，比比谁读得最棒！

师：选择你喜欢的句子读给大家听。

生：来吧，来吧！我的水很多很多，山上有一座天然水塔。

师：孩子们，从他的朗读中你感受到热情了吗？好像有些不情愿。谁还想读？

生：来吧，来吧！我的水很多很多，山上有一座天然水塔。

师：这"泉水真的很多很多"，他把"很多很多"重读了。我们感到这水真是取之不竭。谁还想读这句话？

师：真是一股热情好客的泉水。

生：唱吧，唱吧！我的琴声很美很美，正好为你清脆的歌声伴奏。

师：如果你们是画眉鸟，愿意让他为你们伴奏吗？要读得连贯急促一点。

生：唱吧，唱吧！我的琴声很美很美，正好为你清脆的歌声伴奏。

师：你能不能把"很美很美"读得慢一点加重语气？再试一遍。

师：老师很想当泉水，听听我读得怎么样？照吧，照吧！我的水很清很清，像一面明亮的大镜子。

生：不好。

师：为什么不好？意思是一样的呀！那该怎么读呢？

生：照吧，照吧！我的水很清很清，像一面明亮的大镜子。

师：听了你的朗读我仿佛看到了那清澈见底的泉水。

生：唱吧，唱吧！我的琴声很美很美，正好为你清脆的歌声伴奏。

师：你怎么读得那么好？

生：因为我帮助了画眉鸟所以我心里特别高兴。在我的伴奏下，画眉鸟的歌声一定更清脆。

师：读得多好啊！我们一起把这段读一读。

师：从你的朗读中老师感觉你非常快乐。

生：喝吧，喝吧！我的水很甜很甜，喝饱了，你们能结出更大更甜的果子。

师：听了你的声音，老师都甜到心里去了，仿佛也喝了一口很甜很甜的泉水。

师：孩子们，泉水那么多，那么清，那么甜，那么美，你们愿意把这样的泉水留在心里吗？好，那我们再一起读读泉水的话。

生齐读。

3. 提供支架，学习仿写

师：从泉水的话语中，我们不仅体会到他的乐于助人、无私奉献，还感受到他帮助别人时那颗快乐的心。他把自己的快乐洒满一路。叮咚叮咚……还会流到哪里呢？遇到谁？说些什么？

生：泉水流到庄稼地里，遇到农民伯伯，他说："浇吧，浇吧！我的水很多很多，喝足了，你们能长得更加茂盛。"

生：泉水流到校园里，遇到小朋友们，他说："玩吧，玩吧！我的水很凉很凉，你们可以高兴地打水仗。"

……

师：是呀！泉水一路流淌，一路欢歌，不断付出，不求回报，在大自然界，还有许多像泉水一样无私奉献的精灵，你都发现了谁？

生：大山、太阳、风、雨、树……

师：它们和泉水一样，都是在默默关爱这个世界的。

师：孩子们，选择你最喜欢的大自然的精灵，想想它到了哪里？遇到了谁？是怎么说的？

学生思考，小组交流。

4. 电脑打写，交流点评

师：现在就让我们打开电脑，把你的赞美写下来待会与别人一起分享吧！

生打写 15 分钟，提交到班级博客。

师：谁想和大家分享？

生读习作，师生评鉴。

师：刚才我们欣赏了几位同学的佳作，课下把你们的文章再进行修改完善，发到班级博客上，我们继续交流。

5. 学生习作

大　树

"沙沙，沙沙，"是谁在山间歌唱？哦，原来是一棵茂盛的大树，穿一件翠绿的衣裳，它伸展着嫩嫩的枝条，在风中动情地歌唱。

小鸟一家从远方飞来，衔起树枝在大树上做巢。大树说："来吧，来吧，我枝繁叶茂，为你遮挡暴雨和阳光，让你和宝宝在我怀中安静地进入梦乡。"

一群孩子追赶着跑到树下，满头的汗水被树荫慢慢擦干。他们在树下游戏，围着树干捉迷藏。大树说："玩吧，玩吧，我的树荫浓密，像一把绿伞，是最凉爽、快乐的游乐场。"

不久，风沙赶来了，它要从这里过去，入侵人们美丽的家乡。大树说："吹吧，吹吧，我根深干壮，决不会让你们从这儿经过，危害我们的村庄。"大风用尽了力气也没能闯过，只好垂头丧气地逃跑了。

护林人来了，在大树旁又栽下一棵棵白杨，它们手拉着手，满山遍野地在歌唱，你听——"沙沙，沙沙……"

大树

"哗啦，哗啦。"
是谁在歌唱？
哦，
原来是风吹树叶在飘动。

一只小鸟要到树上做窝，
大树说："做吧，做吧！
我的树叶很密很密，
能给你遮风挡雨。"

小朋友要给大树画一幅画，
大树说："画吧，画吧！
我的形状很美很美，
我会站得又稳又直。"

阳光下，人们到大树下乘凉，
大树说："来吧，来吧！
我的树荫很大很大，
像一把大太阳伞。"

节日里，人们在树上挂红灯笼，
大树说："挂吧，挂吧！
我的树枝很硬很硬，
能把它牢牢地挂住。"

"哗啦，哗啦。"
大树继续在院子里歌唱——

"哗啦，哗啦……"

太 阳

一跳，一跳，
是谁在东海面上跳舞？
哦，
原来是太阳从东方冉冉升起，
升到蓝蓝的天空。

太阳来到春天，
花儿红了，草儿绿了。
大地也睁开了眼。
太阳说："醒来吧，醒来吧。
我的阳光很柔很柔，
会让万物复苏。"

太阳来到夏天，
各种水果都探出头来吸阳光，
太阳说："吸吧，吸吧。
我的阳光很热很热，
能帮你们长得更漂亮。"

太阳照到秋天，
庄稼都伸长了脖子看太阳。
太阳说："看吧，看吧。
我的阳光很强很强，
正好助你快快成熟。"

太阳照到冬天，
小朋友都到阳光下晒太阳。
太阳说："晒吧，晒吧。
我的阳光很暖很暖，
可以为你们驱赶寒冷。"

一跳，一跳，

太阳落下了山。
明天她还会从东方升起。
一跳，一跳……

小雨点

轰隆轰隆，是谁在天上敲鼓？哦，原来是雷公公。随后，活泼可爱的小雨点从天上掉下来，来到这阳光灿烂的世界。

小雨点落到了小花上，花儿大口大口地喝水，小雨点说："喝吧，喝吧！我的水很甜很甜！喝饱了，你们的花会开得更鲜艳的。"小花说："谢谢你，我喝了你的水，我会开得更美丽。"

小雨点又落到了小溪里，小溪说："我都干涸了。"小雨点说："不要紧，不要紧！我会给你充足的水分。"

小雨点落到了小青蛙的身上，小青蛙"呱呱呱"地叫着，小雨点说："洗吧，洗吧！洗完了，你们的身上会很干净的。"小青蛙说："谢谢你。"小雨点说："不用谢，帮助大家是应该的。"

第三节　教材、学本教学

从教材（学本）到超越教材，再到以教材＋学本＋拓展读本（包括整本读物、印刷纸本、电子文本及网络资源），这三个层次的系列化、立体化的变化在"能读会写"新课程形态的实践中得到了集中体现。

从阅读学习领域看，学生的阅读量大，阅读面广。教科书阅读教学以语文知识为线索，在一篇或一个专题的多篇教学中，加强阅读取向、阅读方法的指导，在使"教学内容与听说读写的常态一致"中展开教学活动。大量整本书的阅读作为唤起、补充学生的生活经验，指导学生新的阅读方法，组织学生交流和分享阅读经验的主体的课程资源（依据地区、学校、教师的差异或作为教材的补充）。

在写作学习领域，加大写作频度，拓宽写作体式。一是，尽可能利用多种途径，给学生尽可能多的写作机会，将写作活动与学生语文能力、跨学科学习、综合性学习密切关联起来，通过真实情境的任务写作和过程指导，使写作成为学生知识学习、自我表现、人际交往及语文实践的组成部分。二是，建立学习领域之间的联系，将写作作为阅读的一种学习方式，作为对阅读语篇加工的一种常态。同时，拓宽"读写结合"的教学形态，通过"共同知识"的建构，以阅读中习得的诸如句子图式、课文理解图式、文章表达图式等某种写法，给学生的写作提供某种启示，以实现有效的迁移、内化。

案例 1：司马光（二年级）

一、导读

本课由深圳南山实验教育集团南头小学周美英老师设计。用《司马光》来教写作能够体现的知识点有很多，如故事中人物的塑造、情节的安排、矛盾冲突，以及叙述视角等。本课选择了故事的"叙述视角"，也就是"谁来讲这个故事"，作为写作学习的切入点来组织教学。

在导入新课环节，老师从自己的姓氏开始，向学生介绍"周"字的甲骨文，从解题角度介绍了"司马"姓氏的来源，意图是让学生了解中国汉字，认识到中国姓氏是有故事、有渊源的，以此让学生感知中国文化的博大精深。之后呈现的文言文《司马光砸缸》，使学生知道一千年前发生的事之所以能够流传至今且家喻户晓，是因为故事具有传承性和生命力。

本课的教学重点是变换故事的叙述者。首先，老师和学生一起讨论讲故事可以用不同的身份讲：可以是和这个故事无关的人讲（第三人称），也可以是故事中的经历者讲（第一人称）。接下来，让学生变换不同角色，比如"我是司马光""我是司马光的小伙伴"等重新讲述这个故事。由于故事的叙述者不同，故事呈现的效果也会不同。孩子在采用第一人称的方式讲故事时，会明白第一人称视角讲故事的最大便利是可以加入叙述者的心理活动。在充分交流之后，选择任意一个角色来重写"司马光砸缸"的故事。

二、教学设计概念图

教学目标：能够变换角色，任意选择一个角色重写故事。

学情分析：学生识字量较大，能理解课文内容，能够打写文章，对故事的叙述角度缺少关注。

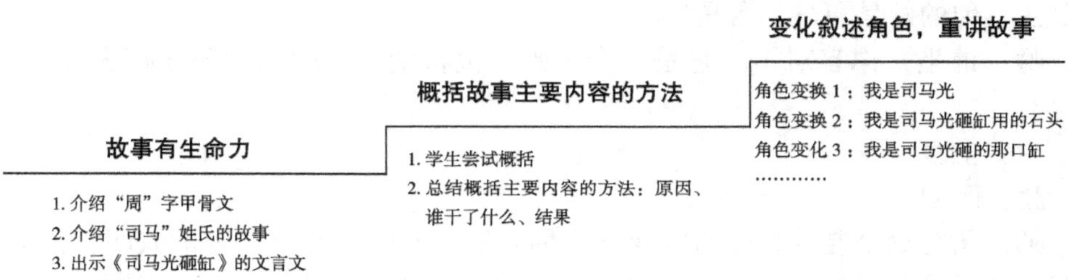

变化叙述角色，重讲故事
角色变换 1：我是司马光
角色变换 2：我是司马光砸缸用的石头
角色变化 3：我是司马光砸的那口缸
…………
概括故事主要内容的方法
1. 学生尝试概括
2. 总结概括主要内容的方法：原因、谁干了什么、结果
故事有生命力
1. 介绍"周"字甲骨文
2. 介绍"司马"姓氏的故事
3. 出示《司马光砸缸》的文言文

三、教学过程

1. 故事有生命力

汉字有故事

师：首先我来自我介绍一下，我姓周。

板书：周

师：匡吉周，大家可以叫我周老师。谁能够用我的“周”字来组个词?

生：周日。

生：周末。

生：周围。

师：我这个“周”字啊，它可是有故事的。小朋友们来看一看，大屏幕的最左边这个字是“周”字的甲骨文。

屏显“周”从甲骨文到今汉字的演变。

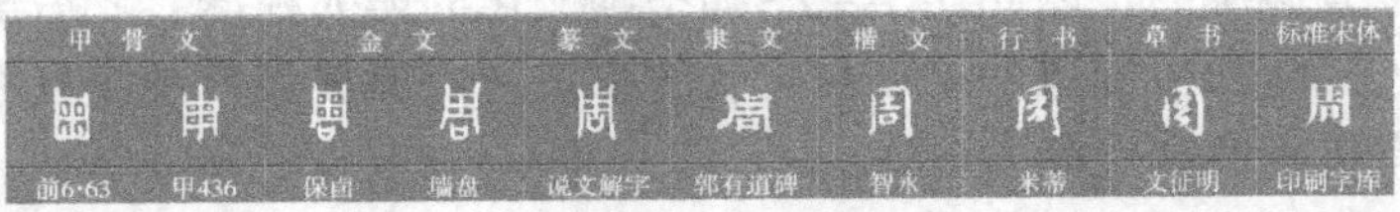

师：它的字形就像是种满了庄稼的田园，中间的这4个小点就是庄稼，周围的就像是田埂。这个字的意思是指筑田埂圈地而种，所以这个字，后来就跟界限、跟圈起来有关系。比如刚才小朋友说的一周，就和七天为一界限有关系。中国的汉字，真的很有意思，有时会有一些故事。

（师板书“汉字有故事”）

姓氏有故事

师：今天我们要学的课文《司马光》这一课，它的姓氏也是有故事的。一起读一读课题。

（生齐读课题）

师：谁知道司马光哪个是姓，哪个是名?

生：他的姓是司，名是马光。

生：他的姓是司马，名是光。

师：请坐，你答对了。它是一个复姓，很特别。小朋友们还知道还有哪些复姓吗?

生：上官。

生：欧阳。

师：司马这个复姓也是有故事的。周宣王执政时期有个当官的人叫程伯休父，官职为“司马”，因为他多次征战有功，而被周宣王赐姓为“司马”，他的后世子孙也就姓了司马。所以司马这个姓是“以官职为姓”的。

故事有生命力

师：周老师的“周”字有故事，司马光的“司马”也有故事。小朋友们，你们的姓氏当中说不定也是有故事的。大家如果有兴趣的话，可以去探究一下。今天我们要读的这个故事也是一个老故事。这个老故事有多老呢？最开始是记录在元代一本叫《宋史》的史书中。这里用文言文的形式把这件事情记录下来。

屏显文言文：群儿戏于庭，一儿登瓮，足跌没水中，众皆弃之，光持石击瓮破之，水迸，儿得活。——《宋史》

师：读不太懂是吗？

生：是的。

师：读不太懂是很正常的。这件事情其实是发生在宋朝，距离我们现在有一千年左右了。按理说这件事情就应该流逝了，但发生在一千多年前的事情现在在中国还家喻户晓，那是因为有人把它变成了故事。故事让它流传下来了，可见故事的生命力真是强大呀！

（师板书“故事有生命力”）

2. 概括故事主要内容的方法

师：现在就让我们一起来重温一下这个生命力强大的故事吧！小朋友们先自己把这篇课文读一遍。

生自读课文。

师：哪位小朋友愿意把这个故事读给大家听？

（生分段接读课文）

师：这篇课文讲的是司马光干什么的事情？

（师板书添加符号）

生：这篇课文讲的是司马光用石头砸缸的事情。

师：司马光为什么要去砸缸呢？

（师板书第二个添加符号）

生：因为一个小朋友爬上假山上玩，掉进缸里了。

师：你讲了司马光砸缸的原因，司马光砸缸的结果怎么样？

（师板书第三个添加符号）

生：缸里的水流出来，小孩子得救了。

师：刚才我们讲了这个故事的原因，讲了谁干什么，还讲了这个故事的结果。有没有哪个聪明的小朋友把这几条连起来说一说？先讲原因，再讲谁干什么，最后讲结果。谁愿意来尝试？

生：一个小朋友掉进水里，司马光就用石头砸缸，结果小朋友得救了。

师：概括文章的主要内容就可以按照这三个方面去概括，先讲原因，再讲谁干什么，最后讲结果。

3. 变换叙述角色，重讲故事

师：这篇文章讲的是一个故事。其实呀，讲故事时可以用不同的身份讲。

屏显叙述视角：

和这个故事无关的人讲（第三人称）

讲故事的人也是故事中的经历者（第一人称）

师：你觉得这篇文章是用的第几人称在讲这个故事？

生：我觉得是用第三人称来讲这个故事的。

变化角色 1：我是司马光

师：下面我们就来变换一下角色来讲这个故事。超级变变变！

生齐：我是司马光。

师：你现在是谁？

生：我是司马光。

师：周老师有几个问题要采访一下司马光。当有个小朋友爬到假山上去玩，一不小心掉进了大水缸，别的小朋友都慌了，有的吓哭了，有的叫着、喊着跑去找大人时，你想说什么？

生 1：我想说，先用石头把水缸砸破，水就自动流出来了。

师：当你举起一块石头，使劲砸那口缸时，你是怎么想的？

生 1：缸一破了，这个小朋友就要得救了。

生 2：我得使劲儿砸，要不不管用。

师：当缸里的水流出来了，缸里的小朋友得救了时，你是怎么想的？

生 1：我想说，太好了，小朋友得救了！

生 2：我想对缸里的小朋友说，你下次不要爬到这么危险的地方。

师：请看着大屏幕上的提示，重新把这个故事讲一遍。

屏显提示。

生：当有个小朋友爬到假山上去玩，一不小心掉进了大水缸，别的小朋友都慌了，有的吓哭了，有的叫着、喊着跑去找大人时，我想说，他们太急了，我一定要想想办法。当我举起一块石头，使劲儿砸那口缸时，我想：我一定要使劲儿砸，要不然缸不会破。当缸里的水流出来了，缸里的小朋友得救了时，我想对那个得救的小朋友说，下次不要到那么危险的地方去玩了，以后可要小心了。

变化角色 2：我是司马光砸缸用的石头

师：接下来，超级变变变！

生：我是司马光砸缸用的石头

师：你现在是谁？

生齐：我是石头。

师：同样的情境，请一个小朋友读。

屏显提示。

生读：当有个小朋友爬到假山上去玩，一不小心掉进了大水缸，别的小朋友都慌了，有的吓哭了，有的叫着、喊着跑去找大人时……

师：这个时候，你想说什么？

生：我想说，司马光，快用我去砸那口缸！

师：谁来读？

生：当司马光举起我，使劲儿砸缸时，我想说，使劲儿砸，要不然那个小朋友不能得救了。

生：司马光，你快使劲儿砸！

师：当缸里的水流出来了，缸里的小朋友得救了时，我想……

生：我想说，我终于把缸给砸破了！

生：我想说，司马光，你的力气比我还要大。

变化角色 3：我是司马光砸的那口缸

师：同样的情境，谁来读？

屏显提示。

生：当有个小朋友爬到假山上去玩，一不小心掉进了我肚子里，别的小朋友都慌了，有的吓哭了，有的叫着、喊着跑去找大人时，我想说，司马光，你快把的肚子打破，就可以救出小朋友了！

生：司马光你快点砸，小朋友在我肚子里难受死了！

师：当司马光举起一块石头，使劲儿砸我时，我想……

生：好疼呀！不过我一定要忍着，要让司马光把小朋友救出来。

师：当我肚子里的水流出来了，我肚子里的小朋友得救了时，我想说……

生：小朋友终于得救了，我真高兴！

师：选择以下任何一个角色来重写“司马光砸缸”的故事。

屏显写作要求：

· 我是司马光

· 我是司马光砸缸用的石头

· 我是司马光砸的那口缸

· 我是司马光的小伙伴

· 我是缸里的水

……

（生启动电脑，变换角色打写故事）

师总结：周老师看到很多小朋友已经写完了，很多小朋友不仅把自己的角色变过来了，还加了这个过程中的心理活动，加了想说什么，写得非常完整。写完之后，发到班级 QQ 群。

案例 2：猫（四年级）

一、导读

本课由深圳南山实验教育集团麒麟小学刘晓蓓老师设计。老舍先生的《猫》细致、生动地描述了猫的古怪性格和它满月时的淘气可爱，字里行间流露出作者对猫的喜爱之情。教师将这篇课文的教学内容预设为：理解课文内容，体会课文“人爱猫，猫亲人”的情感；学习作者用具体事例表现动物特点的写作方法，并练习运用此种写法写一个片段；将周而复、夏丏尊写猫的片段与本文比较，发现异同。

其中，学习作者用具体事例表现动物特点的写作方法是重点，体会“猫的性格实在有些古怪”是难点。本节课的教学组织包括三个板块：一、通过看图和谈话，唤起学生的生活体验，与作者产生情感上的共鸣，做好学文铺垫；二、引导学生到课文的字里行间寻找、体会作者所描绘的猫有着怎样的性格特点，把初读时获取的模糊的、概括的印象具体化；三、学习用具体事例表现动物特点的写作方法。对比阅读是让学生体会不同作家写同样题材时所使用的不同表达方法，以深化学习主题。

二、教学设计概念图

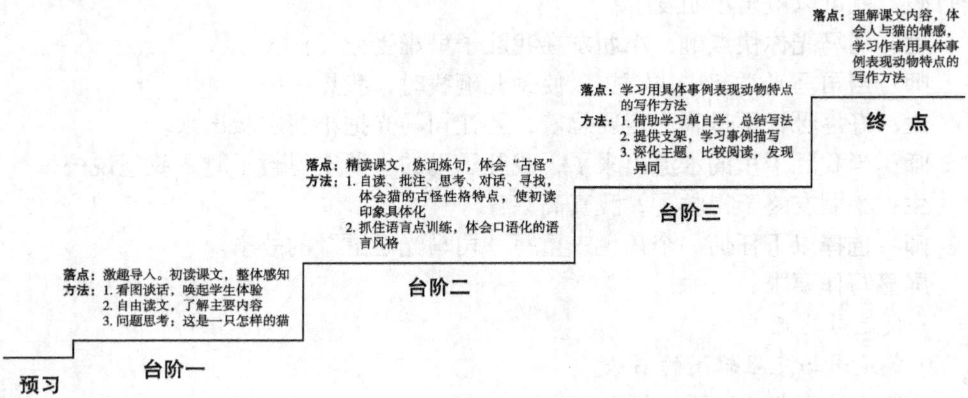
落点：理解课文内容，体会人与猫的情感，学习作者用具体事例表现动物特点的写作方法
落点：学习用具体事例表现动物特点的写作方法
方法：1. 借助学习单自学，总结写法
2. 提供支架，学习事例描写
3. 深化主题，比较阅读，发现异同
终 点
落点：精读课文，炼词炼句，体会“古怪”
方法：1. 自读、批注、思考、对话、寻找，体会猫的古怪性格特点，使初读印象具体化
2. 抓住语言点训练，体会口语化的语言风格
台阶三
落点：激趣导入。初读课文，整体感知
方法：1. 看图谈话，唤起学生体验
2. 自由读文，了解主要内容
3. 问题思考：这是一只怎样的猫
台阶二
台阶一
预习

三、教学过程

1. 激趣导入，整体感知

观图激趣，谈话导入

师：同学们，你们喜欢猫吗？

生：喜欢！

师：看！它们来了。这是一只什么样的猫？

（屏幕出示猫图片）

生：躺着的猫。

师：懒洋洋的猫。这只呢？

生：活泼的。

师：活泼的、跳跃的、充满活力的猫。这只呢？

生：撒娇的。

师：撒娇的、卖萌的猫。想不想抱抱它？

生：想！

师：这只呢？

生：这就是一只耍酷的猫。

师：耍酷的猫，在有太阳的日子，它戴着墨镜，是不是呀？它在树上乘凉呢！耍酷的猫不仅会卖萌，还会耍酷。这只呢？谁来说一说。我想听听你们每个人发言。

生：这只猫待在鞋子里面，看起来有些害羞。

师：害羞的猫。还有吗？

生：它很好奇，它钻进鞋子里面看看到底有什么东西。

师：好的，好奇的猫。千万不要在鞋子里面撒泡尿哟！

师：哦！这只猫呢？

生：害怕的猫。

师：它犯什么错误了？

生：它应该是打碎什么东西，然后主人就让它靠墙站着。

师：靠墙站着后它就非常听话地举手投降了，是吧？这只猫很聪明哦，好汉不吃眼前亏。这只呢？

生：有可能这只是在和一只螳螂在交流。

师：在交流，在说悄悄话。好，你的想象很有意思！还有谁有不同的想法吗？

生：这只猫很好奇，看到螳螂，它觉得没见过。

师：没见过这个两只手像大刀一样的虫子，它觉得非常的好奇。这只猫呢？看看它的眼神，看看它的动作。

生：我觉得这只猫很凶悍。

师：很凶悍！嗯。

生：很凶悍，它的眼神很凶悍，好像非常的凶猛。

师：非常的凶猛。大家注意，它用手摸摸它的舌头，好像在说："嘿，你很好吃哦！"害不害怕？

师：好，刚才同学们见识了各种各样的猫。其实呢，我们著名的作家——老舍先生，他也养过一只猫，那么他养的猫是什么样子的？想不想知道？

生：想！

师：今天我们就来学习老舍先生的一篇课文，15 课——《猫》。

（师板书课题：猫）

初读课文，整体感知

师：昨天，同学们已经自学过生字词了，让我们把课本拿出来，自由地读一遍课文，注意读准字音，读通句子，开始吧。

（生自由读文）

师：课文读完了，谁来说一说，这是一只什么样的猫？

生：这是一只性格古怪的猫。

师：好的。还有吗？

生：这是一只贪玩的猫。

师：好，贪玩。请坐。有补充吗？

（师板书：贪玩）

生：这是一只尽职的猫。

（师板书：尽职）

生：这是一只可爱的猫。

（师板书：可爱）

师：可爱。好，你喜欢上它了，是吧？还有吗？

生：这是一只勇猛的猫。

（师板书：勇猛）

生：这是一只温柔可亲的猫。

师：好，温柔的猫。还有没有？

生：这是一只淘气的猫。

师：淘气。还有课文中说，它还是一只什么样的猫？（板书：老实）还有呢，一起说。

生：生气勃勃、天真可爱。

（师板书：生气勃勃、天真可爱）

师：同学们，你们发现了吗？在这些词语当中，有一些词语，是意思相反的。比如说：贪玩和尽职、勇猛和胆小。这只猫它既贪玩，又尽职；既勇猛，又胆小。所有这些意思相反的词都能用来形容同一只猫，用课文中的话来说，它的性格实在有些——古怪。我们一起把这句读一读。

（师板书：古怪）

生（齐读）：猫的性格实在有些古怪。

师：那么，它到底有多古怪呢？你们想了解吗？

生：想！

师：我们还是得采访一下它的主人，它的主人是——

生：老舍先生。

师：我们看看老舍先生是怎么讲他这只猫的，好吗？

生：好！

2. 精读课文，品词赏句

师：请同学们把书打开，默读第一自然段。想一想，说猫老实是因为什么？说猫贪玩是因为什么？说猫尽职又是因为什么呢？

（生默读）

师：想好了吗？想好了与你周围的同学说一说，开始吧。

（生讨论）

师：我们来全班交流一下。说猫老实，是因为什么？老舍先生给我们讲了它的事情。

生：说猫老实，是因为猫的确有时候很乖。它会找个暖和的地方睡大觉，成天睡大觉，无忧无虑，什么事情也不过问。

师：嗯，同意吗？

生：同意。

师：说猫贪玩，是因为什么？你可以把句子找出来读一读，然后找出关键词。

生：“可是，它决定要出去玩玩，就会出走一天一夜，任凭谁怎么呼唤，它也不肯回来。”我从“任凭谁怎么呼唤，它也不肯回来”里感觉到它非常的贪玩。否则，为什么别人都找它了，它也不肯回来呢？

师：它一天一夜不回家，那作为它的主人，老舍先生一家担不担心呢？

生：担心。

师：那比如说，老舍先生他们家的小女儿平时很喜欢这只猫的，那看到猫没回来，她赶紧急急忙忙地到胡同里去怎么呼唤猫呀？谁来想象一下，说一说。

生：猫啊！你在哪里啊？

师：哦！还有吗？

生：快点跟我回家吧！

师：好的。

生：猫啊，你在哪里啊？赶紧出来吧！回来陪我玩玩吧！

师：好。还有吗？

生：猫啊！快点回来吧！今天有你最喜欢吃的鱼哦！

师：哦！你拿鱼来诱惑猫，把它诱惑回家呀！

生：猫啊！你别跟我玩儿捉迷藏了，我都已经看见你了。

师：可是猫根本不理你。那么，猫有没有跟小女儿回家呢？

生：没有。

师：这下老舍先生坐不住了，亲自出马，到胡同里，又去喊。他会怎么呼唤猫？老舍先生是很爱猫的，呼唤声音要怎样呢？

生：猫啊！我的小女儿都给你买了快餐了，快回来呀！快餐都等着你吃呢！

师：好。可是，我们这位猫老爷，不管你们怎么呼唤，它都不回来，你们说是不是很贪玩？

生：是。

师：难怪老舍先生跟你们这么说，一起读，预备，起。

生（齐读）：说它贪玩吧，的确是啊，要不怎么会一天一夜不回家呢？

师：我们再来读读这一句，预备，起。

生（齐读）：可是，它决定要出去玩玩，就会出走一天一夜，任凭谁怎么呼唤，它也不肯回来。

师：嗯，这两句，你觉得哪一句写出了老舍先生的心声？

生：我觉得第一句写得比第二句好，因为这几个“吧”“啊”“呢”，说明老舍先生非常担心的心情。

师：非常担心。你来读一读好不好？读出他的心情来。

生：（担忧的语气）说它贪玩吧，的确是啊，要不怎么会一天一夜不回家呢？

师：嗯，她读出了担心。有没有人读出别的？

生：我也觉得第一句比第二句写得好，因为第一句它加的那些字更表达了老舍先生对猫的喜爱。

师：对猫的喜爱，他有没有非常生气啊？

生：没有。

师：他既对猫喜爱，又有点生气，还有点拿它无可奈何，是吧？你要读出那种喜爱，好吗？

生：（喜爱的语气）说它贪玩吧，的确是啊，要不怎么会一天一夜不回家呢？

师：好，不错，你体会出了喜爱。还有吗？有没有谁感觉到，老舍先生在跟你聊家常？来，谁能做个手势？把这句话读一读，你就体会到那种聊家常的感觉了。自己练习一下好不好？加个动作，加上表情，做个手势，开始吧。

（学生加上各种不同的表情和手势小声练习朗读这句话）

师：谁先来？让我们体会到老舍先生既有点儿生气，又心疼，又喜欢，这种感觉。

生：（心疼又担心的语气，加上手势）说它贪玩吧，的确是啊，要不怎么会一天一夜不回家呢？

师：不错，还有谁？

生：（无奈又生气的语气，加上手势）说它贪玩吧，的确是啊，要不怎么会一天一夜不回家呢？

师：无奈了。

生：（喜欢又生气的语气）说它贪玩吧，的确是啊，要不怎么会一天一夜不回家呢？

师：体会到了吗？跟你拉家常呢。我们来读一读好不好？加上你的动作、你的表情。预备，起。

生（齐读）：说它贪玩吧，的确是啊，要不怎么会一天一夜不回家呢？

师：这就是老舍先生口语化的语言的风格，让我们感觉到一位老爷爷在跟我们聊天、拉家常，好像我们是他的邻居一样，对不对？好的，嗯。还有没有谁说一说，说这只猫，它尽职又是因为什么？抓住些关键的词语、句子来说。

生："可是，它听到老鼠的一点儿响动，又多么尽职。它屏息凝视，一连就是几个钟头，非把老鼠等出来不可！"我从这一句感受到猫很尽职。因为它听到老鼠的一点儿响动，它也要等，不管老鼠出不出来，它一直在老鼠洞口等着老鼠出来把老鼠抓住。

师：一定要死守洞口，是不是？好，还有，屏息凝视，屏息凝视什么意思啊？比如说，现在你就是猫，在老鼠洞口屏息凝视呢！

生：屏息凝视就是它等老鼠，连呼吸都不敢，就轻轻地呼吸，怕老鼠听到它呼吸都不敢出来了。

师：所以它屏住呼吸，眼睛一直盯着那个老鼠洞口。你们说，它这样，是不是很尽职？

生：是。

师：好，还有呢？它非怎么样？非把老鼠等出来不可，你又感受到了什么？

生：就是说它一定要把老鼠等出来，不管老鼠出不出来，等上几天几夜，它都不会走，就是要把老鼠等出来。

师：这只猫多么有决心，有毅力呀！那你们在生活中，有没有什么"非……不可"的时候？

生：我看书的时候，我妈妈经常叫我赶紧去睡觉，但是不管妈妈说什么，我非把这本书看完不可。

师：好的，是个小书虫。

生：我在做奥数题的时候，有一些比较难的题我想了半天，然后，我妈妈要给讲，我说不用了，我非把这些题做出来不可。

师：非把这些题做出来不可，还有吗？

生：我在看侦探小说的时候，我非把凶手抓出来不可。

师：好。来，我们一起把这句话读一读好不好？“它屏息凝视……”预备，起。

师生：“它屏息凝视，一连就是几个钟头，非把老鼠等出来不可！”

师：好，请一个同学把刚才同学们的发言总结一下，说猫老实是因为什么？

屏幕显示句段。

生：它成天睡大觉，无忧无虑的，什么事也不过问。

师：说猫贪玩是因为什么？

生：是因为它如果决定要出去玩玩，就会出走一天一夜，任凭谁怎么呼唤，它也不肯回来。

师：说猫尽职是因为什么？

生：说它尽职是因为它一听到老鼠的一点儿响动，它就屏息凝视，一连就是几个钟头，非把老鼠等出来不可！

师：嗯，好。同学们，我们来看，老舍先生每说猫的一个特点，他都要举一个“例子”来说明这个特点，这样子就能让读者更加信服了。所以这种写作方法就要用具体事例表现动物特点。

3. 学习用具体事例表现动物特点的写作方法

借助学习单自学，总结写法

师：好！这个方法老舍先生在第二、第三和第四自然段中也用到了。下面请同学们对照学习单，自学二到四自然段，想一想老舍先生用什么事例写了猫的什么特点呢？开始。

（生自学）

师：在二、三、四这三个自然段中，老舍先生用什么具体的事例写了猫什么特点呢？谁来说一说？

生：我找到的是猫温柔可亲的特点。我找到的事例是“用身子蹭你的腿，把脖子伸出来让你给它抓痒，或是在你写作的时候，跳上桌来，在稿纸上踩印几朵小梅花”。我从“蹭”、“伸”和“跳”这些动词中感受到猫很温柔，就是很想和你一起玩。

师：很亲近人，对不对？表扬她，不仅抓住了一些句子，还抓住了一些词语来谈。王子麟，你说。

生：我找到了猫勇猛的特点。

师：能具体说一说吗？

生：他这里写了，“不要说见着小虫和老鼠，就是遇上蛇也敢斗一斗”。因为蛇别的动物都怕，只要蛇一来，别的动物都想躲起来，但是它还是敢同蛇斗一斗，所以我觉得猫很勇猛。

生：我找到了猫很可爱和淘气的地方。课文说，“妈妈的尾巴，一根鸡毛，都是它们的好玩具，要个没完没了”。我觉得猫很贪玩，然后淘气的时候它们就一直在贪玩，要个没完没了。

师：玩得不亦乐乎，是吗？有谁补充？王靖佳。

生：我还找到了，“一玩起来，它们不知要摔多少跟头，但是跌倒了马上起来，再跑再跌”，我从这里感受到猫很可爱。因为它们跌倒了，不会放弃，它们还会站起来，然后再继续玩，跌倒了还会再站起来继续玩。

师：嗯，不怕失败。好，还有吗？党珩瑞你说。

生：我找到的是它很胆小。

师：哦，它很胆小。

生：因为这里面说了，“它什么都怕，总想藏起来”，我从“什么”和“总想”里面感觉到它非常胆小。

师：你养过猫没有？

生：我没有养过猫，但我看过别人的猫。

师：别人的猫如果当我们陌生人走过去，它会不会躲起来？那说明它很胆小。找到的例子很好，还有吗？

生：我想说的是猫的那种不高兴的情形，它不高兴的时候，是“无论谁说多少好话，它也一声不出”。

师：可是猫就当听不见，是不是？

生：可是猫就当听不见，还是坐在那打盹，也一声不出。

师：好的，同学们，你们觉得老舍先生找的这些事例，是不是能说明猫的这些特点呀？ 接下来，我要考考同学们啦！尤其要看看平时养过猫的同学，对猫的观察仔不仔细。大家想象一下，猫吃饱了的时候，会怎么样？高兴的时候，会怎么样？活泼起来，又会怎么样？你能不能也用一个事例来说明猫的一个特点呢？静下心来，思考一下，然后把你的思考写在学习单的第二题，开始吧。

（学生完成事例描写练习）

师：谁来说一说，猫（　　　　）起来，它还会（　　　　）呢？

生：猫生气起来，它还会躲在一个小角落里，静静地生闷气，一动也不动，谁也不理。

师：嗯，好，还有吗？

生：我同李玫诺的一样，也是生气。猫生气起来，它还会尖叫，毛发高高竖起，尾巴也抬得高高的，它还会在你的院子里到处乱跑，把花盆撞翻，把用来浇花的水弄得满地都是，你收拾都来不及。

师：嗯，好的，还有吗？

生：猫高兴起来，它还会跳上沙发，跑到你身边，咕噜咕噜地叫着，用身子蹭蹭你，好像在叫你给它抓痒。

师：噢，好，你观察得很仔细。

生：猫开心起来，它还会跳到桌子上，用舌头舔自己的爪子，或是扑到你的肩膀上，让你摸一摸它松软的毛发。

师：好，它撒娇呢！高昱希，你说。

生：猫生气起来，它还会跑到花园里放声大叫，就是聋人也会被它吵得受不了。

师：呵呵，用夸张的手法呀！好，还有吗？郎玥，你说。

生：猫吃饱起来，它还会躺在床上，伸一个大懒腰，打了一个哈欠，懒洋洋地在床上翻来翻去。

师：好，让我们看到了一只懒猫。柴子茹，你说。

生：猫要是高兴起来，它还会不停地向你撒娇，一个劲儿往你身上蹭，口水滴到你满身都是。

生：猫要是不开心起来，它还会在我的单车下面一直睡懒觉，害得我一直不能骑单车。

师：嗯，还有吗？王璟琪，你写的是什么？

生：猫活泼起来，它还会跳来跳去的，把你们家弄得乱糟糟。

生：猫淘气起来，它还会打碎金鱼缸，然后把里面的那条鱼吃了，还会跑到狗的身边恐吓狗。

师：哇，它觉得自己很厉害，恐吓狗，是吧。再找一个同学，李思彰，你说吧。

生：猫恐惧起来，它还会飞一般地逃跑，像一只猴子一样地翻墙，一直到了一个小洞或者树丛前，一下跳进去，不见了踪影。

生：猫活泼起来，它还会在草地上奔跑，高兴地跳跃着，有时还会淘气地在地上打滚，或跑到你身边跟你分享它快乐的心情。

生：猫高兴起来，它还会在你的脚边转来转去的，好像是邀请你陪它玩，你想甩掉它都不行。

师：同学们，看到了，我看到了你们很爱猫，也看出了你们会用事例写一个动物的特点。这篇课文，你们学到这一点，已经很不错了。

比较阅读，发现异同，深化主题

师：其实，除了老舍先生是爱猫之人，很多作家也喜欢猫，也爱猫。在我们课文的课后链接里面，就选了两位作家的文章，一位是周而复，一位是夏丏尊。请同学们朗读这两段文字，边读边想，他们写猫的方法跟老舍先生有什么相同的地方？有什么不同的地方呢？开始吧。

（生朗读）

师：我们一起来讨论一下，老舍、周而复、夏丏尊，他们笔下的猫有什么相同点，什么不同点呢？

生：相同的地方是都表达了对猫的喜爱之情。

师：同意吗？

生齐：同意。

师：不同的地方在哪里？李思彰。

生：老舍是先说出它的特点，然后再举事例说明；周而复只是说出了它的特点；夏丏尊是只举例子说明。

师：我们来说一下。周而复他是写的猫的什么特点？老舍是写性格特点，周而复是写的什么特点？一起说。

生齐：外貌特点。

师：还有呢，他写了猫的什么呢？神态。

师：而夏丏尊写的是什么？夏丏尊通过什么写出了对猫的喜爱之情？李玫诺，你说。

生：是人对猫的态度。

师：好，人对猫的态度写出了对猫的喜爱之情，同意吗？

生齐：同意。

师：你们看，同样是猫，同样喜爱之情，作家选取的角度不同，思路不同，写出来的感觉是不是也是不一样？

4. 后续学习活动

从科学的角度或从日常生活中选一个角度写猫，你打算怎么写？课后收集一些关于猫的文章，读一读，看看还可以从哪些角度来写它。

案例3：老海棠树（五年级）

一、导读

本课由深圳南山教育集团鼎太小学李晓艳老师设计。线索就是文章的脉络。如果说文章的材料是一颗颗散落的珍珠，那么线索就能把这颗颗珍珠串成一条精美的项链。这节课之前，孩子们对一些基本的文章线索有所了解，如以时间为线，以地点为线，以事情发展为线，以人物心理变化为线，等等。在此基础上，本节课的教学目标是让学生通过阅读例文，学习以事物为线索布局谋篇的文章，学会借助某个事物来写某人。这节课设计为三个板块。

第一，梳理叙事脉络，探究写作方法：包括预习，借助学习单提炼文本的重要信息。在此基础上，通过讨论对话，带领学生归纳从阅读中获得的写作知识。

第二，创设写作情境，提供写作支架，安排写作任务：将“以事物作为叙事写人文章的线索”这样的“知识和策略”的学习融入有目的、有读者的“真实”世界的写作任务中，通过创设班级微信期刊征稿，引导学生进行功能性写作学习。

第三，明确本次写作任务和要求。学生写作完成后屏幕分享，对照评改标准，集体评改。

二、教学设计概念图

教学目标：探究叙事写人文章的线索，学习借物写人。

学情分析：对文章基本线索有所了解；以事物为线索布局谋篇需进一步训练。

明确评改标准，集体参与评改

落点：学生写作，分享评改

方法：提供评价标准，完成写作任务，评改、遴选微信期刊“发表”习作

提供写作支架，尝试借物写人

落点：提供写作支架，完成写作任务

方法：你想借什么事物写一个什么人，两者之间一定有像老海棠树和奶奶一样相似的地方，你为什么要写？

梳理叙事脉络，探究写作方法

落点一写什么：关联“这样的事”和“这样的人”

方法：课前“预习单”，课中汇报

落点二为何写：提炼阅读知识点

方法：抓住中心句、重点词，逆推内容，体会情感

落点三怎样写：回读课文，发现提炼写作技巧

方法：创设情境，将写作技巧融入真实的写作任务中

三、教学过程

1. 梳理叙事脉络，探究写作方法

写什么

师：今天老师和你们一起学习《老海棠树》。

（生齐读课题）

师：这篇课文的课题是《老海棠树》，是不是只写了老海棠树呢？

生：不是。

师：还写了谁？

生：奶奶。

师：对！还写了奶奶。

（师板书：奶奶）

师：李老师知道了，在学习这篇课文之前，你们都对这篇课文进行了非常充分的预习。其实，你们一定能够说出在“老海棠树”和奶奶之间，作者主要想写谁？

生：奶奶。

师：好！现在请打开课本，快速浏览课文，结合你们的前置学习单，关于“老海棠树”作者写了什么？关于奶奶作者又写了她的哪些事情？稍后请结合你们的前置学习单来汇报。

前置学习单		
顺序	老海棠树	奶奶
春		
夏		
秋		
冬		
相似之处		
如何联系		

生：我的学习单是采用韦恩图形式完成的。春天，老海棠树满树繁花；夏天，老海棠树枝繁叶茂；秋天，老海棠树的叶子纷纷落下，奶奶一大早就出来扫地；老海棠树在冬天的时候，敲打着屋檐，摩擦着窗棂，奶奶就在灯下学习。我觉得她们的共同之处就在于她们一年四季都很忙碌，而且，一直在为大家默默地付出。

（屏显学生学习单）

师：你把她们的相似之处都说出来了，而且按照四季的顺序做了汇报。现在你们先只回答李老师问的前一个问题：老海棠树和奶奶她们分别都做了哪些事？

师：还有没有采用李老师的这个表格的形式完成的？

（屏显学生学习单）

生：春天，奶奶在老海棠树下糊纸袋，老海棠树摇落一地雪似的花瓣；夏天，奶奶在树下补花儿，老海棠树枝繁叶茂；秋天，当老海棠树落叶纷纷的时候，奶奶就拿起扫把扫地；冬天，当老海棠树枯干的枝条敲打着屋檐，摩擦着窗棂的时候，奶奶就在窗前学习。

师：非常好。在你们的发言中，我发现作者并不是把老海棠树和奶奶分开写的，而是放在一起写的。那老海棠树和奶奶到底有哪些相似的地方？作者为什么要把她们放在一起写？

生 1：她们一年四季都在忙碌，而且都在为别人默默付出，没有求回报的感觉，而且她们随着时间的流逝，都在一年年变老。

生 2：她们都是对社会做有用的事，不求回报，到必要的时候就默默离开，没有那种非常光荣的感觉。

生3：她们都非常衰老，一年四季都在忙碌。奶奶补花儿、扫地，等等。海棠树则是摇动满树繁花和落叶。而且，她们的精力都非常充沛，她们一直都在为自己的子孙后代、同伴付出。

为什么写

师：因为她们有相似的地方，所以作者把她们两个放在一起写。作者在这篇文章中，要写老海棠树，要写奶奶，为什么要把老海棠树和奶奶放在一起写呢？文中有一句话最能表达作者这样情感的一个基调，你能找到那句话吗？

生：奶奶，和一棵老海棠树，在我的记忆里不能分开；因为奶奶一生一世都在那棵老海棠树的影子里张望。

生：是最后一段的最后一句话：这形象，逐年地定格成我的思念，和我永生的痛悔。

师：什么形象呢？能不能把这句话前面的几句话读一读？

生：但在我的印象里，奶奶的目光慢慢离开那张报纸，离开灯光，离开我，在窗上老海棠树的影子那儿停留一下，继续离开，离开一切声响，甚至一切有形，飘进黑夜，飘过星光，飘向无可慰藉的迷茫……而在我的梦里，我的祈祷中，老海棠树也便随之轰然飘去，跟随着奶奶，陪伴着她；奶奶坐在满树的繁花中，满地的浓荫里，张望复张望，或不断地要我给她说说这一段到底是什么意思？——这形象，逐年地定格成我的思念，和我永生的痛悔。

生：作者思念怎样的一个奶奶呢？文中有一个词，表示奶奶动作的词，多次地出现，哪个词？

生：张望。

师：对，文章中几次写到"张望"，从这个词中你能读到怎样的一个奶奶呢？

生：第五段的最后一句："奶奶洗好菜，重新捡起针线，或者从老花镜上缘抬起目光，或者又会有一阵子愣愣地张望。"我觉得这里的"张望"是奶奶在看老海棠树和自己都在慢慢地老去，孩子洗一个菜都在糊弄，她觉得她要有付出，对世界的付出，对家人的付出。

师：谁能从这句话中概括一下，从这一处"张望"中，你看到了一个怎样的奶奶？

生：对工作的向往，希望能自食其力地生活。

师：第二处"张望"谁来说？

生："什么时候她才能像爸和妈那样，有一份名正言顺的工作呢？大概这就是她的张望吧。"奶奶觉得自己不能不劳而获，给家里人做饭觉得太轻松了，要有工作才行。

师：如果你能连着把第二处读下来，你对奶奶的理解会更深刻。我们一起来读读。

生齐：“什么时候她才能像爸和妈那样，有一份名正言顺的工作呢？大概这就是她的张望吧。不过，这张望或许还要更远大些——她说过：‘得跟上时代。’”

师：“这张望或许还要更远大些”，这里，你看到了怎样的一个奶奶呢？不仅仅是自食其力吧？

生1：勤劳和朴实的奶奶。

生2：她想跟上之前的时间，她想跟上时代，她虽然老了，但是也觉得自己不能没有用，她想像年轻人一样，能有一份自己的工作。

师：还有没有要补充的？除了勤劳、朴实、自食其力、跟上时代……

生：奶奶觉得如果有一份自己的工作，就能学到很多知识。

师：奶奶要跟上时代，不仅仅要自食其力，还要学习知识，不被这个时代抛弃、淘汰。

师：还有对“张望”的描写吗？

生：“而在我的梦里，我的祈祷中，老海棠树也随之轰然飘去，跟随着奶奶，陪伴着她；奶奶坐在满树的繁花中，满地的浓荫里，张望复张望，或不断地要我给她说说这一段到底是什么意思？”

师：你从这个“张望”中读到了什么？

生：我从这个“张望”中读到了奶奶对自己的孙子和世界的希望，还有她自己的理想。

师：除了在“张望”中你读到了一位这样的奶奶，你还能从其他的情节中概括地说一下你还能看到怎样的一位奶奶呢？可以不说文中的原句，概括地说一说就可以。

生：请大家一起来看第八段，我发现这里有许多的小细节。例如第三句话：“一次，奶奶举着一张报纸小心地凑到我的跟前。”这时候的奶奶因为被自己的孙子拒绝了很多次了。文中的“小心”和“凑”中可以看出奶奶有些害怕和担心了。另外，还有：“‘您学那玩意儿有用吗？就算都看懂了您就有文化了？’奶奶立刻不语……”从这里可以看出奶奶的坚持不懈，她之前被她孙子拒绝过那么多回，她仍坚持自己的想法，继续学习。

师：我还想补充一下：“她终于抬起头，眼里竟全是惭愧，毫无对我的责备。”这里你又看到了怎样的一位奶奶？

生：大度慈祥的奶奶。虽然她的孙子对她的态度很不好，但是她还是很慈祥，她想学文化，但她的儿孙不支持。

师：但是她对这一切却非常的宽容，你说得非常好！

师：那“痛悔”呢？“永生的痛悔呢？”你觉得什么是“痛悔”？

生：痛苦。

生：悔恨。

生：惭愧。

师：“痛悔”就是痛苦、悔恨。那作者为何“痛悔”呢？文章中潜伏着几处表现作者“痛悔”的句子，谁找到了？

生：最明显的是第八段：“我的心一下子收紧，但知已无法弥补。‘奶奶。’‘奶奶！’‘奶奶——’她终于抬起头，眼里竟全是惭愧，毫无对我的责备。”在这句里，从“我的心一下子收紧，但知已无法弥补”可以看出来，作者对自己说的话非常后悔，后悔自己为什么会随口说出这样的话呢？为什么会对奶奶态度这么不好呢？

师：你把文章中最重要的一处，最能凸显出作者“痛悔”的一处找出来了。还有没有？文章中潜伏着好多这样的情节哟，作者没有直接说，还有哪一处？

生：“我说：‘有我爸妈养着您，您干吗这么累啊？’”这一句可以体现出作者的“痛悔”。老年人会感觉这是对自己的一种嘲笑，会觉得自己是一个没用的老太太。

师：这样的话会让奶奶觉得有点嫌弃她，这样的话让作者“痛悔”。

生：“夏天，老海棠树枝繁叶茂，奶奶坐在树下的浓荫里，又不知从哪里找来了补花的活儿，戴着老花镜，一针一线地缝。天色暗下来时她冲我喊：‘你就不能去洗洗菜？没见我忙不过来吗？’我跳下树，洗菜，胡乱一洗了事。奶奶生气了：‘你上学也这么糊弄？’”从这里可以看出作者很后悔当初为什么这样“糊弄”，作者的“糊弄”让奶奶不高兴了。

师：是呀，那时为什么不帮帮奶奶呢？可是这一切在现在都晚了，无法弥补了……

生：“我说：‘可谁能看见？’奶奶说：‘不能那样，看不看得见是人家的事，我得自觉。’”从这里可以看出，奶奶抱着一个非常远大的理想，不想做一个没用的奶奶，那时的作者可以主动帮奶奶做事儿了，不会那么凶了，但他仍然不明白奶奶为什么要找工作，要做这份工作。

怎么写

师：这篇文章有些与众不同的写作技巧和表现手法，你发现了吗？作者是怎样写的？怎样表达的？

生：作者借海棠树来表达他的感情的，他是按照时间顺序来写的——春、夏、秋、冬。

生：我想说的是作者的写作手法。作者是按照春、夏、秋、冬来写的，同时也表现出奶奶一天一天地变老，自己也一天一天地长大，从不懂事到体贴。

师：我得纠正一下，这是写作的顺序。请继续说——

师：根据你的回答可以概括地说：作者是按照春、夏、秋、冬这样的顺序来推进情节的发展。海棠树四季的变化也是奶奶变化、衰老的过程。还有其他发现吗？

生：我觉得作者还用了对比谋篇的方法。请大家翻到第一面："天色暗下来时她冲我喊：'你就不能去洗洗菜？没见我忙不过来吗？'我跳下树，洗菜，胡乱一洗了事。"再请大家翻到第二面："我大些了，听到声音赶紧跑出去说：'您歇着吧，我来，保证用不了三分钟。'"这里写了作者从不懂事到懂事，从不帮助奶奶到主动去帮助奶奶，我觉得他用了这种对比谋篇的方式是非常好的。

生：我觉得文章还有一个内在的顺序。

生：第三段写的是儿时的我是怎么样的，第五段写的是小学的我是怎么样的，还写了长大的我是什么样子的。

师：刚才你说了一个"内在的顺序"，蒋一民说了一个"外在的顺序"，春、夏、秋、冬，这是我们可以看到的，你说的这个变化我们不能一下子看到，但是这个过程也是作者的写作顺序。

生：这篇文章前呼后应。前面说了什么，最后一段也都说了出来。

师：你觉得这样的作用是什么？

生：这让作者说的"痛悔"更加强烈。

师：不仅情感加强了，文章更加完整了。还有没有不同的看法？

生：我发现了一个小小的细节，请大家翻到第二页第八段："'奶奶。''奶奶！''奶奶——'"三个"奶奶"不同的长短，不同的语气。我想结合第九段来说一下，第九段写作者的痛悔，然后奶奶离开了。这声音越来越大，越来越长，是作者在呼唤要离开的奶奶。

师：说得真好！文章中不乏这样对人物细节的描写，还有对老海棠树细节的描写。这些对人物和老海棠树的刻画都为你对文章的了解有特别的帮助。

师：读到这里我们其实能感受到作者是想借老海棠树来表现奶奶的勤劳、宽容、自食其力，奶奶不想被淘汰，想有尊严地活着，表达他对奶奶的思念和痛悔，借海棠树来表现奶奶。作者将叙事写人与状物结合在一起，将一个物件当作叙事写人的线索，把对物件的描写穿插在叙事写人当中。

师：关于有线索的文章读过很多篇，把对物件的描写穿插到叙事写人当中。作者为什么这样写？为什么要安排一个线索？不就是想写对奶奶的思念和痛悔吗？不就是想写奶奶的勤劳、善良、宽容吗？就直接写吧，以前我们都是这样写的："我有一个奶奶，她非常勤劳，早上……晚上……最后说我的奶奶真勤劳。"这样不是很清楚吗？为什么要这样写呢？

生：这样比较直白。穿插就有内涵，不那么直白。

生：这样的表达方式更含蓄，太直白，没有思考空间，这样会更有吸引力。

师：想试一试吗？

2. 提供写作支架，尝试借物写人

师发布公告：鼎太小学五年级一班的微信期刊《一起走过的日子》第三期主打栏目“时光里的故事”面向全班同学征稿。本期主题：那物那人。编辑部将会优选五至八篇优秀稿件刊登。

师：你们有没有特别衷情的花、草或其他事物，是因为它是和某个人联系在一起的？你能不能借一个物也来写一个人？在写之前完成这样的一个学习单，充分思考一下，你想借一个什么事物来写一个什么人，二者之间一定有像老海棠树和奶奶一样相似的地方，你为什么要写？打开学习单，思考完成。

顺序	什么人 （　　　）	什么事物 （　　　）
相似之处		
为什么写 （表达情感）		

汇报：

生：外公离开我家好久了，我想借我家阳台上的杜鹃花来写我的外公。看到杜鹃花，我就会想起每日精心侍弄花草的外公。

生：我想借我家那口老炒菜锅来写我的阿姨。阿姨在我家待了十几年，每天任劳任怨为我们做饭，就像那口老炒菜锅，没有什么漂亮的外表，可是我们离不开她。

生：我想借百合花来写我的小提琴老师。百合花既像我们老师，又像我。我要借百合好来写我对老师的想念和我的成长、进步。

3. 明确评改标准，集体参与评改

（生起草、打写，修改完成）

师：提出评改标准。

屏显标准：

借用一个事物写一个人物。（30 分）

文中有对借用事物的描写。（10 分）

文章主体部分有一个合适的叙述顺序。（20 分）

对人物的描写简洁生动。（20 分）

事物与人物的联系自然，不生涩。（10 分）

语句通顺流畅。（10 分）

（生朗读习作《百合花》）

（屏显学生习作）

生： 写得非常好，用百合花写小提琴老师，可以得满分。

生： 我有一个小建议给他，最后一句结尾“张望”一词用得有点突然，可以在文中多出现几处。

生： 百合花就像他自己，似乎和钢琴教师的联系少了一点。

（生朗读习作《白云草》）

（屏显学生习作）

生自评： 我的意图是想通过写白云草稀少、消失，最后时间的流逝，写姥姥越来越老。我对白云草写得太多。

生： 很有意境，作为线索，姥姥要写得多一点。

生： 描写很生动，特别是最后一段，“禁锢”用得好。

师： 回家之后按标准修改后发到博客上，全班同学一起做编辑，每人选三篇，发给总编，最后选五到八篇上我们这一期的微信期刊。

4. 学生习作

百合花

春节里百合又开了，这使我想起在加拿大的小提琴老师。

我的小提琴老师姓徐，她长得十分漂亮。不管穿什么衣服，她总喜欢配上各种各样的纱巾，露出几丝音乐家的气质。她拉琴的时候，美妙的琴声从她的琴里流淌出来，恐怕连蝴蝶听见了也会流连忘返。她是我的启蒙老师，虽然技术谈不上顶尖，但给我留下了深深的印象。

春天，百合花还未开放，当时还只有几片嫩叶在枝丫最上方，我才刚刚开始跟徐老师学琴。“咪”“咪”我吃力地拿着弓子，生硬地、慢慢地挪动着。徐老师心平气和地指导我，我却十分倔强，始终跟她唱反调。她的眼睛里却丝毫没有一点责备之情，继续用她全身的力气和爱来灌溉我，温暖我。

夏天，百合花那强壮的花骨朵已经成形了，我是时候去参加一些比赛了。徐老师每天费尽心血地和我一起练习，一起经历难关。我也不会轻易放过这次好机会，在家里发奋用功。日月积累，我的手指已经伤痕累累，贴的都是胶布。

经过一个月的努力后，我终于能实现我的梦想——登台表演了。我发挥出我最好的水平。下面的掌声很热烈，我心里却再想着另一件事儿：徐老师要出国了。就在我为此悲伤的时候，徐老师从台下急急忙忙地跑上来，手捧一大束粉红色的，香气迷人的百合花，递给了我，并给了我一个大大的拥抱。我的眼睛湿润了。这是离别的前一天，也是我和徐老师相处的最后一天。

每当春节到来，妈妈总会买几大束百合回家，花开得茂盛的时候，整个家都浸在花香里，可我却说："这些花再香，也比不上徐老师送给我的百合香。"

说完，我望着天边，愣愣地张望了好一阵子。

那丛簕杜鹃

在我的记忆中，对外公的印象不深，他不像外婆那样，每天给我做好吃的饭菜，陪我聊天，问长问短。他不太喜欢跟我交谈，总是喜欢一个人看电视，而且每次来到我家没住多久，就闹着说要回老家，所以我没那么喜欢他。

今年暑假，外公在我们家阳台上种了一株簕杜鹃。刚种下的时候，簕杜鹃只是几根细嫩的小枝丫，时间慢慢地过去，我们家的簕杜鹃长高了，长壮了……

开学后的一天，一个宁静的下午，我们发现，簕杜鹃盛开了！它的枝干有两米多高了，粗壮的枝条上的叶子都绽开了，许许多多的簕杜鹃花从叶子里亮出它们的笑脸。鲜绿和梅红相互映衬，实在是叫人心情舒畅。

几个星期后的清晨，大约七点，我在床上刚刚睁开眼睛，就听见踏踏的拖鞋声。我悄悄跟了过去。原来是外公拿着水壶正走进厨房，把昨天的淘米水倒进水壶里，随后又走进了阳台。他站在簕杜鹃旁边，左手托着水壶，右手拿着水壶的手柄，小心翼翼地往下一倒，淘米水"哗哗"地进入了簕杜鹃的花盆里。浇完花，他拿起铲子和剪刀，为簕杜鹃松了松土，又剪掉了长歪了的枝叶。弄完这一切，他弯着腰静静地坐在一把椅子上，点燃一支烟，端详着满树的簕杜鹃花，烟头上冒出了几层烟圈，慢慢飘向远处。

以后几乎每一次来我家，他进门只跟我们打个招呼，然后就一头钻进阳台，照顾阳台里的植物和金鱼。

妈妈曾经告诉过我，外公年轻时脾气比较大，忙着种田和做生意，无暇照顾孩子们。现在他慢慢老了，有了孙子和外孙，脾气随着岁月的流逝也变温和了，对孩子们也很慈祥了。他有空就喜欢整点花花草草，就像对孩子们一样对待它们。表面看外公跟我没那么亲近，但他其实很爱我，我知道他总是会在晚上为我盖被子，或者偶尔做饭给我吃，其实还有一个我看不见的外公呢！

立冬了，簕杜鹃的花朵和叶子都掉光了，只有几朵孤零零的花儿立在枝头，由当初的绚烂绽放恢复了现在的平静安宁。

不知怎么的，我突然很想念在老家的、与我不怎么亲近的外公，我真希望他快点来我家玩。妈妈说，她的心情和我也一样。

第四节　整本书的课程实践

“能读会写”新课程形态以整本书的课程化为载体，将整本书阅读规模化地引入教学，依托儿童的文学教育，将语言文字的学习、语言文学的熏陶、语言文化的传承、价值观教育等几个层面的教育融为一体，改善、优化传统的语文教育教学。

实现整本书阅读的课程化的途径是阅读内容的知识化——学生在整本书阅读中学习阅读整本书的一般知识，以及相关的语言、文学、文章、文化等方面的知识。基本的教学组织形态包括两种类型：一是班级读书会；二是整本书与其他语文课程资源整合，共同达成语文领域学习知识目标语文活动。

班级读书会的一般流程包括：选书—导读—阅读—阅读交流—延伸活动。其中的“阅读交流”是一种分享，是每一个人聊天般地表达自己的思想与感情，在分享讨论中，教师恰当的提问使学生有话可说，根据学情适时组织的微型课程，给学生以有效分享方法的适时指导。

整本书阅读在与其他语文课程资源、与已存在的语文课程形态整合的过程中，其内容成为语文领域学习目标达成的重要资源。它既可以与单篇课文等其他材料阅读相互整合，也可以通过跨学科、跨领域的学习，与问题探究等活动相互整合，使整本书阅读成为问题解决的语文综合活动的一种资源。

与单篇阅读相比，结构、内容复杂，规模较大的整本书阅读进入语文课程，丰富了学生表达的知识背景和理解图式——学习领域的不断扩大，学习宽度、广度的不断延展，特别是整本书阅读引发的以“少量主题深度覆盖，替换领域中对所有主题的表面覆盖”的“项目化”专题学习，使深度学习成为可能。学生在这个过程中获得透彻、明了地理解、把握相关概念和结构化的知识，获得不断提高语文能力的机会。

整本书阅读进入语文课程，从教学内容的选择到教学活动的组织，不断引发已有语文课程形态的变革——丰富了语文课程的资源，扩展了语文课程内容，拓宽了阅读教学的组织方式。

案例 1：蚯蚓的日记（一、二年级）

一、导读

《蚯蚓的日记》由扬州市邗江区维扬实验小学卞国湘老师设计。这本特殊的“日记”中的一个个故事让人忍俊不禁。这条蚯蚓活脱脱就是生活中的一个小男孩，时不时地会搞出一个个恶作剧，和所有的孩子一样，有讨厌的烦恼和远大的理想。

带领学生阅读这本图画书，除了了解故事内容、学习阅读方法的知识外，也是激发孩子们的阅读兴趣，体验阅读的快乐，发展他们想象力和表达能力的过程。

《蚯蚓的日记》的阅读从理解作品内容、追求与作品的体验式互动的角度，选择读物的内容及组织阅读的活动，包括三个环节：首先，问题导引，激发阅读期待；其次，设计了“读前”“读中”“读后”三个阅读交流环节，三个环节涵盖了纯粹就作品来说怎么读的维度，以及与小学生语文学习知识建立起某种勾连时怎么读的维度；最后，阅读扩展活动，即促进阅读内容与学生生活经验的关联中，走入、走出作品，加深学生对作品的体验、感受。通过学写日记的活动，促进他们读写能力的发展。

二、教学设计概念图

第一板块　激发阅读期待

问题导引，唤起阅读意愿

第二板块　班级阅读交流

1. 读前交流：阅读通识学习
2. 读中交流：设疑激趣，读文观图
3. 读后交流：学习日记写作方法

第三板块　阅读延伸活动

1. 阅读图画，编写蚯蚓日记
2. 联系生活，学写日记

三、教学过程

1. 激发阅读期待

· 小朋友们，认识蚯蚓吗？

· 蚯蚓是没手没脚的，你想过他是怎么写字的吗？

· 你想过他是怎么看书的吗？你有没有想过什么是他的凳子和桌子？

· 用餐的时候，他使用什么餐具？

· 睡觉的时候，他的帽子会挂在哪里？如果他被蜜蜂螫了，会怎么样？

这些答案在《蚯蚓的日记》里你准能找到。

2. 班级阅读交流

读前交流

· 观察封面中的“蚯”字，仔细看看与平时见到的字有什么不同。

· 展示封面中的图，观察蚯蚓写日记时的样子及用的凳子、桌子。（不要忽视蚯蚓背后的叶子上的瓢虫，在接下来的故事里它经常出现。）

· 揭示图书的名字，设疑：你以前看过《蚯蚓的日记》吗？里面会记些什么呢？

读中交流

边翻页边读故事，指导孩子观察画面、适时引导孩子想象故事情节：

· 猜猜接下来将会发生的事情，例如：猜猜看，蚯蚓能学会倒立走路吗？为什么？

· 仔细看图上动物的表情，想想他们会说些什么。例如：在学倒立时，看看蚯蚓的表情，再注意看看左下角待在树叶上的瓢虫的表情，想想他们分别会说什么？

· 注意看图，寻找文字中没有写出来的信息。例如：通心面项链的做法。

仔细观看封底，体会阅读的快乐，注意绿叶上的瓢虫。

读后交流

· 用自己的话说说给自己印象最深的一篇蚯蚓的日记。

· 引导孩子总结日记的内容和格式，并告诉孩子可以为自己的日记配一幅画。

3. 阅读延伸活动

活动一：蚯蚓的日记

引导孩子观察图画书前后的扉页，了解图中的内容，并选择自己最感兴趣的一两幅想象说话，编一则蚯蚓的日记。

活动二：我的日记

帮助孩子了解日记的格式，告诉孩子学着蚯蚓将当天发生的、最有意义的事记下来，写一篇日记。不会写字没关系，可以像蚯蚓一样，借助图画来把没写出来的事情说清楚！

____月____日　星期______　（天气）______

活动三：我最喜欢和最不喜欢的三件事

（1）回顾故事中可爱的蚯蚓最喜欢和最不喜欢的分别是哪三件事？（在交谈中将图画书定格在相对应的画面。）

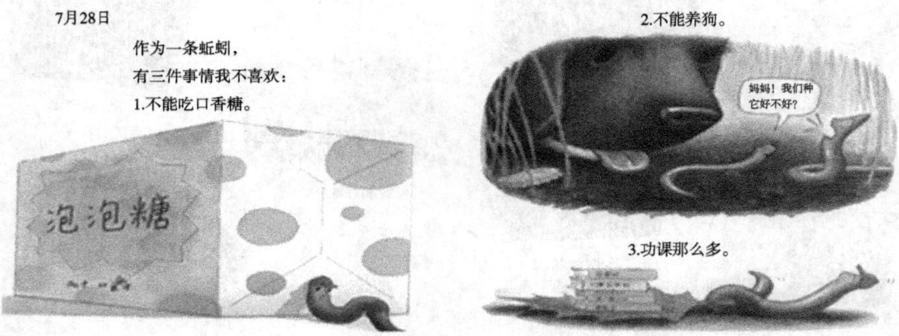

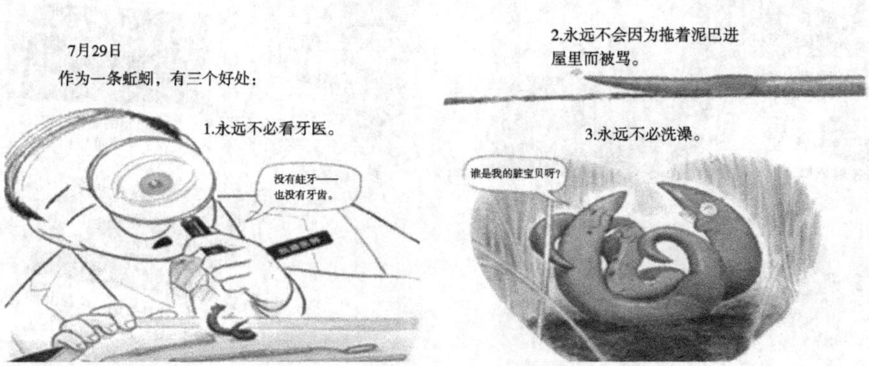

（2）引导孩子联系生活，说说自己最喜欢的三件事是什么？最不喜欢的三件事又是什么？

同桌交流，再小组共同交流。

（3）写日记，模仿故事中的小蚯蚓，记录自己最喜欢和最不喜欢的三件事。提醒孩子注意日记的格式，还可以给自己的日记配上相应的图画。

____月____日　　星期______　　（天气）______

教师讲述稿

瞧！一条戴着红色小帽子的蚯蚓正在用身体卷着一支笔在蘑菇桌上写日记呢！他写了哪些内容呢？让我们跟随他身后绿叶上的小瓢虫去看一看吧！

3 月 20 日，妈妈说我应该永远记住三件事：地球给了我们需要的一切；我们钻地道的时候，也同时帮忙照顾了地球；绝对不要在爸爸吃报纸的时候烦他。

3 月 29 日，我努力教蜘蛛怎样钻地，蜘蛛看了后觉得一头雾水，始终搞不明白该怎样钻。在我的鼓励下，蜘蛛学着我的样子把脚拼命往泥土里钻，一开始他全部的脚都卡住了，可怜巴巴地看着我，说："我想我有一个脚踝扭伤了。"不过尽管如此，他还是没有放弃。可是他费了好大的劲儿，也没能钻进泥土里，后来他又吞了一堆土。看着他狼狈的样子，我无奈地说："我放弃了。"明天他要教我怎样倒立走路。

3 月 30 日，我应约跟蜘蛛学习倒立走路。蜘蛛吐出丝来，把我的肚子牢牢地裹住，然后拖着我往树干上爬去。刚过了一会儿，我就觉得头晕目眩，往下一瞧，天哪！我离地面那么高，要是一不小心掉下去就糟了！我吓得浑身发抖，连忙闭上眼睛，拼命大叫起来。绿叶上的小瓢虫听到喊声，吓得张大了嘴巴。蜘蛛掉过头来吃惊地看了看我，手忙脚乱地把我送到地面上，我过了好半天才回过神来。通过这件事，我得出一个结论：蚯蚓没办法倒立走路。

4 月 10 日，下了整晚的雨，地下湿透了。我们一整天都待在人行道上。跳房子是一种非常危险的游戏，稍不留神，我们就会被人们踩到脚下。

4 月 15 日，今天我忘记带午餐了。看到其他小朋友吃得那么香，我的肚子实在太饿了，只好吃回家功课。就在我吃得津津有味的时候，老师看见了，她很生气地站在我身后，说："你怎么把回家功课吃了？"我吓得连忙停了下来。老师叫我写十次“我以后不吃回家功课”。我努力地写呀写呀，肚子越来越饿了，写完之后，我把那张纸也吃了。

4月20日，今天有一些小孩在公园里玩五颜六色的玻璃球，我决定跟他们开个玩笑。于是我偷偷地靠近他们，他们没听到我来了。我在他们面前扭来扭去，他们吓得大声尖叫，纷纷向远处逃去，连玻璃球都不要了，我开心地笑了——我就爱看他们这个样子。

5月15日，今天我和蜘蛛吵架，他跟我说有脚才算酷，然后他就跑了，我追不上他，也许他说得没错。

5月16日，我逗蜘蛛笑，他笑得太厉害了，结果从树上掉下来，谁说一定要有脚呢?

5月28日，昨天晚上我去参加学校的舞会。我们一会儿把头向前摆，一会儿把头向后摆，一会儿扭扭身体转个圈，我们只能这样跳。

6月5日，今天美劳课，我们做通心面项链。我们按着老师说的步骤去做，先把头伸进通心面，再左右扭，然后上下动，最后往上伸，通心面项链就做好了。我把我做的作品带回家，大家把它当晚餐吃了，爸爸高兴地搂着我说：“你真有天分！”

6月15日，我姐姐觉得自己美极了，我告诉她，不管花多少时间照镜子，她的脸永远长得跟她的屁股一个样。蜘蛛觉得这真的很好笑，妈妈可不这么想，她狠狠地批评了我。

7月4日，我长大以后想要当秘密情报员。蜘蛛说我得非常小心，因为总统可能一不小心就会踩到我。“这个工作很危险，”我告诉他，“但是总得有人去做。”

7月28日，作为一条蚯蚓，有三件事情我不喜欢：不能吃口香糖，不能养狗，功课那么多。

7月29日，作为一条蚯蚓，有三个好处：永远不必看牙医，永远不会因为拖着泥巴进屋里而被骂，永远不必洗澡。

案例2：猜猜我有多爱你（一、二年级）

一、导读

《猜猜我有多爱你》由云南省大理州永平县龙街镇中心完小谷米花老师设计。在《猜猜我有多爱你》这本图画书里，两只兔子用形象的动作和通俗的语言诠释和表达了相互之间的爱。通过老师的讲述和师生间的频繁互动，老师以故事为切入点，让孩子们在欣赏图、文的同时，主动体验、想象故事的内容，并尝试用语言、动作来表达自己对爱的理解和感受。

教学按照“引起倾听故事的兴趣——理解故事，想象爱的情感——体验、迁移爱的情感”的思路分别在读前、读中和读后设计了三个交流环节，包括：1. 从封面信息进入故事情节，以猜猜是“谁说的”为主问题，提出问题，引发学生的阅读期待。2. 以老师的讲述，通过“看一看、说一说、猜一猜、学一学”，引导学生参与、观察和体验故事所表达的主题。以老师的夹叙夹议，引导学生理解角色的对话和表达方式。3. 借助形象的语言和动作使学生发现、感知和体验生活中的爱。

二、教学设计概念图

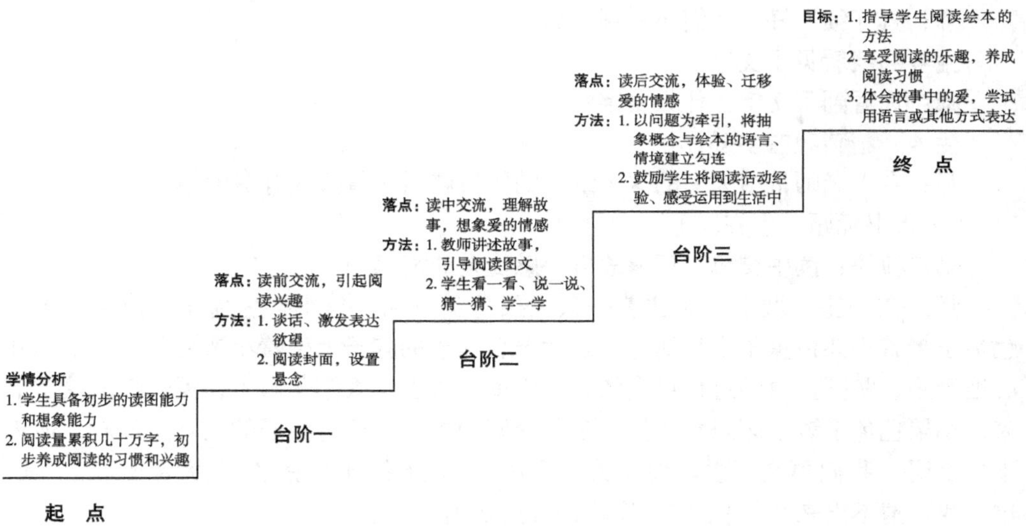

三、教学过程

第一板块：读前交流，引起倾听故事的兴趣

1. 谈话导入，开启爱的大门

师：孩子们，你们爱你们的爸爸妈妈吗？

生：爱！

师：你有向你的爸爸妈妈说过，你爱他们吗？

生 1：没有。

生 2：说了

师：有的同学说过，有的同学没有说过，没有说过的同学心里面想不想着要说一说呢？有没有？

生：有。

师：哦！有。今天老师给大家带来了一本绘本，里面有一只小兔子，他呀很爱大兔子，想尽办法要告诉大兔子，他爱大兔子。那我们就一起来看一看（出示课件）。

2. 欣赏封面，读前交流

师：你看到了什么？

生1：大兔子和小兔子。

生2：我看到了大栗色兔子和小栗色兔子。

师：哦！你看到了大栗色兔子和小栗色兔子。你们还看到什么？

生3：我看到了大栗色兔子在前面跑，小栗色兔子在后面跑。

师：真仔细！好，你们还看到什么？

生4：我看见了文字。

师：你看到了文字，什么文字？

生4：猜猜我有多爱你。

师：今天老师带给大家的这本绘本的题目就叫《猜猜我有多爱你》。

（师板书标题，生齐读）

第二板块：读中交流，理解故事，感受爱的情感

师：在一座山坡上，居住着一只大栗色兔子和一只小栗色兔子。清晨，大栗色兔子带着小栗色兔子出来活动了。大栗色兔子的脖子上架着小栗色兔子，他们开心地奔跑、跳跃。时间过得可真快，一天就过去了，太阳落山了，天色渐渐暗了下来，小栗色兔子该上床睡觉了。可是他紧紧地抓住大栗色兔子的长耳朵不放，他想干什么呀？我们再往下看。他对大兔子说："猜猜我有多爱你？"大兔子说："哦，这，我可猜不出来。"同学们，你能猜得出来吗？能不能？

生：不能。

师：我们不能猜出小兔子有多爱大兔子，就让我们一起走进绘本，去看一看小兔子是怎么说的，怎么做的。

师：小兔子怎么做？

（生模仿小兔子的动作）

师：他怎么说的？

生："这么多！"小兔子说。他把手臂张开，开得不能再开。

（生做动作）

师：大兔子是怎么做的？

生：他也把手臂张开，开得不能再开。

师：好，我们一起来做一做，你们是小兔子，老师是大兔子。

（师生做动作）

师：是小兔子的手臂长还是大兔子的手臂长呀？

生：大兔子。

师：大兔子的手臂要长得多，“我爱你有这么多！”大兔子说。小兔子想：“嗯！这真是很多。”然后小兔子又想出了一个办法，我们一起来看看他想出了一个什么办法。

生：“我的手举得有多高我就有多爱你。”小兔子说。

（生边说边做动作）

师：大兔子又是怎么回答他的？

（屏显课件）

师：大兔子也把手臂举起来，他说：“我的手举得有多高，就有多爱你。”

（师生边说边做动作）

师：是小兔子的手臂高，还是大兔子的手臂高呀？

生：大兔子！

师：“这真是很高。”小兔子想，“我要是有这么长的手臂就好了。”突然，小兔子又想出了一个办法。

（屏显课件）

师：小兔子在干什么呀？

生：倒立。

师：他说什么？

生1：“我爱你一直到我的脚趾头。”

师：大兔子是怎么做的？大家猜一猜。

生2：像小兔子一样倒立。

师：是不是这样呢？

生3：把小兔子甩起来。

师：我们来看看是倒立起来，还是甩起来。

（屏显课件）

师：大兔子把小兔子抱起来甩过他的头顶，他说：“我爱你一直到你的脚趾头。”真够长的。

师：这个时候小兔子坐在大树下，他又想到了什么办法呢？

生1：“我跳得多高就有多爱你。”

师：他用什么方式？

生：跳。

师：大兔子又怎么做呢？

（屏显课件）

师：大兔子也跳了起来，耳朵都碰到树枝了。“啊！这可真高，”小兔子想，

“我要是能跳得这么高就好了。”

师：这时小兔子又想到了什么呢？

（屏显课件）

生 1：“我爱你向着这条小路伸到小河那么远。”小兔子喊起来。

师：如果你是这只小兔子的话，你还会想到什么样的话跟大兔子说呢？

生 1：“我爱你向这条小路伸到大山那么远再回来。”

生 2：“我爱你一直到小河那里再翻过一座山再回到这里来。”

生 3：“我爱你一直到月亮又回来那么远。”

生 4：“我爱你像小路伸到天边那么远再从天边回到这里来。”

师：大兔子是怎么回答小兔子的？

（屏显课件）

师：大兔子说：“我爱你，远到跨过小河，再翻过山丘。”“这实在太远了。”小兔子想。这个时候他太困了，他实在想不出更多的东西来了，望着灌木丛那边黑沉沉的天空，想着没有什么比天空更远了。

师：想一想，小兔子望着黑沉沉的天空他会对大兔子说什么呢？

生 1：“我爱你到月亮上。”

师：其他同学还想到了什么？

生 2：“我爱你爱到了外太空。”

生 3：“我爱你爱到了天王星。”

生 4：“我爱你爱到了火星。”

师：你们想得真远，那我们来看看小兔子是怎么说的呢？

（屏显课件）

生：“我爱你一直到月亮那里。”说完小兔子闭上了眼睛。

师：真好，小兔子的爱到了月亮，这时他睡着了，在大兔子温暖的怀抱里进入了甜甜的梦乡。

师：“哦，这可真远，非常非常地远。”大兔子说。然后大兔子怎么做的，我们看图。

生：大兔子把小兔子放到用叶子铺成的床上，他低下头来亲了亲小兔子，对他说晚安。

师：小兔子睡着了，现在大兔子应该没话可说了吧，还是他会说什么呢？让我们一起来猜一猜大兔子会说什么？

生 1：“我爱你从月亮再回到地面。”

生 2：“我爱你一直从这里到月亮再从月亮回到这里来。”

师：嗯，我们一起来看一看大兔子是不是这样说的。

（屏显课件）

师：“我爱你一直到月亮那里，再从月亮上回到这里来。”

第三板块：读后交流，体验、迁移爱的情感

师：读完了这本绘本，我们一起来看“猜猜我有多爱你”是谁说的？

生：小兔子。

师：那我们再来看看他为了向大兔子说出“我有多爱你”，他用了哪些方式？

生 1：张开手臂。

（师粘贴图画板书）

师：他还用了哪些方式？

生 2：把手举起来。

（师粘贴图画板书）

师：他还用了哪些方式？

生 3：倒立。

（师粘贴图画板书）

师：还有其他的吗？

生 4：跳高。

生 5：说他的爱到月亮那里。

师：我们看出小兔子很爱大兔子，大兔子也很爱小兔子，那是小兔子的爱多一点还是大兔子的爱多一点？

生：大兔子。

（板书：爱）

师：小兔子为了表达对大兔子的爱，想了很多的办法，但是到最后我们发现，我们爱一个人要把它表达出来是不是一件很容易的事情？

生：不是。

师：那就让我们一起来读一读这句话。

（屏显封底的话）

生齐读：当你很爱很爱一个人的时候，也许你会想把这种感觉描述出来，可是就像小兔子和大兔子发现的那样，爱，实在不是一件容易衡量的东西。

师：我们爱我们的爸爸妈妈，想要把这种感觉表达出来，以前我们不知道该怎样表达，今天老师带着大家读了这本绘本，你们也试着像小兔子一样把自己对爸爸妈妈的爱表达出来，你们会用哪些方式呢？

生 1：唱歌。

师：真好。我们除了用歌声以外，还可以用什么方式呢？

生 2：我会吹葫芦丝，给妈妈吹一首感动的曲子。

师：这个办法真好。

生3：写信。

生4：做贺卡。

生5：送礼物。

生6：吹笛子。

生7：用语言。

师：你会怎么说呢？

生7：我爱你到外太空，再从外太空回到这里来。

师：她学着用小兔子的话来跟爸爸妈妈表达，真好！

生8：弹钢琴。

生9：送鲜花。

师：我们爱我们的爸爸妈妈，我们可以用语言、用歌声，可以送礼物，回去以后和爸爸妈妈一起读这本绘本《猜猜我有多爱你》，把心中的爱跟他们表达。

案例3：时代广场的蟋蟀（三、四年级）

一、导读

《时代广场的蟋蟀》由深圳南山实验教育集团南头小学周美英老师设计。《时代广场的蟋蟀》是一个有关生命之间的友谊、爱和关怀，一个发自大自然、涤荡心弦的音乐之声的故事。根据这个年段学生处于“学会阅读”向“透过阅读学习”的能力发展，以及他们语言、认知和社会情绪发展的特点，教师设计了“在书中旅行”“在书中读到自己”“在书中读出画面”“像作家一样写作”几个环节，以提升学生阅读的能力。

在书中旅行环节的几个活动中，教师设计了让学生以“写”（检索与选择）的方式记录“跟着蟋蟀去旅行”中印象最深、最有趣的动物、人物、事情，以理清作品的基本内容、基本脉络，以及包括主角、情境、主要问题或冲突、解决问题的经过、结局等结构要素。而“随着音乐去旅行”“伴着友情去旅行”的活动，旨在丰富学生的文学体验，增强心灵感受，培育“共情”能力。在随后的书中读到自己、读出问题、读出画面，除了进一步丰富学生的文学体验外，从“学习阅读”“透过阅读学习”的角度看，则是通过解释人物、事件关系，分析、感受人物行为、对话和细节，提出合理看法，逐渐培养学生“整合与解释”“反思与评价”的能力。

二、教学设计概念图

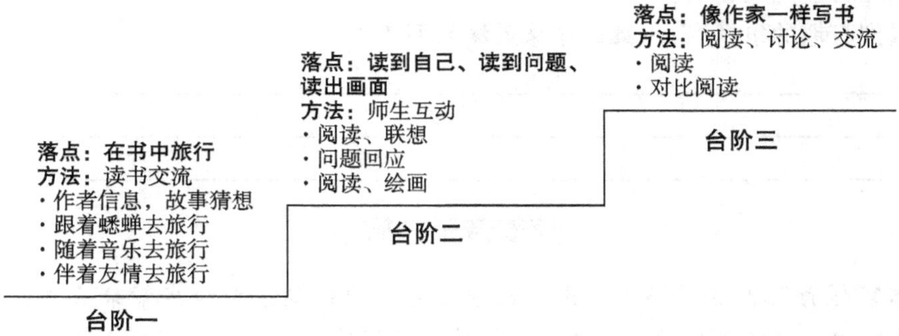

三、教学过程

1. *在书中旅行*

认识作者

乔治·塞尔登1929年生于美国康涅狄格州。自耶鲁大学毕业后，他本有意朝剧本写作的方向发展，却在朋友的鼓励下走上了儿童小说的创作道路。他的第一本书出版于1956年，不过并没有引起很多人的注意。真正使他一举成名的，是他1961年获得纽伯瑞儿童文学奖银奖的《时代广场的蟋蟀》。这本描写一只蟋蟀、一只老鼠和一只猫咪不寻常友谊的故事书，出版后即佳评如潮，一直到今天仍风行全世界。

·上网查找乔治·塞尔登的资料。你知道这位作者的哪些信息？

·上网查找《时代广场的蟋蟀》的书评。摘录印象最深的内容记在下面。

故事猜想

拿到这本书后，我们首先读一读这本书的封面、目录、内容摘要、图像等内容，把书概括地看一遍。

猜想一下，这本书会写哪些内容呢？可以猜想整本书的内容，可以猜想一个目录下的内容，也可以猜想封面的内容。把猜想的内容写在下面。读完这本书后，把你猜想的和书中读到的内容比较一下，你一定会觉得很有意思的。

____

____

____

读书交流

跟着蟋蟀去旅行

蟋蟀柴斯特从康涅狄格州乡下的草场来到时代广场的地铁站，遇到了一些奇怪的事情。让我们跟着这只蟋蟀前行，看看他有哪些奇遇？

遇到有趣的动物有：

遇到有趣的人物有：

遇到有趣的事情有：（挑选印象最深的写下来）

1. ______________________________

2. ______________________________

3. ______________________________

随着音乐去旅行

作家赵丽宏曾这样描述音乐：在寂寞时，你的到来会给我带来欢声；在痛苦时，你的出现会使我平静；在烦躁时，你会轻轻地抚摸我，把我引入心静如水的境界；在暗淡而慵懒的时刻，你会用激昂的声音大声提醒我：一切都只是刚刚开始，往前走啊！拥有了音乐，生命之泉就永远充满活力。

任何从这本书中旅行归来的人，无论孩子还是成人，都会永远记得那只叫作柴斯特的蟋蟀，记住那嘹亮而韵律无穷的音乐。它的名字是柴可夫斯基与李斯特两位音乐家名字的混合。除了它的名字能够证明它是一只具有较高音乐天赋的蟋蟀之外，书中还有很多地方看出它是一只名副其实的音乐天才。

听音乐。到网上找到音乐《重归苏莲托》，听一听，看看这首能够把玛利欧妈妈感动的音乐到底是怎样的音乐。

配音乐。以下是书中描写音乐的句子，配上音乐《重返苏莲托》读一读，让文字化成美丽的旋律流淌在你的心田……

片段 1　不知不觉地，这只蟋蟀就这么鸣唱了起来，它情不自禁地想把它满心的伤感发泄出来。它知道只要能把悲伤的情绪吟唱出来，就会感觉好一点儿。

片段 2　白利尼一家人最最喜欢的莫过于歌剧了。冬天里的每个星期天，收音机里播放歌剧的时候，他们一定会围在报摊的收音机旁边，聚精会神地在地铁乱哄哄的喧闹声里，聆听广播中的歌剧。

片段 3　柴斯特的演奏，回荡在整个车站之内，就像一颗石子给抛进了一泓平静无波的池水，泛起了一圈圈的涟漪一般。优美的旋律，以报摊为核心，一波波地向外荡漾开去。人们在驻足聆听的那一刻，脸上的神情也不禁起了变化。原本忧愁的眼睛开始变得柔和、宁静，不再喋喋不休，而那些时时刻刻充满在耳朵里，属于城市的嘈杂噪声，也都在蟋蟀这美妙的音乐里平静下来了。

片段 4　往来的行人车辆全都静止了。公共汽车、轿车、走路的男男女女……全都停了下来。最奇怪的是，居然没有一个人感到不满。在这个繁忙的城市里，从来还没有发生过像这样的情况。大家都心甘情愿地停在那里，就好像连呼吸都停止了。在乐音持续的这几分钟里，时代广场静得就像傍晚的草原一样。只见偏西的太阳照在那些人的身上，微风吹拂着他们，仿佛他们只是长得高高的野草！

伴着友情去旅行

“书中真挚的友情足以温暖这个冰冷的世界。”你觉得书中谁和谁是朋友？从哪些事情看出他们是朋友？哪一件事情让你感觉到这个世界很温暖？

2. 在书中读到自己、读到问题、读出画面

读到自己

读书的时候，如果把它和自己的生活联系起来，就有可能在书中读到自己，在书中读到自己相似的经历，读到自己的感情，读到自己熟悉的人，自己熟悉的事……

读一读下面的内容，读完后看看自己联想到了什么？

它们两个很专心地好好想了一分钟。然后塔克抬起爪子，尖声叫着：“我想到了！把其余的部分也吃了，那他们就根本不会知道发生过什么事了。”

“他们一定会互相责怪，认定是对方把它给弄丢了。”柴斯特说道，“我不希望搞得他们彼此不愉快。”

“噢，你可真是高尚！”塔克说，“真是难以置信！”

“更何况，它的味道也不怎么样。”柴斯特补充了一句。

“那么，就这么办你看怎样……”塔克又想出了一个新点子，“我们来陷害打扫车站的那个清道夫。我把证据拿到那边去，把钞票放在他的洗手间里。上星期他还用拖把打我。我可是很愿意把他送进监牢里关上几天。”

“不行，不行！”柴斯特说，“我们不能再给别人乱添麻烦。”

“那么就让一个不认识的人来当替死鬼吧！”塔克说，“我们把面巾纸弄翻，打破闹钟的玻璃，再把所有的零钱撒个满地，他们就会以为是小偷趁夜里闯了进来。你甚至还可以再缠上点儿绷带，让你看起来像个英雄。哇！我都可以在脑海里想象这一幕了……”

“不行！”柴斯特打断了它，“我们这样造成的损失，会比两块钱还要多的。”

闯祸之后，塔克选择祸嫁于人，柴斯特选择面对。你有过闯祸的经历吗？你那次闯过祸之后，你的心里是怎么想的？把你那次闯祸写在下面吧！

读到问题

· 柴斯特成名之后却不快乐，为什么不快乐？

· 有人说这本书是一部小说，有人说这本书是一则童话，说说你的看法，在书中寻找相关的线索加以说明。

· 你读完这本书还有其他的什么问题？写在下面，把你的问题和同伴讨论讨论吧。

· 这个写于20世纪60年代的童话故事感动了全世界，受到各国读者的喜爱，本书也荣获1961年纽伯瑞儿童文学奖。假如你就是纽伯瑞儿童文学奖的评委，你会投它的票吗？说说你的理由。

读出画面

读书时如果把文字形象化、影像化，读书就会变得趣味无穷，而且不仅仅是有趣，书中的内容也会更久、更清晰地留在我们的脑海中。

每个组在一个章节里选择一个印象最深的内容画一张图画，各小组合作，一起给《时代广场的蟋蟀》画本连环画册。

3. 像作家一样写书

《时代广场的蟋蟀》这本书出版后即佳评如潮，获得了国际大奖，一直到今天仍风行在全世界。出版商很想出版一本《时代广场的蟋蟀》的续集。这本书的结局之外还有没有别的结局？离开时代广场的柴斯特的生活会是怎样的呢？现在请你写一本《时代广场的蟋蟀》的续集，书名自定。

这本书的作者乔治·塞尔登也续写了一本《时代广场的蟋蟀》的续集，这就是《时代广场的蟋蟀》的姐妹篇《塔克的郊外》。请把你写完的续集和作者写的续集《塔克的郊外》进行比较，看看有些什么不同。

讨论：《时代广场的蟋蟀》与姐妹篇《塔克的郊外》哪一本书你更喜欢读？你是否赞同作者去写这本续集？

利用文档编辑软件设计一张表格。比较《时代广场的蟋蟀》与姐妹篇《塔克的郊外》这两本书有些什么相同点，有些什么不同点。

相同点	不同点

案例 4：上下五千年（三、四年级）

一、导读

《上下五千年》由深圳南山实验教育集团南头小学张晶老师设计。本书以故事化的叙述方式呈现了中华五千年的历史史实，上至三皇五帝，下至辛亥革命，是集中国发展史、重大历史事件及名人简介于一身的优秀历史读物。作者林汉达选择了重要和著名的人物和事件，根据史籍材料加以组织和剪裁，用通俗易懂的现代语言写给孩子们。

根据这本读物采用“讲故事”“叙事”的方式，教师从学生的阅读特点出发，设计主题阅读活动。在第一板块，通过非连续文本“年代表”等的读写活动，带学生走进读物，构建读物的整体框架。在第二板块，引导学生以梳理、归纳方法，聚焦重大历史事件，重要历史名人，在读故事中，探究华夏历史发展的脉络，感受中华传统文化。第三板块的综合活动，设计了“聊书”的阅读交流，并组织了“招聘会”形式的拟真写作活动。

二、教学设计概念图

阅读活动目标：开展主题阅读活动，学习阅读历史读物，了解华夏历史发展脉络，感受中华传统文化。

学情分析：四年级学生已有广泛阅读经验，对历史读物涉及尚少。

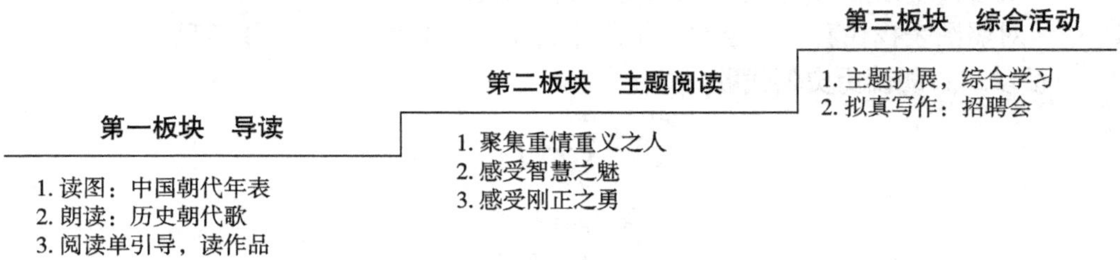

三、教学过程

1. 导读

活动一：阅读中国朝代年表

用多种形式让学生了解时代年表，学会观察时代年表，以及不同长度的柱形意味着什么，学会到柱形图上去查找不同的时期和朝代。阅读到哪个人物或故事，就到表中去对应一下，以利于学生梳理历史发展脉络。

中国朝代年表

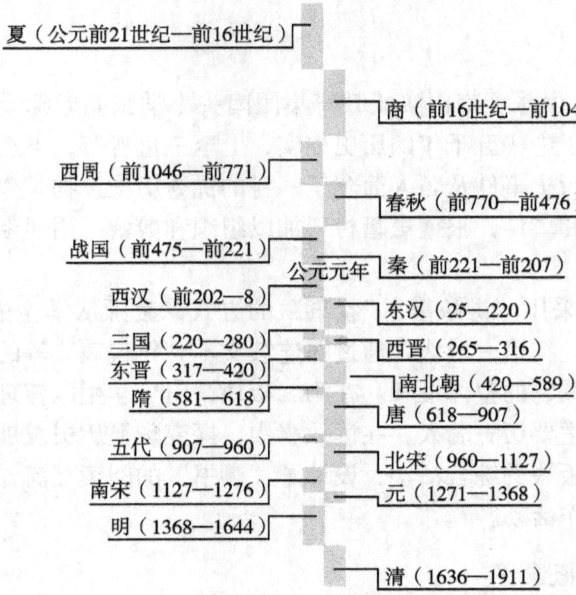

阅读与思考

· 数一数，这个年表里共有多少个朝代？

· 你发现了吗，线段的长短代表着什么？

· 试着按线段的长短来排序，你又有什么发现呢？

· 对照图表找找看：距今 500 年是什么朝代？ 1000 年，2000 年呢？

活动二：朗读历史朝代歌

（一）

夏商与西周，
东周分两段。
春秋和战国，
一统秦两汉。
三分魏蜀吴，
二晋前后沿。
南北朝并立，
隋唐五代传。
宋元明清后，
皇朝至此完。

（二）

唐尧虞舜夏商周，
春秋战国乱悠悠，
秦汉三国晋一统，
南朝北朝是对头，
隋唐五代又十国，
宋元明清帝王休。

· 一边读，一边到年表中找到相关朝代。

· 边读边与小组伙伴聊一聊诗歌中每一句是什么意思。如果你了解某个朝代的特点也与小伙伴一起分享。

· 背下这两首朝代歌，并在读故事的时候对号入座，找到相对应的朝代。

活动三：填写阅读卡

通读《上下五千年》，读到自己印象深刻的人或事，就填一张阅读卡，把阅读卡装订成册，与同学交换分享。

阅读卡一

阅读人物			
人名		时代	
时代背景			
主要经历		点评	
人物特点			
我的观点			

阅读卡二

阅读事件	
发生时间	
涉及人物	
事件起因	
事件简述	
事件结果及影响	
我的观点	

2. 主题阅读

第一课时：精读管仲与鲍叔牙的故事，从具体事件与语句中体会人物间的深厚情谊。

春秋时期第一个称霸的是齐国（都城临淄，在今山东淄博）。齐国是周武王的大功臣太公望的封国，本来是个大国，再加上它利用沿海的资源，生产比较发达，国力就比较强。公元前686年，齐国发生了一次内乱。国君齐襄公被杀。襄公有两个兄弟，一个叫公子纠，当时在鲁国（都城在今山东曲阜）；一个叫公子小白，当时在莒（音jǔ）国（都城在今山东莒县）。两个人身边都有个师傅，公子纠的师傅叫管仲，公子小白的师傅叫鲍叔牙。两位公子听到齐襄公被杀的消息，都急着要回齐国争夺君位。

鲁国国君鲁庄公决定亲自护送公子纠回齐国。管仲对鲁庄公说："公子小白在莒国，离齐国很近。万一让他先进齐国，事情就麻烦了。让我先带一支人马去截住他。"

不出管仲所料，公子小白正在莒国的护送下赶回齐国，路上，遇到管仲的拦截。管仲拈弓搭箭，对准小白射去。只听得小白大叫一声，倒在车里。

管仲以为小白已经死了，就不慌不忙护送公子纠回齐国去。哪里知道，他射中的不过是公子小白衣带的钩子，公子小白大叫倒下，原来是他的计策。等到公子纠和管仲进入齐国国境，小白和鲍叔牙早已抄小道抢先到了国都临淄。小白当上了齐国国君，这就是齐桓公。

齐桓公即位以后，立即发兵打败鲁国，并且通知鲁庄公一定要鲁国杀了公子纠，把管仲送回齐国办罪。鲁庄公没有办法，只好照办。

管仲被关在囚车里送到齐国。鲍叔牙立即向齐桓公推荐管仲。

齐桓公气愤地说："管仲拿箭射我，要我的命，我还能用他吗？"

鲍叔牙说："那回他是公子纠的师傅，他用箭射您，正是他对公子纠的忠心。论本领，他比我强得多。主公如果要干一番大事业，管仲可是个用得着的人。"

齐桓公也是个豁达大度的人，听了鲍叔牙的话，不但不办管仲的罪，还立刻任命他为相，让他管理国政。

管仲帮着齐桓公整顿内政，开发富源，大开铁矿，多制农具，提高耕种技术，又大规模拿海水煮盐，鼓励老百姓入海捕鱼。离海比较远的诸侯国不得不依靠齐国供应食盐和海产。别的东西可以不买，盐是非吃不可的，齐国就越来越富强了。

阅读与思考

· 阅读文章，找出文中的几个人分别做了哪几件事，并通过事件分析人物特点。

· 阅读原文并与以下资料进行对比，找找能体现二人深厚友情的片段。

管仲夷吾者，颍上人也。少时常与鲍叔牙游，鲍叔知其贤。管仲贫困，常欺鲍叔，鲍叔终善遇之，不以为言。已而鲍叔事齐公子小白，管仲事公子纠。及小白立为桓公，公子纠死，管仲囚焉。鲍叔遂进管仲。管仲既用，任政於齐，齐桓公以霸，九合诸侯，一匡天下，管仲之谋也。

管仲曰："吾始困时，尝与鲍叔贾，分财利多自与，鲍叔不以我为贪，知我贫也。吾尝为鲍叔谋事而更穷困，鲍叔不以我为愚，知时有利不利也。吾尝三仕三见逐於君，鲍叔不以我为不肖，知我不遭时也。吾尝三战三走，鲍叔不以我怯，知我有老母也。公子纠败，召忽死之，吾幽囚受辱，鲍叔不以我为无耻，知我不羞小节而耻功名不显于天下也。生我者父母，知我者鲍子也。"

鲍叔既进管仲，以身下之。子孙世禄於齐，有封邑者十馀世，常为名大夫。

天下不多管仲之贤而多鲍叔能知人也。

（选自司马迁《史记·管仲列传》）

·请你给短文加个题目，并在小组内评一评谁的题目最合适。

·管仲和鲍叔牙之间深厚的友情，已成为中国代代流传的佳话。在中国，人们常常用"管鲍之交"，来形容自己与好朋友之间亲密无间、彼此信任的关系。再读读古人对交友的理解，说说你的交友故事。

伐木丁丁，鸟鸣嘤嘤。出自幽谷，迁于乔木。嘤其鸣矣，求其友声。

——《诗经·小雅·伐木》

《伐木》，燕朋友故旧也。自天子至于庶人，未有不须友以成者。亲亲以睦，友贤不弃，不遗故旧，则民德归厚矣。

——《毛诗序》

无友不如己者。

事其大夫之贤者，友其士之仁者。

益者三友，损者三友。友直，友谅，友多闻，益矣。友便辟，友善柔，友便佞，损矣。

——《论语》

二人同心，其利断金；同心之言，其臭如兰。

——《周易·系辞上》

君子之交淡若水，小人之交甘若醴。

——《庄子·山木》

第二课时：古文今读：管仲与鲍叔牙

生动幽默的语言，故事化的事件描写，贴近学生生活的口语式叙述，会拉近与学生的距离，体会不一样的方式讲历史，激发兴趣。鼓励学生也用轻松幽默的方式讲述其他感兴趣的历史故事。

一、管鲍分金

管仲二十来岁时就结识了鲍叔牙，起初二人合伙做点买卖。因为管仲家境贫寒就出资少些，鲍叔牙出资多些，生意做得还不错。可是有人发现管仲用挣的钱先还了自己欠的一些债。哈哈！这钱还没入账就给花了，现在会计上的名词叫坐支，而且私自花钱恐怕离贪污公款罪也不远了。更可气的是到年底分红时，鲍叔牙分给他一半的红利，他也就接受了。

这可把鲍叔牙手下的人气坏了。有个人对鲍叔牙说："他出资少，平时他开销又大，年底还照样和您平分效益，显然他是个十分贪财的人，要我是管仲的话，我一定不会厚着脸皮接受这些钱的。"鲍叔牙斥责他手下道："你们满脑子里装的都是钱，就没发现管仲的家里十分困难吗？他比我更需要钱，我和他合伙做生意就是想要帮帮他，我情愿这样做，此事你们以后不要再提了。"（以下略）

二、一起充军

三、各为其主

四、阵前对垒

五、顽抗到底

六、举贤重德

七、成就霸业

阅读与思考

·两篇文章对比阅读，你会发现有什么不同呢？

·如果你来听故事或讲故事，你愿意听或讲哪一种风格的？

·阅读《晋文公退避三舍》的故事，也用本文的风格讲讲看。

第三课时：对照《上下五千年》目录，找出其他重情重义的历史故事，写读书笔记。读写后交流更多的重情重义人物。

第四课时：火眼金睛小侦探。更深入、更广泛地阅读这本书，在对比中将这些重情重义的故事进行分析，以自己的理解用表格进行归类，可以是真情实意类、虚情假意类、珍惜朋友类、化敌为友类、背叛朋友的小人类……用读书笔记或电子小报的方式呈现。

这些重情重义的故事真是感人，和我一起穿越上下五千年再去找找看吧！不过，我是火眼金睛，是真情实意还是虚情假意，我可分得一清二楚。想要当个小侦探吗？和我一起去查看一番：谁最珍惜朋友，谁能够化敌为友，谁又是背叛朋友的小人……好了，我去也，三天后相见！

各位小侦探，你们探查的结果如何呀，说来听听！不过，枯燥乏味的故事我可不想听，要把你的故事讲精彩，生动幽默，如果能古文今讲就再好不过了。记得呀，侦探要讲证据，什么时间、什么地点、涉及的人物等要说得有鼻子有眼，以书为证也是不错的选择。好了，开始吧，谁讲得好将获得本人颁发的"火眼金睛"小奖章！

第五课时：阅读文言《晏子春秋》中的《晏子使楚》，体会人物机智灵活的语言艺术。

晏子使楚

晏子使楚。楚人以晏子短，为小门于大门之侧而延晏子。晏子不入，曰：“使狗国者从狗门入。今臣使楚，不当从此门入。”傧（bīng）者更道，从大门入。

［注释］

使：出使，被派遣前往别国。后面的两个“使”字，一个作名词即使者，一个作动词即委派。

短：长短，这里是人的身材矮小的意思。

延：作动词用，就是请的意思。

傧者：就是专门办理迎接招待宾客的人。

见楚王，王曰：“齐无人耶？使子为使。”晏子对曰：“齐之临淄（zī）三百闾（lǘ），张袂（mèi）成阴，挥汗成雨，比肩继踵（zhǒng）而在，何为无人？”王曰：“然则何为使子？”

［注释］

临淄：地名，古代齐国的都城，在现今山东省。

闾：古代的社会组织单位。三百闾，表示人口众多。

袂：就是衣裳的袖子。

踵：就是人的脚后跟。

命：命令，这里是委任、派遣的意思。

主：主张，这里是规矩、章程的意思。后面的“主”字，是指主人、国君。

不肖：就是不贤，没有德才的人。

晏子对曰：“齐命使，各有所主。其贤者使使贤主，不肖者使使不肖主。婴最不肖，故直使楚矣。”

晏子将使楚。楚王闻之，谓左右曰：“晏婴，齐之习辞者也。今方来，吾欲辱之，何以也？”左右对曰：“为其来也，臣请缚一人过王而行。王曰，何为者也？对曰，齐人也。王曰，何坐？曰，坐盗。”

晏子至，楚王赐晏子酒，酒酣，吏二缚一人诣（yì）王。王曰：“缚者曷（hé）为者也？”对曰：“齐人也，坐盗。”王视晏子曰：“齐人固善盗乎？”晏子避席对曰：“婴闻之，橘生淮南则为橘，生于淮北则为枳，叶徒相似，其实味不同。所以然者何？水土异也。今民生长于齐不盗，入楚则盗，得无楚之水土使民善盗耶？”王笑曰：“圣人非所与熙也，寡人反取病焉。”

阅读与思考

◎做完以下几件事，你就能读懂这个故事了，试试看吧！

·借助注释，边读边理解。

·到原文中找出与“圣人非所与熙也，寡人反取病焉”相对应的句子。

· 成语“南橘北枳”的意思是晏子说的哪句话呢？

◎和小伙伴一起演一演这个故事。请观众评一评谁的台词说得最精彩。

◎太史公司马迁在《史记》中言：“假令晏子而在，余虽为之执鞭，所忻慕焉。”可见他对晏子的推崇与仰慕。有一本书《晏子春秋》，专门记录了他的故事，如《晏子数罪》《鸟》。读读这些故事，说说晏子有何过人之处，得到司马迁如此的欣赏？

阅读与实践

◎以下几个在文中出现的成语、典故，现在仍常常被人们使用。你知道它们是什么意思吗？例如：张袂成阴、挥汗成雨、比肩继踵、南橘北枳。

◎读下面的成语，讲讲这些成语故事。

负荆请罪　卧薪尝胆　一鸣惊人　老马识途　纸上谈兵　四面楚歌

◎你发现成语是怎么来的了吗？读读下面的这个智慧故事，你能根据故事内容编一个成语吗？

楚国想进攻宋国的事，也引起了一些人的反对。反对得最厉害的是墨子。

墨子，名翟（音 dí），是墨家学派的创始人。他反对铺张浪费，主张节约。他要他的门徒穿短衣草鞋，参加劳动，以吃苦为高尚的事。如果不刻苦，就是算违背他的主张。

墨子还反对那种为了争城夺地而使百姓遭到灾难的混战。这回他听到楚国要利用云梯去侵略宋国，就急急忙忙地跑到楚国去，跑得脚底起了泡，出了血，他就把自己的衣服撕下一块裹着脚走。

这样奔走了十天十夜，墨子到了楚国的都城郢都。他先去见公输般，劝他不要帮助楚惠王攻打宋国。

公输般说：“不行呀，我已经答应楚王了。”

墨子就要求公输般带他去见楚惠王，公输般答应了。在楚惠王面前，墨子很诚恳地说：“楚国土地很大，方圆五千里，地大物博；宋国土地不过五百里，土地并不好，物产也不丰富。大王为什么有了华贵的车马，还要去偷人家的破车呢？为什么要扔了自己绣花绸袍，去偷人家一件旧短褂子呢？”

楚惠王虽然觉得墨子说得有道理，但仍不肯放弃攻宋国的打算。公输般也认为用云梯攻城很有把握。

墨子直截了当地说：“你能攻，我能守，你也占不了便宜。”

他解下了身上系着的皮带，在地下围着当作城墙，再拿几块小木板当作攻城的工具，叫公输般来演习一下，比一比本领。

公输般采用一种方法攻城，墨子就用一种方法守城。一个用云梯攻城，一个就用火箭烧云梯；一个用撞车撞城门，一个就用滚木擂石砸撞车；一个用地道，一个用烟熏。

公输般用了九套攻法，把攻城的方法都使完了，可是墨子还有好些守城的高招没有使出来。

公输般呆住了，这样，一场战争就被墨子阻止了。

◎阅读《上下五千年》故事，找找看你还能创编出哪些成语，发表出来与同学一起分享。

第六课时：略读《魏孝文帝改革风俗》。根据课后提示以模拟的方式体会改革的利与弊。迁移生活，想想生活中有哪些现象需要改革，并提出改革建议。

魏孝文帝改革风俗

北魏自从太武帝死去后，政治腐败，鲜卑贵族和大商人压迫人民，不断引起北方人民的反抗。公元 471 年，魏孝文帝即位后，决心采取改革的措施。

魏孝文帝规定了官员的俸禄，严厉惩办贪官污吏；实行了“均田制”，把荒地分配给农民，成年男子每人四十亩，妇女每人二十亩，让他们种植谷物，另外还分给桑地。农民必须向官府交租、服役。农民死了，除桑田外，都要归还官府。这样一来，开垦的田地多了，农民的生产和生活比较稳定，北魏政权的收入也增加了。

魏孝文帝是一个政治上有作为的人。他认为要巩固魏朝的统治，一定要吸收中原的文化，改革一些落后的风俗。为了这个，他决心把国都从平城（今山西大同市东北）迁到洛阳。

他怕大臣们反对迁都的主张，先提出要大规模进攻南齐。有一次上朝，他把这个打算提了出来，大臣纷纷反对，最激烈的是任城王拓跋澄。

孝文帝发火说：“国家是我的国家，你想阻挠我用兵吗？”拓跋澄反驳说：“国家虽然是陛下的，但我是国家的大臣，明知用兵危险，哪能不讲。”

孝文帝想了一下，就宣布退朝，回到宫里，再单独召见拓跋澄，跟他说：“老实告诉你，刚才我向你发火，是为了吓唬大家。我真正的意思是觉得平城是个用武的地方，不适宜改革政治。现在我要移风易俗，非得迁都不行。这回我出兵伐齐，实际上是想借这个机会，带领文武官员迁都中原，你看怎么样？”

拓跋澄恍然大悟，马上同意魏孝文帝的主张。

……

阅读与思考

◎以“比童年”为话题和爸爸妈妈一起聊一聊，聊一聊他们那时候吃什么用什么，最大的梦想是什么……从对比中体会如今和父辈的时代有着怎样的变化。这一变化又是怎样来的呢？

◎为了推进这些改革，孝文帝多次在上朝时与大臣们一起讨论，大臣们众说纷纭，反对之声不绝于耳。模拟上朝情境。如果你选择当孝文帝，那就说说自己变法的理由；如果你选择做文武百官，那就说说维护旧制反对改革的理由。在模拟之前，你需要做：

·边读文边记录你的问题，查找资料或与同学一起探讨等解决这些困惑。

·在读书笔记中记录魏孝文帝进行了哪些方面的改革。改革的原因是什么？改革后的结果又会怎么样呢（可推想）？

·想办法为孝文帝找到一些改革的依据，如前人的经验、智者的思想等。

◎中国历史上各朝各代，都不乏果敢、创新、求变之人，读读《上下五千年》，找出还有哪些著名的改革、变法，发表出来与同学们分享。

阅读与实践

你发现班级的哪方面存在问题，例如：卫生打扫费时费力，效果不理想；图书角总有书籍丢失现象等。记录这些问题，并选择其中一项写一份建议书，提出自己的合理化建议。

第七课时：阅读《屈原沉江》。以“怨”为核心，在阅读原文的基础上查阅更多资料解读屈原的人生，体会屈原为什么怨？怨什么？

[2300 多年前，春秋的倔脾气]

屈原沉江

楚国自从被秦国打败以后，一直受秦国欺负，楚怀王又想重新和齐国联合。秦昭襄王即位以后，很客气地给楚怀王写信，请他到武关（在陕西丹凤县东南）相会，当面订立盟约。

楚怀王接到秦昭襄王的信，不去呢，怕得罪秦国；去呢，又怕出危险。他就跟大臣们商量。

大夫屈原对楚怀王说：“秦国强暴得像豺狼一样，咱们受秦国的欺负不止一次了。大王一去，准上他们的圈套。”

可是怀王的儿子公子子兰却一股劲儿劝楚怀王去，说：“咱们为了把秦国当作敌人，结果死了好多人，又丢了土地。如今秦国愿意跟咱们和好，怎么能推辞人家呢？”

楚怀王听信了公子子兰的话，就上秦国去了。

果然不出屈原所料，楚怀王刚踏进秦国的武关，立刻被秦国预先埋伏下的人马截断了后路。在会见时，秦昭襄王逼迫楚怀王把黔中的土地割让给秦国，楚怀王没答应。秦昭襄王就把楚怀王押到咸阳软禁起来，要楚国大臣拿土地来赎才放他。

楚国的大臣们听到国君被押，把太子立为新的国君，拒绝割让土地。这个国君就是楚顷襄王。公子子兰当了楚国的令尹。

楚怀王在秦国被押了一年多，吃尽苦头。他冒险逃出咸阳，又被秦国派兵追捕了回去。他连气带病，没有多久就死在秦国。

楚国人因为楚怀王受秦国欺负，死在外头，心里很不平。特别是大夫屈原，更是气愤。他劝楚顷襄王搜罗人才，远离小人，鼓励将士，操练兵马，为国家和怀王报仇雪耻。

可是他这种劝告不但不顶事，反倒招来了令尹子兰和靳尚等人的仇视。他们天天在楚顷襄王面前说屈原的坏话。

他们对楚顷襄王说："大王没听说屈原数落您吗？他老跟人家说，大王忘了秦国的仇恨，就是不孝；大臣们不主张抗秦，就是不忠。楚国出了这种不忠不孝的君臣，哪儿能不亡国呢？大王，你想想这叫什么话！"

楚顷襄王听了大怒，把屈原革了职，放逐到湘南去。

……

《史记·屈原贾生列传》

屈原至於江滨，被发行吟泽畔。颜色憔悴，形容枯槁。渔父见而问之曰："子非三闾大夫欤？何故而至此？"屈原曰："举世混浊而我独清，众人皆醉而我独醒，是以见放。"渔父曰："夫圣人者，不凝滞於物，而能与世推移。举世混浊，何不随其流而扬其波？众人皆醉，何不餔其糟而啜其醨？何故怀瑾握瑜，而自令见放为?"屈原曰："吾闻之，新沐者必弹冠，新浴者必振衣，人又谁能以身之察察，受物之汶汶者乎！宁赴常流而葬乎江鱼腹中耳，又安能以皓皓之白，而蒙世俗之温蠖乎！"

阅读与思考

◎对照着读一读故事和《史记》中的记载，体会屈原的刚正不阿。

◎阅读以下几处，屈原之怨不绝于耳、发人深省，屈原为什么怨？怨什么？请以"屈原之怨"为题，写下屈原的心声吧！

·文中说，屈原到了湘南以后，经常在汨罗江一带一边走，一边唱着伤心的诗歌。

·唐朝诗人戴叔伦为凭吊屈原而作诗一首。

三闾庙

［唐］　戴叔伦

沅湘流不尽，
屈子怨何深。
日暮秋风起，
萧萧枫树林。

·司马迁论屈原时说："屈平正道直行，竭忠尽智，以事其君，谗人间之，可谓穷矣。信而见疑，忠而被谤，能无怨乎？"(《史记·屈原列传》)

◎屈原虽然在政治上失败了，但他留下了大批诗歌。从他开始，中国才有了以文学著称于世的作家。他创立了"楚辞"这种文体。读一读他的作品，说说屈原的贡献，感受楚辞的魅力。

第八课时：精读《铁面无私的包拯》。包公的形象极具代表性，他的铁面无私从地方戏曲、小说、评书等学生或多或少的有所了解。因此，充分利用丰富的资源了解一个立体的包公是本文教学的重点。从民间传说入手，了解百姓眼中的包公；从本文阅读中整理出包公的人物特点；借助辅助材料“历史上真实的包公”一文，让学生对包公有更充分的了解与认识，从而体会包公的铁面无私。

[900 多年前，北宋的正直人]

铁面无私的包拯

北宋包拯为官公正清廉，被老百姓尊称为“包青天”。他担心家人子弟利用权势腐化，因而自述家训：“后世子孙仕宦，有犯赃者，不得放归本家；亡殁之后，不得葬于大茔之中。不从吾志，非吾子孙。”

包拯为何立这样的碑文以警后世？民间流传着这样的故事。

一天，包拯去陈州灾区放粮，灾民纷纷来告他亲人包勉的状。原来，包勉做沙县知县时，侵吞救灾粮款，逼死人命。虽然因此而罢了他的官，但百姓仍不服，又把状纸投到了包拯手里。

包拯见此民众气愤，大怒，把包勉拿来问罪。包勉在事实面前没有抵赖，但他请求看在母亲面上，让包拯饶他一次。他并且表示，决心今后不再欺压百姓，胡作非为了。

包勉提出看在母亲的面上是有原因的。

包拯生下之后，他父亲因他皮肤太黑，把他抛弃了，是他大哥捡他回来的。这时大嫂王凤英生下包勉才一个多月，同时带两个孩子，不仅精力照顾不过来，奶也不够吃。为了养活包拯，王凤英忍痛将自己的儿子寄养到别处，抚养包拯到 7 岁。所以包拯喊大嫂叫“嫂娘”。

包勉以为一提看到母亲面上，包拯就会心软。可是包拯心想：赛如亲娘的嫂嫂一贯教自己做官要清正，替老百姓干好事，我要是顾念私情有意包庇，这不符合她的心愿。只要我给她养老送终，嫂娘是不会怪罪的。

没想到，包勉的母亲听到儿子要被治罪了，一时想不开，痛苦不已。她找到包拯，想求个情。包拯恳切地说：“嫂娘，侄子有罪，应当与民同治。如若治了罪，就是出于公心；如若不治罪，就是徇私包庇。嫂娘一向正直，并且一再教我为官清廉。如果包庇了侄子，叫我以后如何公正地为百姓做事呢？”嫂娘听了，觉得包拯的话在理，便擦了擦泪说：“人家都称你‘包青天’，这是咱家的光荣，你就按法律处置吧。”

于是，包拯立即根据法律，判处了侄子包勉的死刑。

……

阅读与思考

◎“后世子孙仕宦，有犯赃者，不得放归本家；亡殁之后，不得葬于大茔之中。不从吾志，非吾子孙。”“清心为治本，直道是身谋。秀干终成栋，精钢不做钩。”从这些语句中，你读出了一个怎样的包拯？

◎包公的戏曲和影视作品。开展一次交流活动，用你喜欢的方式（如通过演说、演示），把这些作品介绍给大家。

◎听听评书《说包公》，感受不一样的精彩。你能用这种生动形象的语言，讲讲你还知道的硬骨头的人物故事吗？

3. 综合活动

聊兴正浓

以上三个主题远远不足以让学生充分阅读《上下五千年》，也涵盖不了上下五千年中的各色人物。因此，教师可根据学生的阅读情况，以及感兴趣的故事设计阅读话题，可采用先设计写读书笔记，再在课堂上交流的方式开展其他主题的阅读。

读无止境

在《上下五千年》的阅读之旅中，我们感受了智慧的魅力，领略了硬骨头的气概，也感动于侠义之情。你一定还有很多话题想与同学和老师一起交流探讨，比如你最欣赏的人，你最瞧不起的人，命运最让人惋惜的将领，结局最出乎意料的事。你可能还想和小伙伴们一起评选一下最有影响力的历史名人，最优秀的良臣将相，甚至是最会骗人的人等。那就组织一个书友队，寻找感兴趣的话题与同伴一起交流，也可以收集关于这个话题的相关资料，做一份简报。

招聘会

本次招聘会是对整个《上下五千年》阅读的总结活动，要充分准备，热情动员，以鼓励学生的活动热情。为了避免浩浩人海学生无处下手或总是聚焦到几个人物身上的误区，可在活动前对照目录，师生共同勾画出合适的历史人物，并利用表格做个简单的归类。然后，从这些人物中选择一个代表他来准备简历、饰品及竞聘演说。

招聘启事

某公司计划开办分公司，特向各届招聘各类人才共同创业。

招聘部门：

· 产品研发部

研究新产品、开发新产品，不断对已有的产品进行改良，就像公司的大脑

· 市场销售部

推广产品、联络客户、开拓市场，为公司实现利润和效益，好比聚宝盆

· 行政人事部

评估员工的表现，给予相应的评价和奖惩，如同公司内部的大管家

招聘岗位及条件：

产品研发部经理 1 名，具有生物、化学、工业设计等专业的大学本科及以上学

历，具有5年以上工作经验，具有较强的组织协调能力

· 市场销售部业务员1名，具有市场营销专业大学本科学历，具有3年以上工作经验，具有较强的执行力和沟通能力

· 行政人事部专员1名，具有人力资源管理专业大学本科学历，具有3年以上工作经验，具有较强的责任心和团队协作能力

报名方法：有意应聘者，请将报名表及个人简历在3日内发送至人力资源部邮箱。

应聘流程：

· 提交简历；

· 进入面试者准备竞聘演说，并佩戴一样能代表本人特点或年代的饰品

· 联系方式：人力资源部联系人：××，电话：××，邮箱：××

· 组织与安排

· 聘请本班同学或家长成立招聘小组。

· 收取报名表，按时代先后排序，确定面试顺序。

· 合议哪些人员合适应聘岗位，哪些不合适。

· 招聘小组宣布聘用情况，并说明理由。

同学们，对照本朝代年表，把每一个时间段里你认为合适的历史人物做一个挑选和分类，用你的慧眼，将优质人才“一网打尽”。再将他们的特点加以分析和比较，给他们选择合适的岗位，就替他们去应聘吧！

附，应聘人员评价表

应聘人员评价表

	自我介绍	演讲表现	道具准备	现场应答
应聘人员	仪态大方，表达清晰★ 特点鲜明★★ 有创意★★★	与竞聘职务符合★ 明确职务特点★★ 理由充分，有激情★★★	符合本人身份★ 能代表本人或其朝代或官职特征★★ 制作精美、有创意★★★	能答出对方提问★ 回答清楚完整★★ 回答机智灵活★★★

附，应聘简历

个人简历

姓名	祖冲之，字文远		
身份证号	230202042901041910		
出生年月	公元 429 年 1 月 4 日		
性别	男		
身高	七尺五寸（合 1.73 米）		
体重	58 公斤		
籍贯	范阳郡（今河北涞水县）		
毕业学校	从小接受家传		
学历	相当于博士生	**专业**	数学、天文历法、机械
职称	高级工程师	**职业技能**	擅长数学和机械制作
应聘职位	产品研发部经理		
工作单位	南北朝政府部门	**待遇要求**	年薪 180 万
户口所在	建康（今江苏南京）	**应聘原因**	不想再做古人，想当现代人
现住址	深圳南山区悠然天地 9 栋 13K		
住宿要求	电梯公寓	**手提电话**	51451451499
兴趣	科学研究	**家庭电话**	88651886
工作经历	青年时进入学术研究机关华林学省，从事学术活动。 公元 461 年任南徐州（今江苏镇江）刺史府里的从事。 公元 464 年任娄县（今江苏昆山市东北）县令。 宋朝末年，祖冲之回到建康（今江苏南京），担任谒者仆射的官职		
个人成就	1. 在世界数学史上第一次将圆周率计算到小数点后七位，即 3.1415926 到 3.1415927 之间。 2. 著作《缀术》，唐朝国学曾经将此书定为数学课本。 3. 推算出一回归年的长度为 365.24281481 日，误差只有 50 秒左右。 4. 机械专家，造出早已失传的指南车、千里船等巧妙机械。 5. 著有《释论语》《释孝经》《易义》《老子义》《庄子义》，以及小说《述异记》等。		
自我评价	历史上博学多才的人物。除了擅长数学、天文历法和机械外，还在文学、考据方面也有造诣。精通音律，擅长下棋。知识渊博，动手能力很强。非常适合做产品研发部工作。爱钻研，在南北朝时，边为朝廷做事边研究。 工作能力强，贡献大。现代人将月球背面的一座环形山命名为“祖冲之环形山”，将小行星 1 888 命名为“祖冲之小行星”，就是对我的肯定。 领导能力强，在南北朝政府工作几十年。		

故事新编

成功举办了招聘会，一定会有很多人如愿以偿，找到了自己喜欢的岗位吧！展开丰富的想象，推想一下：当他来到现代社会开始工作了，他的工作、生活等会是什么样的状况呢？他又会遇到怎样的问题？面临怎样的冲突？想象一下，编成一个有趣的故事。

案例5：不老泉（五、六年级）

一、导读

《不老泉》由云南省大理州永平县龙街镇中心完小丁国英老师设计。《不老泉》是一部现代中篇小说，一则关于探寻生命真谛的哲学。学生课前已经自主阅读了《不老泉》这本小说，对人物、故事情节有了初步印象。阅读的困难主要表现为对文中塔克所说的关于生命的观点的理解，生命的哲学的探讨以前从未接触。因此，这节交流课教师和学生探讨的主题是"生命的意义"。

课前学生已经完成了"补写目录"的学习任务，这样既梳理了故事情节，又培养了学生的概括能力，为课堂上的交流打下了基础。这节课围绕主题设计了四个话题：一、不老泉的作用，以及给塔克一家人生活的影响。二、了解塔克一家人对长生不老的态度。三、你是如何看待温妮不喝"不老泉"这个行为的？四、如果是你，你会喝吗？四个话题的探讨，使学生在整体感悟作品意义的基础上，接受哲学上的启蒙。

二、教学设计概念图

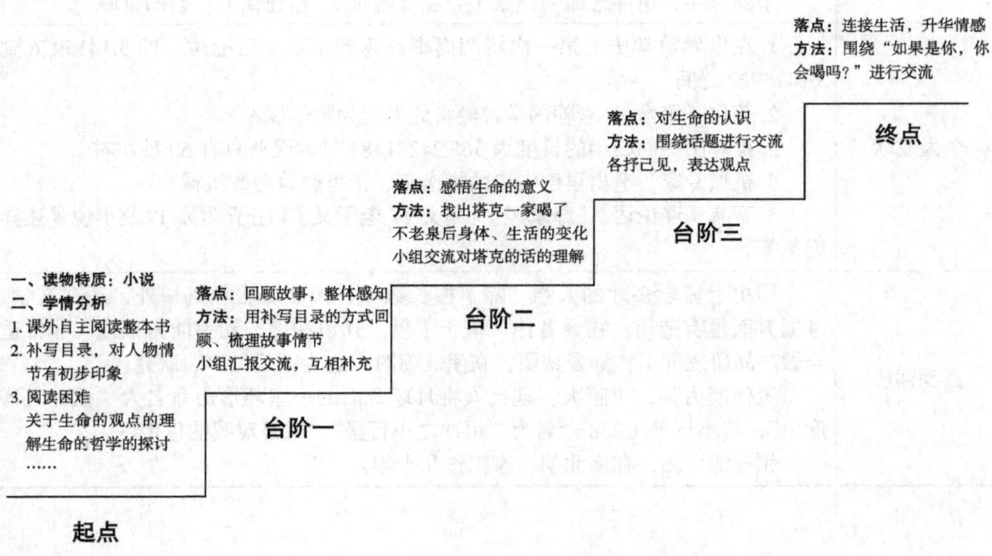

三、教学过程

1. 回顾故事，梳理情节

师：老师听说你们班最近读了《不老泉》这本小说，对吧？那这节课我们就一起来聊一聊。老师把书中的主要人物给请来了，我们一起来认一认。

屏显书中主要人物。

（指名学生认一认图中人物）

生：从左往右依次是温妮、杰西、塔克、梅、迈尔斯、福斯特先生、福斯特夫人。

师：看来这位同学课前读得非常认真。

师：他们之间到底发生了一个什么样的故事呢？我们用“补写目录”的方式来回顾故事情节吧。

（各个小组长汇报）

第一小组汇报：序幕《林子里的事》，第一章《古怪的林子》，第二章《塔克一家》，第三章《温妮的新朋友——蟾蜍》，第四章《神秘的黄衣人》，第五章《温妮遇见塔克一家》。

师：和这个小组有不同意见吗？

生 1 补充：我们组的序幕是《不老泉的三件事》，第三章是《温妮与蟾蜍相见》。

师：这个组的交流更准确一些。

生 2 补充：我们组的第五章是《温妮与杰西初识》。

师：好，更准确了。

第二小组汇报：第六章《温妮被塔克一家带走》，第七章《温妮得知不老泉秘密》，第八章《温妮不敢相信事实》，第九章《温妮来到塔克家》，第十章《温妮难以接受新环境》。

师：有不同意见吗？

生 1 补充：我们组的第八章是《黄衣人知道不老泉秘密》。

师：更恰当一些，接着。

第三小组汇报：第十一章《温妮在塔克家吃晚餐》，第十二章《温妮与塔克的对话》，第十三章《黄衣人再现》，第十四章《温妮在塔克家过夜》，第十五章《黄衣人的阴谋》。

第四小组汇报：第十六章《寻找温妮的下落》，第十七章《湖上钓鱼》，第十八章《黄衣人到客厅》，第十九章《对黄衣人的疑心》，第二十章《黄衣人之死》。

第五小组汇报：第二十一章《温妮回到家》，第二十二章《梅被警察拘留》，第二十三章《秘密计划》，第二十四章《温妮替梅坐牢》，第二十五章《温妮保护蟾蜍》，尾声《多年以后》。

师：有不同意见，请补充。

生1补充：我们组的二十二章是《梅的越狱计划》。

师：更准确，继续补充。

生2补充：我们组的二十三章是《温妮的不安》。

生3补充：我们组的二十四章是《梅成功越狱》。

师：同学们课前的学习任务完成得真棒。

2. 聚焦塔克一家，感悟生命的意义

师：神奇的不老泉被塔克一家不小心喝了，这对塔克一家有什么影响呢？我们先来看看身体的变化。

（屏显学习单）

塔克一家喝了不老泉的泉水	身体的变化	生活的变化

生1：塔克家的马被枪打中却没有受伤，而且连伤疤都没有留下。

生2：爸爸被毒蛇咬却没有死。

生3：杰西吃了毒蘑菇却没有死。

生4：杰西从树上摔下来却没有受伤。

生5：梅切面包时切到了手，却没留下一点疤痕。

生6：塔克开枪射自己，却没有受伤。

师：看来啊，塔克一家喝了不老泉后身体有了这么大的变化，那我们从中可以看出不老泉有什么作用呢？

生1：可以长生不老。

生2：让人永恒不变。

生3：永竭不衰。

生4：青春永驻。

生5：拥有时间。

（师板书：拥有时间，永恒不变）

师：我们再来看看，他们的生活又有哪些变化呢？

生1：迈尔斯结了婚有了两个孩子模样却永远停留在二十二岁，他老婆认为他把灵魂卖给了魔鬼，就带着两个孩子离开了。

生2：他们喝了不老泉后，他们的朋友都疏远了他们，认为他们是巫师。

生3：他们每隔十年零八个月的第一个星期才能见面。

生4：为了不泄露不老泉的秘密，他们像吉卜赛人一样东躲西藏，四处流浪。

师：看来啊，喝了不老泉可以长生不老，但对于塔克一家来说这未免是一件好事。那塔克一家对于长生不老又有什么不一样的态度呢?

生1：梅觉得日子总得过，无论是长是短。

生2：迈尔斯认为活着就要做一些有意义的事情。

生3：迈尔斯认为这是一种折磨。

生4：塔克认为喝了不老泉对他来说是一种灾难。

生5：在杰西看来是一种享受。

师：由于塔克一家年龄不一样，经历不一样，所以对长生不老的看法也就不一样。其中塔克所说的话很深奥，让我们一起来读一读。

屏显塔克所说的话。

师：谁愿意来读一读。

（指名读）

师：读得真棒！那塔克所说的话你听明白了多少，把你的想法跟小组同学说一说。

（小组交流对塔克所说的话的理解）

生1汇报：塔克认为生命是有规律的，一切都是有规律的。

生2汇报：他认为生命就像轮子，不断地运转着，而他们喝了不老泉后就好像停止了转动一样。

生3汇报：塔克认为生命就像一个轮子，生活中的每个人都是轮子上的一部分，塔克一家只活不死，已经从轮子上掉了下来。

生4汇报：他认为生命就像一个运输带，所有的生物都是上面的一个物品，总会到一个地方停止消失，而他们却只能被丢到一边。

生5汇报：塔克认为生命像轮子，永不停歇，一直在转动。他认为这就是大自然的规律。

生6汇报：塔克认为生命永远都在生长，永远都在运动，而他们不再生长，永远保持当时的那个样子。

生7汇报：塔克认为他们已经不再是轮子的一部分，已经被舍弃了，他们非常后悔当初喝下不老泉。

师：他们很后悔喝了不老泉。接下来我们再来读一读塔克所说的另外一段话。

屏显塔克所说的另外一段话。

（生齐读）

师：读了这段话，你们有什么想说的?

生1：我觉得人不能只活不死，不能像路边的石头一样。

生2：人活着就要活得有意义。

生3：活着就要有意义，有始有终地活着，而不是像石头一样一直存在着，消失了也没有人发现。

生 4：我认为活着是要经历生老病死，做有意义的事，“存在”只是像路边的石头一样。

生 5：我认为“存在”只是在那里，比如我们每天都用的桌椅板凳，是经过工厂加工出来的东西，而活着是有生命，会动，有思想，就像我们人一样。

生 6：我认为没有了死亡就好像路边的石头一样，没有了死亡就不是像人一样，就不算是活着。

生 7：我认为存在是没有生命的，他们就像是被嚼过的口香糖一样，不仅人们不理睬，反而会让人们讨厌。人活着是要经历生老病死，而不是像行尸走肉一样活着。

生 8：我认为活着与存在的区别是：存在指的是这个生物可能是有生命的，也可能是没有生命的，比如这张桌子摆在这里就是存在，那里摆了一件物品也叫存在，用更简单的方法理解就是，即使这个人和物都消失了，但是这个人还留在这个世上，那是因为活着不是一种状态而是一种行为。

师：活着是一种行为，你真棒！

生 9：存在是没有生命的，就像是一棵砍倒了的树，它只能在那里等待着腐烂，而活着是有思想，有生命的，植物、动物和人都是活着，存在只是放在那里，没有人去管它。

生 10：我认为活着就要活得有价值，有生有死，而不能只是存在。

生 11：如果我就是一颗螺丝钉，我要稳稳地扎在板凳上，这可能只是存在，但一定要起到真正的作用。

生 12：活着就要有滋有味地活着，有感情地活着，而存在就像路边的石头，我们所坐的桌椅板凳，只是存在着，而根本没有真正的价值。

生 13：活着是丰富多彩的，而存在是一片空白，它没有一种意义，就像路边的石头一样。

师：同学们对塔克所说的话理解得很深刻，我们可以看出塔克对生命的理解，他认为拥有了无穷无尽的时间，像他们一样永恒不变，这算不算是真正的生命？

生齐答：不算。

（师板书：≠生命）

师：这不等于是生命，就像同学们所说的要有行为，有思想，活得有价值，有意义，这才是真正的活着。

3. 走进主人公温妮，了解她对生命的认识

师：看来同学们对塔克所说的话已经听明白了，温妮听明白了吗？

生 1：我认为温妮没有听明白，因为塔克已经跟她说过，这种感觉只有经历过人生之后你才会明白的，而温妮今年才有 11 岁，她没有经历过太多的事情，所以

她没有听明白。

生 2： 我觉得温妮听明白了，因为她说，不管黄衣人是死是活，梅、塔克都不能执以绞刑，如果执以了绞刑的话，那么不老泉的秘密就会泄露。

师： 从这里你看出她听明白了。

生 3： 温妮听明白了。我从“温妮眨眨眼，顿时理解了他说的一切”看出来的，不然她不会在最后选择死亡。

师： 温妮虽然当时只有 11 岁，但她听明白了塔克的话，所以她最终选择没有喝不老泉。

师： 那她为什么不喝呢？

生 1： 因为她想活得有意义、有价值。

生 2： 她要让她的生活丰富多彩。

生 3： 她不想让她的朋友和家人远离她。

生 4： 因为她不想像塔克一家一样被疏远。

生 5： 她不想改变大自然带来的规律。

生 6： 因为她想让她的生活非常丰富，不像路边的石头一样存在。

生 7： 因为她不想像路边的石头一样行尸走肉。

生 8： 因为她想活得有滋有味，有价值。

生 9： 因为她知道自己有一天也会离开这个世界，像烛光一样熄灭，反抗也无济于事。就算喝了不老泉，别人也会不和她交朋友，远离她。

生 10： 因为她不想存在，她想活得有价值，有经历，有意义。

生 11： 她不想朋友离她远去，不想孤独。

生 12： 因为温妮觉得人的一生必须经过生老病死。

生 13： 因为她想像别人一样过着生老病死的循环规律。

生 14： 因为她想随着轮子一起转动，经历生老病死。

师： 随着生命之轮不停地转动。

生 15： 因为温妮想要经历生老病死，做有意义的事，不想只是像路边的石头一样只是存在。

生 16： 因为只有在有限的生命中才能做出无限的有意义的事情。

师： 在有限的生命中做出无限的有意义的事情，正因为我们的生命是宝贵的，我们的生命是有限的，所以我们才会珍惜生命，做一些有意义的事情。

师： 通过同学们的交流，我们知道生命应该是要有意义，有经历，这才是真正的生命。

（板书：有经历　有意义）

4. 连接生活，升华情感

师： 如果是你，你会喝吗？说说你的理由吧！

生 1：我不想喝不老泉，我不想让我的亲人远离我。

生 2：我不想喝不老泉，因为我想经历生老病死，做有意义的事情，而不是像塔克一家一样被大自然抛弃。

生 3：我不想喝不老泉，因为我想经历人生的喜怒哀乐。

生 4：我不想喝不老泉，因为我不想打破自然界的规律，更不想让我的亲人远离我。

生 5：如果是我，我会喝，因为我不想放弃多姿多彩的生活。

生 6：我想喝不老泉，因为我不想等待死亡，但一想到会像塔克一家一样被人们当作怪物，朋友都疏远他们，我又不想喝，因为我不想没有朋友。

生 7：我想喝，因为我想等到未来，去看未来的世界是怎样的，但经过这一课后，我不想喝了，因为我想拥有真正的生命，并活得有价值，有经历，有意义。

生 8：我想喝不老泉，因为我现在的生活是有滋有味的。

生 9：我不想喝，因为我想让我自己的生活变得多姿多彩。

生 10：我不想喝，因为我不想让我的亲人离我而去，让别人把我当作怪物似的活着。

生 11：如果是我，我不想喝不老泉，因为拥有时间不等于是真正的生命。

生 12：我想喝不老泉，因为这样可以和家人永远幸福地生活在一起，但上了这一课后，我知道存在只是客观的存在，我们不能像路边的石头一样，人的这一生要有经历，有意义，才算完整的人生。

生 13：我想喝不老泉，因为我不想长大，长大后会有很多的烦恼，我想保持现在的童年，做很多快乐的事。

师：永远留住童年的时光。

生 14：如果我有一瓶不老泉的话，我选择不喝它，这并不是装清高，我有三个理由：一、我不喜欢过孤单的日子，我认为友谊不是长生不老能换来的；二、我喝了不老泉，亲人们会把我当成怪物；三、从出生到死亡，这一段变化才能叫作是人生，不经历完人生是不会体会到人生的美丽的，长生不老的人是永远也体会不到的。

师：你的回答真精彩。从这位同学的回答中，我们知道了完整的人生要有始有终。

（板书：有始有终）

师：看来同学们对不老泉，有想喝的，也有不想喝的，老师都可以理解，这只不过是你们选择的心态罢了。

师：其实，光有长度的生命不等于真正的生命，拥有了时间不等于拥有了生命，生命无所谓长短，有经历，有意义，有价值才算真正的活过，生命之轮只有完整才是神圣的。

案例 6：论语（五、六年级）

一、导读

《论语》由深圳南山实验教育集团南头小学周美英老师设计。《论语》以语录体和对话文体为主，记录了孔子及其弟子言行，集中体现了孔子的政治主张、论理思想、道德观念及教育原则等。与《大学》《中庸》《孟子》《诗经》《尚书》《礼记》《易经》《春秋》并称“四书五经”。在几千年的历史长河中，至今没有哪部书能够像《论语》那样，长久而深远地影响着中华历史文化。

自古以来人们关于《论语》的争议不断，尊孔派把《论语》说得无比神圣，而批孔派又把《论语》说得一无是处。这样一本有争议的书，值得孩子们去了解的。《论语》的主题阅读采用多种活动拉近学生与这部经典的距离，让孩子们尽可能走近它、了解它。

二、教学设计概念图

第一板块　走近《论语》　初步了解

1. 通读《论语》
2. 疏通大意
3. 背诵积累

第二板块　探究《论语》　积累语汇

1. 收集出自《论语》的成语
2. 收集出自《论语》中的名句
3. 分享《论语》的语言运用
4. 《论语》的语言流传原因之我见

第三板块　对话《论语》　训练思维

1. 班级读书交流
- 《论语》离我们的远和近
- 《论语》中的智慧
- ……

2. 写作活动
- 跨越两千五百年的对话——与孔子对话
- 《论语》的局限性——我最不赞同的一句话
- 《论语》在我们的生活中——中国人哪些思维行为方式受到《论语》的影响？

3. 辩论会
- 话题：半部论语能否治天下

三、教学过程

第一板块　走近《论语》　初步了解

进入五年级后，周老师尝试让孩子们在读了《上下五千年》及古文版《山海经》后，阅读《论语》。版本选择节选《论语》中与现实生活比较贴近的 128 章内容的这部。

学生在课堂逐日通读，借助书籍、网络疏通大意，熟读背诵，并以写读书笔记的方式将自己的感受发到网上与伙伴们交流。

第二板块　探究《论语》　积累语汇

［设计意图］

在批阅孩子们的读书笔记时，周老师发现了很多意想不到的亮点和惊喜。周老师觉得如果这本书只停留在让孩子们大致了解，太可惜了。于是，她设计了读《论语》的主题阅读活动。

1. 收集出自《论语》的成语

《论语》总字数 15 919 个，用字量 1 344 个。孩子们发现，这些文字中产生了 400 余条成语，是其他任何一部书所不能及的。例如：

三十而立：子曰："吾十有五而志于学，三十而立，四十而不惑，五十而知天命，六十而耳顺，七十而从心所欲，不逾矩。"

温故知新：子曰："温故而知新，可以为师矣。"

既往不咎：子闻之，曰："成事不说，遂事不谏，既往不咎。"

四海之内皆兄弟：子夏曰："……四海之内，皆兄弟也。君子何患乎无兄弟也？"

……

2. 收集出自《论语》中的名句

收集出自《论语》中的名句后进行分类。如关于"诚信""仁爱""交友"等方面的句子。例如：

三人行，必有我师焉。

温故而知新，可以为师矣。

学而不思则罔；思而不学则殆。

见贤思齐焉，见不贤而内自省也。

……

3. 分享《论语》的语言运用

在我们的生活中，你曾经在哪里看到过，听到过，读到过人们运用《论语》中的语言？孩子发现很多公共场合张贴着《论语》语录，国家领导人讲话中也经常引用《论语》中的名句……

4.《论语》的语言流传原因之我见

中国的政治起起落落，中间多少朝代更替，但《论语》中的许多语言却依然存活在我们今天的语言中。这个环节的活动中，孩子们发现了文化的传承有时与特定的政治因素分不开，特别是"罢黜百家，独尊儒术"对《论语》的流传起了关键作用。

第三板块　对话《论语》 训练思维

1. 班级读书交流

［设计意图］

在批阅读书笔记时，周老师发现很多孩子读《论语》的"点"非常不错。于是就选择一些他们读《论语》的话题设计了班级读书交流——聊《论语》。交流的话题包括：

话题 1：《论语》离我们的远和近

话题 2：《论语》中的智慧

读书交流课有以下几个目的：拉近学生与《论语》的距离；通过交流《论语》

中的趣闻逸事，让学生能够很轻松地接近《论语》；通过交流阅读内容，激活学生已有的语言、生活经验，尝试多角度地看问题，有所收获。

话题 1：《论语》离我们的远和近（节选）

生 1：我觉得《论语》距离我们远的原因是它距离我们已经有 2 500 多年的历史了，而现在我们还在学习它，所以我觉得它离我们远。

生 2：《论语》里面有很多条理论，我们接触的只是其中的一点点，所以我觉得它离我们远。

生 3：它离我们远的原因是《论语》里面的语言方式和现在我们的不一样，它是以文言文的方式写的，而我们现在用的是白话文。

师：你刚才讲的使我突然想起，在我们中国历史的文化长河中，有许多的“宝贝”，而这些宝贝都是以文言文的形式封存在文化宝库中，因为我们现代人很多人对文言文的陌生，所以很多人没有找到打开它的钥匙，很可惜。所以，如果我们能学好文言文，我们就能拉近与它们的距离。

生 4：我认为《论语》之所以离我们远，是因为孔子那个时代是封建社会，而我们现在是一个民主社会，好多东西我们现在都用不上了，所以我觉得它离我们比较远。

生 5：孔子那个年代的言行举止和我们现在都不一样了，所以离我们很远。

师：那《论语》离我们的近，同学们又怎么理解呢？

生 1：我觉得《论语》非常大众化，它里面的语言非常生动，而且它里面没有鬼神之说，对我们现在有非常大的帮助。

师：你觉得孔子是不信神的是吧？你觉得这点跟我们现在比较相似，尽管那是离我们久远的一个封建社会，那时就有唯物的思想。

生 2：我觉得《论语》里面的一些思想离我们的生活很近，并不是完全局限于古代的，所以我觉得它离我们很近。

生 3：学习了《论语》，我们可以活学活用，不只是运用在语言文学中，也可以用在生活中。

生 4：《论语》里面记载了孔子的一些言行举止、性格、饮食习惯等，这将会对现代的人有一个好的引导。

生 5：《论语》这本书离我们很近，是因为它的涉及面非常的广，有经济、执政、教育等。很多地方我们都能用得到《论语》，所以它离我们非常的近。

生 6：我们小学生很少了解古代的一些文化，从《论语》中我们能够了解更多古代的一些文化。

师：我们同学真的很棒！离我们那么久远的一本书，能够说出这么多的“近”来。其实，拉近我们与《论语》这本书的最好的办法就是不把孔子当作神，把他当作一个普通的人。那么你就会读出《论语》中很多有趣的东西。

话题2：《论语》中的智慧（节选）

师：选一句你印象最深的一章《论语》，谈一谈你从中收获到的智慧。发言前做好准备，列提纲或提炼关键词。

生1：我觉得忍耐是有限度的。孔子也说："是可忍，孰不可忍也！"孔子就觉得人应该做好自己的本分，而不应该做出超出自己范围的事。

生2："学而时习之，不亦说乎，有朋自远方来，不亦乐乎！"我觉得这句话很有智慧。

生3：我觉得这句话很有智慧："子贡问政。子曰：'足食，足兵，民信之矣。'子贡曰：'必不得已而去，于斯三者何先？'曰：'去兵。'子贡曰：'必不得已而去，于斯二者何先？'曰：'去食。自古皆有死，民无信不立。'"从古到今，如果没有诚信，就不能立足了。看来诚信对于一个人，对于一个国家是何等的重要。

生4：我最喜欢的这一句是个完整的故事，是整部《论语》中几乎最长的一章。原文是这样的：

子路、曾皙、冉有、公西华侍坐。子曰："以吾一日长乎尔，毋吾以也。居则曰：'不吾知也！'如或知尔，则何以哉？子路率尔而对曰：'千乘之国，摄乎大国之间，加之以师旅，因之以饥馑，由也为之，比及三年，可使有勇，且知方也。"夫子哂之。"求，尔何如？"对曰："方六七十，如五六十，求也为之，比及三年，可使足民。如其礼乐，以俟君子。""赤，尔何如？"对曰："非曰能之，愿学焉。宗庙之事，如会同，端章甫，愿为小相焉。""点，尔何如？"鼓瑟希，铿尔，舍瑟而作，对曰："异乎三子者之撰。"子曰："何伤乎？亦各言其志也。"曰："莫春者，春服既成，冠者五六人，童子六七人，浴乎沂，风乎舞雩，咏而归。"夫子喟然叹曰："吾与点也！"

读完这章，我在想《论语》这本书到底要讲什么，很多人都有自己的见解。我觉得《论语》之中很多的就是要求我们本性的回归，我认为人的本性是善的。有人说："人欲是坏的，天理是好的。"但我认为无所谓好与坏，人欲是好的，天理是存在于人欲之中的，很多人错误理解了人欲，把人欲理解成了兽欲，把"天理"理解成了"人欲"了。

2. 写作活动

［设计意图］

课上聊《论语》话题的碰撞，让课堂形成了一个"场"，这个"场"让大家对《论语》的兴趣猛增。借着学生被激发起来的兴趣，我们继续探讨以下几个话题，组织网上写的活动，以写的方式促进小朋友对这部经典阅读的领会和感受。

话题1：跨越两千五百年的对话——与孔子对话

假设孔子来到我们这个年代，或者我们穿越到孔子那个朝代，你会和孔子交流什么？有些孩子用半文不白的文言与孔子对话。写作拉近了很多孩子对文言文的亲近感。

话题 2 :《论语》的局限性——我最不赞同的一句话

这个环节的写作让孩子客观地看到了《论语》中有些过时、偏激的思想。

话题 3 :《论语》在我们的生活中——中国人哪些思维行为方式受到《论语》的影响?

通过查找资料，孩子们发现不管我们愿不愿意相信，愿不愿意承认，《论语》已经浸润到国人的精神生活中和文化基因里。孩子们的读书笔记中整理出了多方面的“影响”:

· 在“孝”上受到影响;

· 在“仁”上受到影响;

· 在“三纲五常”上受到影响;

· 在“忠君”上受到影响;

· 在“中庸”上受到影响。

3. 辩论会

［设计意图］

通过辩论赛，促使学生形成辩证地阅读《论语》这部儒家经典的态度：不带历史偏见地去读；不去神话这本书；不去妖魔化这本书。

话题 1 :“半部论语能否治天下”（节选）

师：发表你们的看法。认为可以有什么理由，认为不可以又有什么理由?

生 1：我认为半部《论语》可以治天下，因为当中的儒家思想在秦朝时实践过。

生 2：我认为半部《论语》不可以治天下，因为宋朝是典型用《论语》治天下的，但是我们通过看到的一些书籍、历史知道宋朝是非常腐败的。所以我认为不可以。

生 3：我认为半部《论语》能够治理天下。

生 4：我认为可以治天下。在汉朝，汉武帝采用“罢黜百家，独尊儒术”，用儒家思想治理天下，那四百多年，当时的国家成了超级大国。唐朝时期，国家繁荣昌盛，而唐太宗是以儒家思想治理天下的，这是一个很好的证明。所以我认为是可以治理天下的。

生 5：我认为半部《论语》不可以治理天下。因为这只适合君子，不适合一些为了成功而不择手段的人。

生 6：我不同意他的观点，他可能理解错了《论语》。孔子也曾经说过:“以直报怨。”孔子的意思是对于那些讲理的人要用仁德去感化他，对于那些不讲理的人就要用“是非”的标准去衡量他。另外我觉得《论语》能够治天下，是因为现在有两大思想，一个是西方思想，一个是儒家思想。西方思想太极端地自由化，所以现在很多人说是垃圾文化。每个引用西方文化的朝代几乎都很快就灭亡了，所以我觉得引用儒家思想是中国乃至整个世界的核心思想。

师：同学们，刚才你们的辩论，都能够观点明确，有自己的想法，还有很多同学有想法没有来得及说，我们下课后转场到网上去辩论。相信如果有一天你们成为领导者之后，你一定会想起今天的这堂课。老师送给同学们三句话：一、不要带历史偏见去读这本书；二、不要神话这本书；三、更不要妖魔化这本书。

[教师反思]

1. 师生实现了共同成长

在这次《论语》的读书活动中，最大的收获就是体验到了和学生共同成长的快乐。带着孩子们读《论语》之前，老师对《论语》的了解其实也是知之甚少。在和孩子们共同读的过程中，为了能和孩子们进行对话，为了能够找到一些核心问题引领孩子，周老师在那几个月里，被孩子们无形中带着或者逼着读了十来本关于《论语》的书。在这个过程中，收获很多，不仅看到了孩子们可喜的变化，自己在这个过程中也得到了提升。

以下是周老师这次主题阅读活动中读的部分书籍：

《论语》(墨人编著 中国戏剧出版社)

《论语别裁》(南怀瑾著述)

《论语译释》(徐澍注译)

《发现论语》(杨润根著)

《孔子的智慧》(叶舟编著)

《于丹论语心得》(于丹著)

《第三次儒学浪潮》(徐牧著)

《丧家狗——我读论语》(李零著)

2. 用一辈子备课

在这次活动中，周老师上了一堂交流开课。当有些老师问她这堂课备课花了多少时间时，周老师说这次的公开课的备课时间是她所有上的公开课中用时最少的一次，只备了三个板块：导入——聊天——总结。在聊天这个板块中只有四个话题：

话题 1：《论语》离我们的远；

话题 2：《论语》离我们的近；

话题 3：《论语》中的有趣；

话题 4：《论语》中的智慧。

这些话题均来自一些孩子的读书笔记，所以说备课非常简单。但同时这次的备课时间可以说是最长的，因为用了近两个月的时间去读大量与《论语》有关的书籍。由此，周老师想到了《给老师一百个建议》中的一句话，大意是："一个好的教师不是用课前几个小时备课，而是在用一辈子备课。"

第五章

小学语文新课程形态促进城乡教育信息化发展

“能读会写”试点研究在我国东、中、西部多个省（自治区、直辖市）开展，在信息技术的环境下构建了城乡教师学习共同体，汇聚了众多教师和研究者的智慧，在相关教育理论的指导下，经历不断探索、磨合、验证、调整，用实践总结出的教师普遍接纳和认同的新的课程组织形态。“能读会写”试点研究是中、东部地区中小学校持续发展的助推力，也是区域教育信息化进程的抓手和标志性成果，还是西部县、乡镇学校落地“互联网＋教育”，推动城乡教育均衡发展的内容实体。

第一节　优化西部学校的课堂教学

“能读会写”试点研究扩大了优质课程资源的覆盖面，为欠发达地区和民族地区的学校提供了课改实践的新机遇。从 2007 年到 2015 年，在这八年的研究过程中，无论是学位炙手可热的西部省会中心学校，还是位于边远山区的乡镇学校，利用信息技术促进学生读写能力的发展、以大量整本阅读优化语文课程教学，成为广大教师的专业自觉。

一、网络掀起远隔千里的热议

2006 年 9 月，“能读会写”试点研究在广东、甘肃、重庆、四川、广西启动，广东省深圳市三个区的十多所学校和甘肃省平凉市崆峒区的对口学校结成了“姊妹学校”。专题培训把试点研究的理念和操作方法带给了学校，使参与的教师明确了远程合作学习的基本方法和延伸意义。

在试点研究启动初期，东、西部项目学校一方面通过电话、短信、网络视频、

BBS、QQ 群建立起实时沟通机制；另一方面通过 Isnet 项目平台、专题网站、博客和电子邮件等形成非实时沟通方式，使远隔千里的师生牵起手来。深圳学校为崆峒区学校建立了门户网站，开辟专用网络服务器空间，为参与项目的教师们注册了博客，还开放了网上图书馆等资源，让西部的师生能够随时上网浏览，获取资源。

以东部学校主持、西部学校参与的“超级班会”“我心目中的爱生学校”等远程协作学习活动，使东、西部学校之间建立起了教师与教师、学生与学生、班级与班级、学校与学校的合作伙伴关系。围绕活动主题，平凉的几十位教师纷纷在个人博客里写下数百篇的教学心得，学生也加入了博客和 QQ 群，师生的讨论和发布的图文等电子作品不计其数。两地的学校虽然相隔千里，城乡学校的学习环境、生活环境等具有很大差异，但是这些差异并没有阻碍他们对于语文学习的互动和交流，有时反而变成了一种资源，总之在“姊妹学校”之间的学习研讨进行得热火朝天。

二、阅读丰富儿童的精神家园

以“爱生”（Child Friendly）的理念为指导开展基于项目的学习（problem-based learning，PBL），对培养儿童的实践创新能力起到了很好的作用，有利于填平东、西部数字鸿沟，为两地学校的课程创新提供思路。但是，基础教育中存在的“用力过猛”是一种普遍现象，特别是西部学校面临的应试压力，使长时程的以问题为导向的项目学习难以常态化。要使试点研究的成果能够持续下去，就需要探索项目学习向核心课程渗透、溶蚀的途径，使项目学习的“以学生为中心”“以问题为导向”的课程理念、方法获得延续发展的空间。

在这一点上，较早进入新课程、在教育信息化有 10 年积淀的东部学校既有收获，也有迷茫，当然也已经在实践中总结了一些相对适合的策略和方法。通过组织两地教师的互访，东部学校把在新课程事件中形成的“用整本书优化和改善语文课程”的经验分享给西部学校，整本书阅读的教学方法开始在西部试点学校生根发芽。

针对西部学生难以买到优秀儿童读物的现状，深圳的学校特意将学生做过精心批注和点评的一本本经典童书邮寄到平凉，教师还将阅读指导的课件、教案、评价资料等通过网络传送到平凉，帮助平凉的学校开展整本读书阅读活动。王彩琴老师在博客中写道：“当两名学生把装着书的大箱子抱进教室时，学生们欢呼起来，大家盼望好书的心情溢于言表。他们在书中看到了同学们的精彩批注，找到了好友的影子，也找到了两地同学真心交流的诚心。”平凉的学校收到书后，学生高兴地阅读这些经典儿童文学作品，边阅读边看千里之外学习小伙伴们的点评和批注，并在小伙伴的书评旁写下自己的见解，他们把对文学作品的见解写在博客的读书交流专区，或者通过网络视频读书会上进行对话和分享。过去迷恋电脑游戏、作业拖拖沓沓的学生李冲，这次在网上回复作品竟是第一个，顺理成章地当了一回“小老师”。离开教室时，他开心极了：“这节课，上美了！”学生张洋在他的《网络故事》中说："网络真是威力无穷！可以让我们一起读《草房子》《青铜葵花》《夏洛的网》，还有《三国演义》。网络让我有了友谊，有了快乐，成为我生活中的一部分。"

为了方便交流，深圳的王卫宁老师在博客上开设了"聊书吧"，两地学生以跟帖的形式进行交流。王老师写道："一个希望优秀的人是应该亲近文学的，亲近文学的主要方式当然就是阅读。阅读那些经典与杰作，在故事和语言间得到和世俗不一样的气息，优雅的心情和感觉同时也就滋生出来……"在"聊书吧"的《查理和巧克力工厂》的阅读导语后，212 名学生参与了讨论。《草房子》的远程阅读交流课还得到了国际儿童阅读联盟（IBBY）专家的关注。

在开展"同读一本书"活动的同时，深圳的学校趁着读书月活动邀请平凉的校长、教师到深圳实地考察，提供了从班级读书会到亲子阅读交流、从教师读书沙龙到专家读书报告的多种现场案例。回到平凉后，平凉解放路小学利用家长开放日播放了儿童文学研究学者梅子涵的专题讲座录像。同时，学校还组织家长、教师讲述自己阅读的故事，明确阅读对孩子一生发展的意义，向家长推介阅读方法、阅读书目，得到广泛支持和认同。学校趁热打铁启动了第一个"我读书，我快乐"校园读书月活动。为了打通课内外阅读，使之常态化，学校在每周的语文课中挤出一节课时专门开设"阅读"课，进而理出阅读观摩课、读书推荐课和课外阅读交流等课型。解放路小学的读书活动得到了社区的配合，很多班级召开了家长参与的读书活动，一些家委会还协助建立起班级图书角。家长与孩子"共同读书，共同成长"在这个西北偏僻小城的学校蔚成风气。

提起班级学生的读书，王银花老师充满喜悦："读书丰富了孩子们的精神家园，很多孩子都看过曹文轩、秦文君、杨红樱、郑渊洁等儿童文学作家的作品。畅游在书海里，学生写了不少读后感发在网上，有的学生还制作了读书推荐小卡片和手抄报，学生的阅读和写作能力得到明显的提高。班里绝大多数学生爱上了读书，寒假里读书最多的有十几本，少的也有两三本。"

三、时空的跨越传递了优质资源

通过运用信息技术开展基于网络的远程合作学习活动，促进了东、西部学校间的合作学习和沟通，加快了新课程环境下课堂教学中师生关系的变革，为教师和学生提供了更为广阔的教与学的空间。两地城乡学校跨越时空在协作中共同解决学习问题，共同在学习活动中进步。

2006 年 9 月，平凉解放路小学张秀红老师第一次与深圳的学校接触，当时给她留下最深刻印象的是东部的学校"语文教师上电脑课""学生做课件""一年级学生用电脑写作"等这样的"神话"。参加了试点研究，这个"神话"在解放路小学已不再神奇。基于信息技术开展学科教学的老师不仅有技术好的青年学科教师，还包括有二三十年教龄的老教师，张秀红老师就其中的一位。

在五年级“科学说明文”的专题中，张秀红老师做了把语文课与信息技术整合的尝试。在《只有一个地球》一课学习前，张老师给学生布置了一个任务，就是在网上搜索地球在太空中的照片和地球矿产资源分布状况、森林覆盖率、水资源遭污染等照片和数据，指导学生在文档编辑软件中插入这些资料，并在图片下面配上说明文字。在课上，张老师借助这些资源引导学生重点理解课文是从哪几个方面说明“地球所拥有的自然资源是有限的”。学生纷纷以收集到的资料为理据，对课文中“只有一个地球，如果它被破坏了，我们别无去处”侃侃而谈，表达保护地球、保护生态环境的重要性和紧迫性。再如，在学习《宇宙生命之谜》这篇课文时，学生先阅读了《十万个为什么》相关内容作知识储备。张老师则准备了银河系、太阳系、火星图片的教学课件，针对学生的问题进行演示。课后，张老师鼓励学生上网收集古今中外人类探索宇宙奥秘的文章、图片与大家分享。专题最后一个环节“口语交际”的主题是“怎样保护环境”。张老师引导学生从《只有一个地球》的关键词语和核心句入手，提出了怎样保护环境的话题，学生在分组讨论、全班交流的基础上，在张老师的博客“我为保护环境献策”的主题下面留下了富有创意的见解：

“人类‘回报’母亲的是无休止的随意开采，浪费各种资源，滥用化学物品，一次次发动可怕的战争……母亲变得伤痕累累。母亲哭了，她的泪水变成了洪水，她的喘气则是那狂风，她的每一次咳嗽都是那可怕的地震。快救救我们的母亲吧！”

“孩子是否环保，主要取决于大人。如果大人不保护环境，那么孩子也会跟着大人学的。大人应该做好孩子的榜样。”

信息技术与学科教学融合使平凉的学生获得了新的学习方式，他们的信息素养也随之有了巨大提升。在网上搜集信息、获取信息等工作已难不倒他们，反而成了他们学习中常用的方法。学生柳婷和异地的小伙伴交流时说：“因为有了网络，我们才能够了解到很多知识，提高我们的语言水平和写作能力，给我们的生活赋予了价值。”学生褚秀秀的妈妈上街买了几条带鱼，在清理带鱼时看到带鱼的肚子里有几块小石头，褚秀秀感到很奇怪问妈妈，妈妈也不知道是怎么回事，于是她打开电脑，利用搜索引擎找出缘由，她在博客里写道：“在网络里，我能够搜寻到自己不知道、不明白的知识。”

第二节　共建民族学校儿童阅读课程

2011 年，“能读会写”试点研究在云南永平县启动，龙街镇中心完小的丁国英老师与扬州市维扬实验小学卞国湘老师结成合作伙伴，“共同踏上儿童阅读幸福旅程”的经历，使两所学校紧密地联系在一起。

一、基于在线学习平台的牵手

在维扬实验小学倾情相助下，试点研究启动一年后，两校从最初的两个班结对扩展为校际全面结对，以儿童阅读课程提升龙街语文教学水平，改善农村儿童的学习，成为两所学校共同的追求。

两个学校的校长都十分重视这个试点研究，从校领导层面就建立了每周定期交流通报的工作机制，结对的老师在校领导的支持下也及时交流教学经验。由于时空的限制，两个学校通过博客、微信、QQ、电子邮件等信息化手段进行沟通，同时还开展交流互访、面授培训、网络分享等有针对性的活动，形成了对口班级的全面合作和一对一的帮扶机制。两个学校各个年级共读书目的选择、阅读方法和策略的经验都在网络平台进行分享。龙街完小的学生急需的读物、学习和生活用品，乃至学校缺少的教学设备等在维扬实验小学的帮扶捐助下及时地运到了大山深处。在东、西部跨越时空的互动中，两个学校建立了深厚的友谊。

为深化儿童阅读课程的实践，龙街镇中心完小于 2014 年申报了全国“十一五”教育技术《网络协作促进边远山区民族学校开展整本书阅读的实践》课题。在维扬实验结对教师的帮助下，龙街镇中心完小制定了儿童阅读课程规划和实施方案和与维扬实验合作的策略。龙街镇中心完小教师每学期写好整本书阅读教案，发给结对教师征询意见，多次修改后进行课堂教学。龙街镇中心完小每学期还举办全校整本书阅读教学比赛，以提高教师儿童阅读课程的实践研究水平，使学生在整本书阅读中获益更多。

在两地教师共同完成项目作品的过程中，龙街镇中心完小的语文教学发生了“空间和结构变化”：一本本儿童文学读物进入语文课程，大量整本书阅读置换了低效重复的陈旧学习方式，读书成为学生生活学习的组成部分，学生年阅读量少则几十万字，多的达数百万字。

二、阅读改变学生的学习

要孩子爱上阅读，除学校课程以外，学生家庭的支持不可或缺。在第一个试点班取得经验的基础上，龙街镇中心完小各班召开了整本书阅读家长动员会，向家长介绍多读书、读整本书对孩子发展的意义，使他们理解多读不但不会影响孩子的考试成绩，还能从根本上提高他们学习的能力。

家长的积极参与使亲子阅读在学生家庭逐渐铺开。一段时间后，家长发现孩子们与自己沟通阅读收获的多了，一些原先放学回家沉迷电视的孩子也忙着找书了。学校再次召开家长会，家长代表现身说法与孩子共读的心得，和读书使自己孩子发生的变化，打消了大部分家长的顾虑。自此，龙街镇中心完小的整本书阅读活动在校内外全面展开，家长加入整本书阅读活动成为学生家庭一道亮丽的风景线，亲子阅读量大幅度提高（如表 5.1）。有家长感慨道："与孩子共同阅读，圆了自己过去想读书却没有机会实现的梦。"

表 5.1　学生阅读量及开展亲子阅读情况统计

班级	周课时	班阅读量 / 册	生均阅读量 / 册	亲子阅读率 / %	生均藏书 / 册
一甲	4	945	19.2	75	6
一乙	5	1 041	21.2	70	12
二甲	5	414	9.2	45	6
二乙	6	607	13.8	52	9
三甲	4	565	12.8	63.4	8
三乙	4	1 449	32	68	8
四甲	4	817	21.5	68.5	12
四乙	4	429	10.7	79	10
五甲	4	1 140	25.9	86.6	15
五乙	4	594	12.6	69	12
六甲	4	1 314	24.4	79	20.8
六乙	4	1 018	18.85	48.3	12.6

学校开设了诵读课程，每天早晨第一节课前 10 分钟，全校开展诵读。每学年举办不同主题的儿童文学诵读活动。同时，引导学生整本书阅读，教师想方设法激发学生的阅读兴趣，通过各种途径提高学生的阅读质量，使整本书阅读成为学生生活学习的重要组成部分。班级读书会的"讨论、访谈、交流、笔述"成为不可或缺的应用语言文字的实践。在此基础上，各班根据本班的特点开展诸如"阅读达人"评选等多种形式的阅读推广活动，以激发学生的阅读兴趣。

2015 年参与试点研究的班级毕业了，优秀率高居永平县小学前列。2016 年，龙街镇教育行政部门在全镇推广龙街镇中心完小的经验。每所完小建立一个阅读推广班级，由热爱阅读的语文骨干老师负责，在龙街镇中心完小教师指导下开展整本书阅读活动；创建整本书阅读 QQ 群，每个实验班把自己在开展整本书阅读活动中的所做、所思、所感发在群里，全镇学校共同研讨、分享。

第三节　推进区域教育信息化进程

2006年，试点研究在淄博启动，以学生自带设备的方式开展中小学“1对1”数字化学习研究——“信息技术支持下的小学语文读写教学”课题。首批参与研究的9所学校校长达成共识，由家长自行采购、学生携带设备到校学习。2009年，淄博的10所学校加入试点研究；到2016年，由最初的9所学校拓展到60多所学校，累计500多个班级，获益学生超过两万人。

一、信息技术助力探索课改新路

技术应用的最高境界是看到技术发挥的巨大效益，而感觉不到技术的存在。“信息技术支持下的小学语文读写教学”课题是体现信息技术与课程融合的典型案例。课题将每位学生一个移动学习终端作为小学语文教学的基础条件，网络资源和交互工具作为学生识字、阅读教学和写作表达的重要支撑。通过综合改革实践，让儿童自主阅读时间提前两年，阅读量超过新课标规定的5~10倍，写作提前三年，学生更喜欢阅读和表达。潘新和教授评价试点研究时说：“蹚出了一条信息技术、知识经济、人本主义时代小学语文课改的新路，对我国小学语文，乃至整个语文课改，都具有较高的示范性与启迪性。”

在淄博的实验中，教师和家长看到了学生听、说、读、写能力的全面提升，学生的情感思维得到了发展，学生的个性也得到了发展。有了信息技术的支持，使学生的思维与写作同步，是技术赋予了学生畅意表达所思所想的可能性，如果将技术抽去，实验就如同被抽去了精髓与支撑而委然倒地。

二、信息技术支撑思维与写作同步

信息技术环境下的小学语文教学，主要有两种核心的教学模式。一是在儿童一年级入学后，以各种策略先大量识字，在他们稚嫩的小手难以顺畅写字而言说欲又特别强烈的关键时期，结合拼音学习，用电脑键盘打写文字，能识即能读，能读即能写，用电脑流畅表达自己所思所想。二是借助网络发表学生的习作，师生亲友及时进行评价和激励，使学生成为被关注的焦点，获得从未有的满足感和成就感。学生往往在看到别人对自己文章的评论时是十分激动和兴奋的，这一方面满足了他们情绪、情感发展的需要，另一方面也激励学生多写多练，最终达到会读乐写，自由表达。这其中，教师不会刻意应用技术教学，技术是为学生的表达与写作服务的，技术成为学生学习的必需工具。

在实验中，淄博的老师们越来越深刻地感受和认识到：语文教学不单是听、说、读、写等语言综合运用能力的培养，更是学生个性发展、品格养成、生命成长的重要载体；真正的语文教学不应只是教学策略、方法层面的探索和实践，更应该是语文教育理念、课程结构、教材教法的变革；教育教学不单是给学生教授知识、培养技能、促进发展，更重要的是培养有健全人格、丰富情感、自主独立的人；教育的过程不单是帮助学生生命成长的过程，同时也是教师、家长创造性工作、共同成长的生命历程。正因为有了这些理念的渗透，而不仅仅是技术的作用，这个实验才有了持续十年的生命力。

三、教育信息化带动教师信息素养的提升

教育信息化的发展首先是人的信息化。教师应用信息技术于教育教学的能力是至关重要的因素，没有教师信息素养的提升就没有教育教学的信息化。淄博市始终把教师的信息技术能力建设作为一条主线贯穿于教育信息化发展的始终，实施了一系列教师教育技术能力建设项目。例如：面向全体教师的信息技术技能普及培训，英特尔未来教育项目全员教师培训；面向骨干教师的信息技术创新应用专题培训，基于社会化链接的教师自生长学习社区项目等。淄博市组织教师持续参与了教育部—微软（中国）携手助学创新教师项目、英特尔“1 对 1”数字化学习项目、COP 教师教育技术能力发展共同体项目、联合国儿童基金会东西部教师协同备课等项目，为淄博教师参与更高层次的交流学习提供了平台。

信息化领导力是决定学校信息化水平的关键。早在 2008 年，淄博市就启动了中小学信息化领导力建设项目，通过专家报告、优秀案例分析、各地校长对话、互动论坛、自身实践等途径提升学校的信息化领导力，重点提升学校领导团队的校园信息化规划设计、实施、成效检测、反思实践能力。每年有 30 多位校长围绕数字校园建设、信息化学习模式等主题开展持续研修，提高认识，唤起需求，推动实践，收到了良好的成效，涌现出一批信息化领导力非常强的校长和信息化学校典范。

淄博市充分借助多方智慧与成果，潜心学习借鉴，结合自身实际，创造性开展工作。每年都要举办若干不同主题、不同规模的教育信息化论坛，聚焦信息技术在教学中的应用，使专家、学者、一线教师等不同研究背景的教育人进行多层面对话，为教育信息化发展提供思想、理念的碰撞，以及案例、方法的共享。

四、追寻理想信息化环境中的理想教育

学校的信息化配备，按照重要性来排序：首先是连通互联网，打开通往世界的窗口；然后应是教师人手一机，只有教师熟练应用技术，才能扩展到课堂、学生；接着“班班通”，教师的备课成果在课堂主阵地上发挥效用；再到学生人手一机，

信息技术作为学习的内容，学生用计算机学习技术；而现在技术已成为学生学习的工具，技术对学生的学习产生革命性影响，必将是在学生人手一台数字终端的理想信息化环境中。

对于一个区域的教育信息化发展，应着力教育信息化“云 + 端”的建设。区域注重资源平台、在线教学平台、学科教学工具的选择，为学校师生提供平台和资源服务，学校应淡化信息中心机房建设，注重教师、学生、课堂终端的建设，提升学校的网络保障能力，特别是“1 对 1”数字化学习班级的 WiFi 覆盖保障。

就淄博的经济发展水平来看，政府为每个学生配备终端不是目前我们能预见的前景，不止淄博，可能北京、上海亦是如此。而从 2006 年的试点研究开始，淄博就已经实践了学生自带设备学习（BYOD）和用自己的设备（在家）学习（UYOD）的路线和途径，现在已经得到更多的认同。

越来越多的学校，从小学，到初中，到高中；从城区优质学校，到农村薄弱学校，到偏远山区的农村学校，都有学校开展学生自带设备到校进行“1 对 1”数字化学习。这足以表明，不管是校长、教师，还是家长，都在更大程度上认同技术对于教育教学的价值。

淄川区峨庄中心小学，一个离中心城区六十多公里近两个小时车程的山区农村小学，全校 283 名学生，144 名留守儿童，69% 的家长文化水平为初中，高中及以上学历的仅占 11%。就是这样状况的一个学校，从 2014 年开始，配备了两个固定电脑教室和两个移动平板教室，开启了“1 对 1”数字化教学的探索，师生面貌、教学质量发生了可喜的变化。

周村区王村中学，一个地处淄博、济南、滨州三市交界偏居一隅的农村薄弱中学，教学质量一直处于全区的后列。2012 年以来，学校以教育信息化作为学校发展的突破口，用三年的时间实现了学校的跨越式发展，学校面貌、师生面貌焕然一新，学生升入重点高中的比例从不足 20% 上升到 50% 多，2015 年全区中考的最高分出自王村中学。

淄博市第一中学，是淄博高中学校第一梯队中的百年老校。2014 年 11 月，智慧教学云平台在一中正式启用，30 个教室实现高密度无线覆盖，高一年级学生全部实现“1 对 1”数字化学习。2015 年暑期后，新一届高一学生全部人手一台平板电脑进行数字化学习。淄博一中的“智慧课堂”，为高中学校信息化教学的“瓶颈突破”提供了一个范例，成为淄博教育界的一个创举。

学校确立了“1 对 1”数字化学习的思路后，考虑到如果单纯开发几个“1 对 1”数字化学习实验班，对学校工作和学生发展起不到实质性的作用，所以定位在全校推广，让每一名学生都能用先进的数字终端进行学习，但作为农村山区学校，面临的最大困难是师资配备的不均衡和硬件设施相对落后、办学经费不足。

结合师资情况，可以把教师分为三个梯队：第一梯队是“1 对 1”数字化学习推进团队，精选信息化水平较高的教师成立推进小组，熟练掌握“1对1”数字化学习相关理念，能够熟练运用平台；第二梯队是跟进小组，紧跟第一梯队步伐，要求改变理念，熟练运用平台；第三梯队为年纪较大的教师，能够在第一梯队的帮助下，正确使用平台功能。同时，通过外出学习、集体学习、邀请专家培训等一系列培训和学习，解决师资均衡问题。

面对学校经费不足，而学生不能够带终端到校学习的问题，学校可购置电脑免费提供给学生使用。在平板电脑的使用上，采取固定教室加移动教室的做法来解决教学设施不足的问题。除两个固定电脑教室外，新建两个移动教室，上课教师提前预约，谁上课谁就推着移动终端到教室上课。对全校网络进行改造，每个教室都搭建了网络环境，这样提高了学习终端的使用率，又有效解决了学校平板电脑不足的问题。

“1对1”数字化学习真正实现了以学生为中心，在改变了学生学习方式的同时，也改变了教师的教授方式和理念，充分弥补了传统课堂的不足，极大地开阔了学生的思维，让学生实现了个性发展，为每个孩子的学习提供了广阔的发展空间。

第四节　助力数字校园建设

一、青岛华楼海尔希望小学：数字校园建设的抓手

青岛市崂山区华楼海尔希望小学是一所以本地农民和外来务工者子女为主要生源的农村学校，多数学生家长为小学、初中教育背景。一些学生跟着为生计奔波的父母辗转学校所在地北宅，家长外出打工的孩子则随祖辈留守华楼山麓的家乡。据统计，来自弱势群体家庭的“学困生”近三分之一，分化明显。2012年，华楼海尔希望小学启动了“能读会写”试点研究。

1. 农村地区语文教学的难题

试点研究从核心学科入手，将网络资源和交互工具作为学生识字、阅读和写作的重要支撑环境，促进学生书面语的读写学习的起步阶段，在大密度的语文实践中发展语用能力，提升语文素养，化解汉语儿童，特别是农村儿童面临的“识字难”“阅读慢”“写作迟”的老大难问题，使他们在入学一两年间即可达到独立认识的字不多，可以起步阅读；能够手写的字不多，可以顺畅电脑表达。入学两到三年初步达到能读会写，继而在四、五年级完成“学会阅读”到“通过阅读学习”的转换。

针对农村儿童入学前阅读经验缺，文化刺激少，词汇量远低于城市儿童，起步阶段就处于劣势的发展困境的现状，华楼海尔希望小学经过实践总结出一条适合

本校的研究路径。识字与写字依据儿童生理心理发展规律，抓住儿童由口语向书面语读写发展的敏感期，依托“1 对 1”学习平台，将多种课程资源整合在一起，采取直接认读汉字，多识少写、识写分步的策略，利用多种途径、多种方法，激活儿童学习的潜能，使他们尽早获得阅读能力。具体策略是识字与大量阅读，乃至海量阅读密切联结，通过开设儿童文学课程，利用“边角”时间，推进阅读中识字、识字中阅读，以大声朗读、每日诵读、亲子阅读和整本书阅读，将儿歌、童谣、儿童诗、绘本、童话、儿童故事有规模地带进学生的语文生活——将“自下而上”的字、词、句、篇的正式传统学习与“自上而下”真实的、丰富的、有意义的“全语言”学习贯通起来，实现阅读与识字的相互促进。利用信息技术实现汉语拼音的高效学习，学生识字量达到七八百个，形成初步的汉字构字知识后，用 1~2 周时间（常态为 6~8 周）将汉语拼音与电脑键盘操作整合起来学习，拼音学完，识字仍旧直接认读，教学过程中增加打字环节，用全拼输入法对所学汉字、词语、句子、语段等进行打写训练。随着学生拼写能力和打字技能的熟练，书面语读写能力的提高，入学一年多学生就可以借助计算机一次打写出一两百字的文章，并在网络平台上主动与他人进行书面语的交流。

2.“能读会写”新课程形态化解语文教学难题

试点研究开展两年多后，华楼海尔希望小学的语文课程与教学发生了重大变化：契合儿童语言发展规律的识字、阅读、写作的协同推进，打通读写瓶颈的大密度输入、输出，使来自乡镇的孩子很快就捧起书乐读，打开电脑能写——进入规范、准确、充满灵性的书面语的学习与表达，突破了农村儿童语文起步学习的“难”和“慢”。

2014 年 11 月，学生人均识字量 1 500 多个，阅读儿童文学整本书 10 种以上。“熟读课文、感受乐趣、激发语言表达欲望基础上的拓展打写成为常态”，越来越多的学生或在网络诉说自己到成长心情或延伸学习续写课文，班级博客、QQ 群里学生间的相互点赞、评价，家长、教师的适时介入激发起学生的写作兴趣和表达欲望，一年间学生的打写习作平均在 68 篇，5 000 多字，最多的学生达 330 篇，超过 4 万字。

在学生获得初步读写能力后，需要更多的“知识对头”的教学内容挤进课堂，以避免其后可能出现的“高原期”。鉴于此，学校从“一本儿童文学作品如何进入语文课程”起步，将网络协作作为城乡教师共同开发课程的有效途径。在与东部学校“共读一本书”的活动中，东部学校的课程资源、理念和方法不断融入这所农村学校的课程，优秀的儿童文学读物规模化地走进课堂，使大量整本书阅读成为华楼海尔希望小学教师的课程自觉。班级读书小组纷纷建立，“读书小状元”“故事大王”“优秀读书小组”丰富着学习评价，家长展示亲子阅读经验、分享阅读感受，孩子们的学习和生活发生了巨大的变化。

2016年11月，各年级每周专设一到两节的"阅读课"，语文课只"讲读一本教科书"格局的打破，"课内阅读""课外阅读"的藩篱被移除，学生阅读量偏少和阅读课程内容不当发生着改变：二至五年级学生年阅读量分别在20万、50万和100万字左右，学生的语文实践能力、语文素养得到显著提升。

一个班级一个学科的突破，引发了华楼海尔希望小学数字化教育教学全覆盖的进一步探索，包括翻转课堂与"能读会写"新课程形态对接、三至六年级平板进课堂、"以学定教"的适时测评反馈，以及3D打印创客课程等，都成为学校构建数字化、智能化校园的题中之义。学科教学借助移动终端，利用网络环境优势，探讨信息技术与学科融合常态课研究，致力于教学方式的转变，形成以学生为主体的新颖教学模式实施策略；探索借助国家基础教育资源网、农村远程教育资源网、青岛教育资源管理平台等网络资源为主，开发、生成有师生、地方和校本特色资源为辅的农村地区学校教育教学资源的共建、共享和有效应用模式。

3. 以点带面带动区域协作

基于华楼海尔希望小学"1对1"引发核心学科"突破"的成果，作为贯彻《青岛市"互联网+教育"行动计划（2016—2018年）》的组成部分，2015年末，青岛市电教馆启动了"网络条件下促进农村小学生能读会写课题协作体"（以下简称"协作体"）。协作体以华楼海尔希望小学的试点经验为基础，打造一批农村信息化应用示范校，引领乡镇教育现代化的发展，带动农村学校课程与教学的优化与改善，借以消弭城乡教育的知识鸿沟、信息鸿沟，推进教育的公平化、均衡化发展。

2016年，在各区市学校自愿申报的基础上，首批"协作体"学校由崂山及青岛市辖莱西、平度、即墨、胶州4市16所农村学校组成。在培训交流、深入考察的基础上，协作体各学校从自身条件出发，选取华楼海尔希望小学两个层级的课程开展实验，这两个层级的课程分别是"1对1"条件下"能读会写"新课程形态与以"晨诵、午读、暮省"为特征的儿童文学课程。

崂山区林蔚小学是最先启动"能读会写"试点研究的协作体学校。在教学中，强调关注学生学习中的主体地位，如识字课注重"充分利用汉语言文字的特点对学生进行自主学习的引导，根据汉字的音、形、义的特点，引发孩子们根据字形、字音、字义自编谜语、自主联想的方法，让孩子们自主地对生字进行学习和记忆"。实验开展两个月后，全班识字量由平均470字/人增长到830字/人，生均阅读量达到5万~7万字。

位于青岛莱西市的九联小学参与实验半年后，课程内容与组织形态也发生了显著变化：识字已经不再仅仅凭借一本教材，学本、读本都作为集中大量识字、尽快阅读的课程资源。识字方法更加丰富多样。按照构字规律识字、游戏识字、编绘识字小报、开展识字闯关赛、争当识字达人多种方法介入识字过程，识字增量显著，人均近千。根据学校课程的特点，九联小学还将汉语拼音学习与键盘操作的方法做了调整，将打写拼音与《学拼音儿歌 77 首》的记诵密切勾连，熟读儿歌的孩子们多数情况下都能准确打出所学生字，快速启动了书面语的读写。

“晨诵、午读、暮省”丰富着学生的语文学习，每天早晨 10 分钟诵读，中午 20 分钟阅读，晚上 20 分钟反思。为克服方音干扰，老师们还利用数字音频对学生规范领读，还将视频课件作为规范写字的资源。在学生广泛自主阅读的基础上，实验班加强读书指导，以“写”促进读，如教学生圈画、批注等方法。在“共读一本书”中，除了朗诵、讲故事、抢答、讨论、亲子阅读等形式外，还编排了小话剧表演，每个孩子都参与其中。

协作体启动半年的时间里，共开展各种形式的培训、交流活动 8 次，共计 420 人（次）参加。青岛是电教馆以此为抓手，逐步探索了一条信息技术与语文教学融合的有效路径。

二、淄博高新区实验小学：打造数字化校园，创办优质教育

1. 小学语文开启“1 对 1”数字化学习之路

从 2006 年起，淄博市高新区实验小学就启动了“能读会写”试点研究，以“1 对 1”教学为切入点，努力建设数字校园。试点研究从三个方面将信息技术应用融入小学语文教学的全过程：一是借助电脑全拼输入法通过打字进行写作，突破儿童写字“难”和“慢”影响写作的问题，同时课下通过电脑进行多种识字方式，提高学生识字兴趣。二是建立书香校园网或博客，让学生之间，学生与老师之间，学生与家长之间产生更多互动。当孩子被他人关注时，就会得到更多的认可鼓励，很多孩子在这种外显化环境中写作动力一发不可收。三是在大量课外阅读的基础上开展整本书阅读，将语言学习、文化传承、价值观引领等方面融合一体，优化了传统语文教学。

语文的基础是阅读，阅读担负着在儿童阅读发展的关键阶段习惯的养成。选择与儿童“说的语言”接近的文本，就可以在识字伊始“开篇阅读”，让儿童在“识读”中获得初步的阅读艺术和技巧，感悟整个句子及其含义，使阅读逐渐成为儿童的自主发现学习，知道如何读，进而喜欢读。教师在精读的基础上，通过提供包括网上大量的超文本阅读材料展开略读及更粗略一些的浏览或速读，提升学生感悟能力，使儿童阅读兴趣不断增强，把阅读教学的效果迁移到课外，引发学生的大量阅读，为学生提供好的精神底色，以唤醒学生的童真。

九年的课题研究之路带给老师们很多的收获。从孩子成长方面来，讲最重要的是孩子“爱写作”“爱读书”的终身习惯的形成；从学校和教师发展方面来讲，课题研究犹如一粒种子，播种下学校和教师对数字化校园建设的信心和勇气，营造出教师团队不断创新探索的学习研究氛围。

2. 全学科“1 对 1”数字化学习探索教改之路

在基于信息技术支持的语文教学取得成效的基础上，学校以教学改革探索、走内涵发展之路为核心，致力于“1 对 1”数字环境下常态化教学策略的改变和突破，在信息化教学特色上走出了坚实的步伐。

从 2012 年起，学校改进传统的笔记本电脑引入平板电脑的教学，平板便于移动的特点使学生的学习从课堂走向自然，走向生活。“1 对 1”数字化学习实践也由语文学科推广到英语和数学学科，开启了数字化环境下教学模式和学习模式的新探索。

英语学科探索“敏特英语”在不同年级的学习方式，突破孩子单词记忆的难题；应用“朗库英语”学习，快速提高学生英语发音水平，课后阅读作业成为教师指导、学生展示的平台。由于对单词和发音的快速掌握，学生对国家课程内容能够做到在课堂上轻松掌握，于是实验小学又引进英语阅读材料，开展起英语阅读教学。

数学学科使用“一起作业网”，课下游戏化的学习方式提高学生学习兴趣；课上作业的即时反馈、及时奖励、海量资源更适合培养孩子的个性化学习。“智能组卷”功能和“学习情况统计”让教师更轻松方便掌握学生学习情况，更有利于开展个性化的辅导。

科学学科利用“时距拍摄”软件可将小草一天中的活动记录成一个不足 1 分钟的短片，帮助学生观察植物的向阳性；利用数据记录分析软件，可基于传感器观察并记录、分析数据，激发学生探究兴趣。

音乐学科利用“随身乐队”软件中的模拟乐器，方便学生准确感受不同乐器中音阶的高低；通过“音乐杯”软件使用，突破利用实物操作的难题，让学生体验到自主创作音乐的乐趣。

美术学科利用 Artrage、Flipclip、素描大师等平板自带软件，将抽象的美术理论转化为具体形象的操作步骤，适合小学生学习特点。在美术课上，老师先将绘画步骤以微视频的形式提前发给学生，学生用“素描大师”软件打开自己的照片，进行现场电脑绘画。15 分钟的时间一幅幅充满创意和个性的自画像一一呈现出来。

3. 数字化管理带动学校信息化全面发展

学校发展的终极目标是学生成长，学生成长的坚实基础是教师发展，教师发展的根本保证是学校发展。学校要发展，基础是做好精细化管理。常规的精细化管理方法必然带来时间上和精力上的投入。如何做好精细化管理又能保证精力和时间的经济性？管理精细化之后，如何解决管理者和被管理者之间更多的矛盾和抵触？

从 2010 年开始实验小学探索数字化办公平台的使用，数字化办公平台一定程度上弥补了传统管理的不足，使即时管理、全域管理、全程管理和思想引领成为可能，以管理流程的变化引发管理方式的变化，进而引发管理文化的变化，在教育管理中促进“以人为本”更好地落到了实处。

从即时管理的特点来看，数字化办公平台提高了办公效率。通过“校内通知”的发布，及时地将信息传达给有关人员，不仅避免了无效通知的干扰，更重要的是使教师解脱了烦琐的事务性工作提高效能；“每日反馈”栏目适合小学生管理特点，每天值勤校干及时将学生在校园中发生的关键事件发布到平台上，对不足提出指导，对优点进行肯定，有利于班主任和教师及时了解学生情况进行有效引导。“公文流转”栏目增强了中层校干工作的透明度和责任感，方便校长不仅能及时掌握文件落实程度，更能及时指导文件落实策略。即时性的管理使得很多烦琐的事务性工作得以及时有效落实，传统管理方式下每周星期一学校召开的工作布置会议改为“学习是首要工作论坛”，采取指定或抽签的方式由教师轮流登台演讲，这也促进教师喜欢读书，由原来的“要我读”转变成现在的“我要读”，每年学校都由教师自主推荐书目进行配备不少于人均6本。数字化办公平台的使用因将人的行为可视化，促进教师将外界的约束转变为自我发展的动力。

从全域管理的特点来看，数字化办公平台的管理涉及“总务报修”“印刷登记”“用车登记”“请假管理”等各个方面。比如：“总务报修”栏目详细列出后勤维修人员的工作项目和维修时间，不仅使后勤工作人员的工作量因为量化的方式一目了然，更加加深了教职工之间的彼此了解和理解，方便学校通过数据统计掌握一段时间内整体维修状况，有利于促进学校的精细化管理。

从全程管理的特点来看，数字化办公平台不仅能够使大家关注到结果，更能因为过程的显性化而加强过程的管理。比如：“学业分析”模块用图形图表展示每个班级和每个学生的成长动态变化，科学准确地反映真实教学信息，将学生的学习经历承载了更多的教育价值，可以再现，可以重温，甚至可以重复体验，让成长经历成为一种有价值的教育资源；“书香校园网”上每个班级每个孩子都有自己一个书斋，读书指数曲线全程展现孩子读书量、佳作数等信息，记录学生读书写作轨迹；“问卷调查”栏目成为全面调研家长、学生、教师之间真实反馈的平台，收集教师对学校发展的意见，促进学校民主管理更好实现。

从思想引领特点来看，借助“教师荐读”栏目，加强教师之间思想碰撞，将读书内化为一种积极的生活方式，也使得学校能够及时了解教师在思考什么、关注什么。借助“校长荐读”栏目，可以根据学校发展推荐有针对性的文章，可以将读书学习收获及时传递给教师，可以将学校发生的感人故事及情感进行传递，起到达成共识、凝练团队的作用。

数字化管理方式打破了传统学校管理模式受时间和空间限制的状况，很多在学校有限的时间内不能完成的工作得以更灵活地完成。于是大家有了更多的时间和精力规划学校的内涵发展，学校更加注重发展中的目标性、系统性和策略性的研究。目前学校提炼出学校管理、教师发展、学生成长三大系统，促进常规工作程序化，特色工作课程化，为孩子创造更优质的教育资源和成长环境。用晏璟校长的话来总结："想象一种教育，大部分课程都能带来全局性理解；想象一种学习，它能够带来生命的活力，使其长存，那么我们的学生该会多么地不一样！在信息化环境下促进全体学生学习方式的转变，我们正走在路上。"

三、淄博潘南小学：用明天的技术教育今天的孩子

1. 悦心阅读工程引领学生触摸"深阅读"

学校重视学生个性化阅读的需求，在教师指导下，"共读一本书""图书漂流"等深度阅读活动，把一本本的儿童文学佳作引进课堂，为学生"提供良好的精神底色"。学校分批共购进了一百余种依据教学需要而精心选择的图书，每种55本，满足一个班共读需求；同时调动全体教师的智慧建设潘南小学"共读一本书"活动资源库，包括读书计划、导读课件、交流话题等要素。比如：在《鼹鼠的月亮河》共读活动中，老师先进行导读推荐，然后引导学生将文中重要的篇章深入地读，让学生与作品形象对话，在阅读人物命运的过程中去体验"诚实、善良、宽容、勇敢、理解"等丰富的人格，并让学生尽情地用文字来表达。

学校开发了"一起悦读"线上平台的阅读评价测试功能，师生无障碍地分享读书收获和感悟，实现有效阅读。学校先后布置以书香为主题的校园读书空间，通过开展师生书评写作、读书节、戏剧节等阅读活动，实现师生阅读的常态化。全校实现共读书目的在线分级测试，并出台相应鼓励政策，推动孩子阅读的积极性。教师根据自己的喜好，选择书目进行阅读，并进行题库的扩充和完善。在此基础上，学校将现行语文教材纳入阅读在线分级测评系统，逐步建设课内外阅读图谱，引导学生自学自测，实现课内外阅读的有机融合。通过以上措施，结合多渠道、多层次的读书活动，营造了"人人爱读书"的校园读书氛围，为学校建成学习的乐园、成长的摇篮、精神的家园助力。

2. 信息技术支撑小学语文教学方式变革

学校为学生配备了电子书包、人手一台笔记本电脑或平板电脑，以及高速无线网络。技术为教学提供了多样的选择，然而教师和学生永远是教学方式和学习方式变革的主人，能否采取有效措施，使他们在自由空间里尽情发挥想象和创意，关系到学校智慧化校园建设的成败。

碎片化教学策略：电脑"打写"让低年级学生也能顺畅表达。有研究表明，儿童入学头一两年是最愿意表达交流的阶段。此时，借助计算机将拼音、识字、习作同步起来，做到了"一举多得"。让学生在"用语言"中"学语言"，这使得低年级学生的"写"非但不会痛苦，而且成为一种快乐体验。打字的同时巩固了拼音，而且打字过程中系统字库、词库给出很多同音字词，需要儿童去判断，同自己的"心理词汇"去印证，去比较，也是一个识字的过程。也就是说，我们借助计算机实现

了学生的语言、认知、思维、情感的协同发展。

线索式教学策略：学校尝试翻转课堂进行教学，在原有语文预习表的基础上，针对“微课”编制学习任务单，更细致准确地了解学情，为学生提供适合他们的学习内容和方法。此外，教师还尝试使用微信、问卷网、一起作业网、四叶草、“悟空识字”等 App 辅助教学，让学生在游戏中学习。

可视化教学策略：“维京人的木屋真有趣，雅典卫城太宏伟了，我看到达·芬奇正在创作蒙娜丽莎……”9 月开学季，潘南小学四年级五班学生迎来了他们新学年的第一节 VR 体验课。当知识变为眼前真切的感受，大家都直呼 VR 眼镜实在太神奇了。

潘南小学校长翟凤表示，引入 VR 课堂后，教学发生了有趣的变化，教师的观念也在转变。“这种沉浸式课堂，让师生置身到传统教学难以切身体验的情景之中，让人有身临其境的感觉。”

参与 VR 教学的老师说：“VR 课堂的教学将二维变三维，让学生全视角沉浸，自由探索。围绕知识点构架的虚拟现实具有超强感染力，因此，教育方式改变的同时还能保证学生注意力不丢失。孩子的好奇心应该尊重，我们赞同用明天的技术来教今天的孩子。”

生产式教学策略：过去，学生更多的是教育的接受者，少有机会成为教育的创造者。潘南小学的部分班级建设了自己的微信公众号，班级成员共同编织着诗意的网络生活。杜威认为：教育即生活。当个性化创造更多地融入学生的生活当中，我们会发现每一个孩子都能成为教育的生产者，每一个班级都能创造属于自己的缤纷世界。

3. “能读会写”新课程形态促进学业成绩提高

海明威曾说写作要“寻找属于自己的句子”，一所学校也应当找到独特的“自己”。潘南小学多年来坚持推进学校教育教学的信息化改革，追求全面发展基础上的特色发展，在数字化语文教学方面走出了一条属于自己的特色之路。潘南小学从 2006 年起进行教育教学信息化创新，开始了“能读会写”试点研究。八年来，学校不断加强硬件投入，笔记本电脑和网线配置到每一个实验班，安装了传奇电子教室软件，配备投影、音响、实物展台以及学生耳机等。高标准的信息化教室为课题研究奠定了良好的基础。在全体教师共同努力下，课题研究收效显著：参与课题的中高年级学生一节课可以完成六七百字的电子习作，在效率上超越手写，不但在语文学习方面达到了快乐习作的目的，而且带动了其他学科的学习效果。学习成绩数据显示，年级越高，实验班的领先平行班的优势越明显，不仅学科成绩的领先，更是学生的综合素质的领先。

参考文献

[1] 何克抗. 建构主义：革新传统教学的理论基础 [J]. 电化教育研究，1997（4）：25-27.

[2] 赵祥麟，王承绪编译. 杜威教育论著选 [M]. 上海：华东师范大学出版社，1981.

[3] 王策三. 教学论稿 [M]. 北京：人民教育出版社，2005.

[4] 杨刚，徐晓东. 基于在线项目的科学教育理念、模式及其启示：以美国 CIESE 的学习环境为例 [J]. 中国电化教育，2010（9）：15-21.

[5] 张晓娜，柯清超. PBL 网络学习社区的设计研究：以“特酷”项目学习社区为例 [J]. 中小学电教，2010（7）：27-31.

[6] 郑大伟. 基于项目的远程协作学习研究 [J]. 电化教育研究，2010（6）：75-77.

[7] 洪兰. 让孩子的大脑动起来 [M]. 台北：信宜基金出版社，2013.

[8] 埃德尔曼. 第二自然：意识之谜 [M]. 唐璐，译 . 长沙：湖南科技出版社，2010.

[9] 张光鉴 . 相似论 [M]. 南京：江苏科学出版社，1992.

[10] 谢锡金，等 . 儿童阅读能力进展 [M]. 香港：香港大学出版社，2015.

[11] 焦耳当 . 学习的本质 [M]. 杭零译 . 上海：华东师范大学出版社，2016.

[12] 王竹立 . 移动互联网时代碎片化学习及应对之策 [J]. 远程教育杂志，2016（4）：9-16.

[13] 迪昂 . 脑的阅读 [M]. 周加仙，等译 . 北京：中信出版社，2012.

[14] 陈纯槿，郅庭瑾 . 信息技术应用对数字化阅读成绩的影响：基于国际学生评估项目的实证研究 [J]. 开放教育研究，2016（4）：57-70.

[15] 王琼珠 . 故事结构教学与分享阅读 [M]. 台北：心理出版社，2012.

[16] 潘新和 . 语文：表现与存在：上 [M]. 福州：福建人民出版社，2004：93.

[17] 王荣生 . 求索与创生：语文教育理论实践的汇流 [M]. 济南：山东教育出版社，2013.

[18] 李海林 . 美国中小学课堂观察 [M]. 北京：教育科学出版社，2015.
[19] 王荣生 . 语文课程与教学内容 [M]. 北京：教育科学出版社，2015.
[20] 潘新和 ."文体""教学文体"及其他 [J]. 中学语文教学，2007（12）：3-6.
[21] 顾黄初 . 语文教育论稿 [M]. 北京：人民教育出版社，1995.
[22] 章熊 . 中国当代阅读与写作测试 [M]. 成都：四川教育出版社，2000.
[23] 郑飞艺 . 小学语文课程组织变革研究：基于实践的考察 [D]. 上海：华东师范大学，2009.
[24] 郑国民 . 新世纪语文课程改革研究 [M]. 北京：北京师范大学出版社，2003.
[25] 倪文锦，郑飞艺 . 小学语文"识字"教学亟待引入电脑书写：基于个案的研究 [J]. 香港中文大学基础教育学报，2009（1）.
[26] 郑飞艺，张鹏 . 计算机与汉语拼音学习整合，突破儿童读写能力发展瓶颈 [J]. 中国信息技术教育，2012（7）：85-89.
[27] 王荣生 . 阅读教学设计指导要诀 [M]. 北京：中国轻工业出版社，2014.
[28] 王荣生 . 听王荣生教授评课 [M]. 上海：华东师范大学出版社，2007.
[29] 周子房 . 中小学写作课程内容的选择与组织 [J]. 新课程研究，2015（12）：38-43.
[30] 周子房 . 写作教学设计的基本取向 [J]. 语文教育通讯，2015（6）：4-8.
[31] 周子房 . 写作学习支架的设计 [J]. 语文教育通讯，2015（7）：10-15.
[32] 王荣生，等 . 写作教学教什么 [M]. 上海：华东师范大学出版社，2014.
[33] 叶黎明 . 写作内容教学新论 [M]. 上海：上海教育出版社，2012.
[34] 王泉根，等 . 儿童文学教程 [M]. 北京：首都师范大学出版社，2008.
[35] 方卫平 . 儿童・文学・文化 [M]. 南昌：21 世纪出版社，2009.
[36] 朱自强 . 经典这样告诉我们 [M]. 济南：明天出版社，2010.
[37] 刘绪源 . 美与幼童 [M]. 南京：江苏凤凰少年儿童出版社，2014.
[38] 崔利斯 . 朗读手册 [M]. 沙永玲，等译 . 天津：天津教育出版社，2006.
[39] 钱伯斯 . 说来听听 [M]. 蔡宜容，译 . 北京：五洲传播出版社，2005.
[40] 钱伯斯 . 打造儿童阅读环境 [M]. 许慧贞，译 . 北京：五洲传播出版社，2011.
[41] 曹文轩 . 儿童文学与语文教育 [J]. 小学语文，2016（4）：4-7.
[42] 王荣生 . 写作教学教什么 [M]. 上海：华东师范大学出版社，2014.
[43] 叶嘉青 . 儿童文学与写作教学 [M]. 台北：心理出版社，2011.
[44] 周兢，刘宝根 . 汉语儿童从图像到文字的早期阅读与读写发展过程：来自早期阅读眼动及相关研究的初步证据 [J]. 中国特殊教育，2020（12）：69.
[45] 邓彤 . 整本书阅读的六项核心技术 [M]. 上海：华东师范大学出版社，2019.
[46] 王荣生 . 语文科课程论基础 [M]. 北京：教育科学出版社，2014.
[47] 吴欣歆，刘晓舟 . 小学整本书阅读教学指导 [M]. 北京：教育科学出版社，

2019.
[48] 李怀源 . 儿童阅读的力量 [M]. 上海：华东师范大学出版社，2020.
[49] 吴欣歆 . 培养真正的阅读者：整本书阅读之理论基础 [M]. 上海：上海教育出版社，2019.
[50] Markham，Thom et al. Project Based Learning Handbook [M]. Buck Institute for Education，2003.
[51] Solomon，G. Project-Based Learning : a Primer [J]. Technology & Learning，2003 (1): 20-30.
[52] 刘延申 . 美国高等师范教育改革简述 [J]. 教育研究，2001 (10)：74-77.
[53] 刘献君 . 论"以学生为中心"[J]. 高等教育研究，201233 (8)：1-6.